Народная медицина
от А до Я

Л.Ф. Путинцева

Зеленые растения — наши лекари

**Добавь их в рацион
и забудь про болезни**

эксмо

Москва
2009

УДК 633.7/.9
ББК 42.143
П 88

Оформление серии *Н. Никоновой*

Путинцева Л. Ф.
П 88 Зеленые растения — наши лекари / Л. Ф. Путинцева. — М.: Эксмо, 2009. — 384 с. — (Народная медицина от А до Я).

ISBN 978-5-699-29407-7

В этой книге рассмотрены наиболее популярные в России дикорастущие и культивируемые съедобные растения, употребляемые в пищу. Для каждого растения приводится ботаническая характеристика, ареал произрастания, химический состав, пищевые и целебные свойства, правила сбора сушки и хранения лекарственного и пищевого сырья. В приложениях книги изложены способы приготовления простых лекарственных препаратов, сборов и чаев из растительного сырья, приводится календарь сбора дикорастущих съедобных и лекарственных растений. Книга адресована широкому кругу читателей, тем, кто хочет быть здоровым, мечтает продлить молодость, интересуется возможностями использования растений для лечебного, диетического, косметологического и пищевого применения. В книге приведено более 500 лекарственных и кулинарных рецептов, простейших способов переработки, а также — бесчисленное множество рекомендаций по лечебному использованию пищевых дикорастущих и огородных растений.

УДК 633.7/.
ББК 42.143

ISBN 978-5-699-29407-7

© Путинцева Л. Ф., 2009
© ООО «Издательство «Эксмо», 200

Введение

Книга посвящена использованию съедобных трав как для повседневного питания, так и для профилактики и лечения заболеваний.

Книга разделена на две части: 1. Разнотравье лугов и лесов. 2. Пряно-вкусовые огородные травы, выращиваемые в культуре. В первой части наряду с травами оригинальной главой даны сведения о целебных свойствах листьев плодово-ягодных кустарников и деревьев, испокон веков применяемых для выведения из человеческого организма разных хворей, особенно простудного характера. Что касается листьев земляники, малины, смородины и др., то они могут быть собраны как с диких, так и садовых кустарников. Во второй части книги даны основные пряно-вкусовые травы, которые выращиваются на огороде для потребления как в свежем, так и в переработанном виде. Особой главой выделены малораспространенные овощные культуры, которые имеют высокую биологическую ценность.

Удобство использования огородных трав с грядок приусадебного участка бесспорно: они всегда под рукой и могут быть использованы в весенне-летне-осенний периоды года. Даже зимой многие из них можно вырастить на подоконнике в комнатных условиях.

Приложение в конце книги позволит читателям ознакомиться с простейшими способами изготовления настоев, отваров и других лекарственных препаратов, которые могут значительно пополнить домашнюю аптечку. Для милых женщин и рачительных хозяек дома приводятся сведения об использовании трав с косметическими целями. Благодаря наличию витаминов, микроэлементов и других биологических активно действующих веществ настои, отвары, кашицы и маски не только хорошо питают кожу лица, но и очищают, дезинфицируют ее, защищая от губительного действия окружающей среды. Кулинарные же рецепты приготовления блюд с использованием дикорастущих и огородных травянистых растений подобраны самые простые, они смогут в значительной мере разнообразить рацион на протяжении почти всего года.

Надеемся, что книга будет полезна читателям как хороший советчик по использованию даров природы.

ТРАВЫ НАС КОРМЯТ, ТРАВЫ НАС ЛЕЧАТ
(Вместо предисловия)

В России насчитывается более 200 видов пищевых растений, которые издавна используются в питании наряду с овощами и зеленными культурами. Некоторые дикие съедобные растения образуют сплошные заросли на обширных территориях, только протяни руку и возьми, — вот они, дары природы, не стоящие человеку ни трудовых, ни материальных затрат. Усилия и время, проведенное за сбором трав, не только обогатят наш стол, сделают более полноценным повседневное питание, а еще и окупятся здоровьем, снимут нервное напряжение. Пусть чувствуется легкая усталость от долгого хождения по лесам и лугам, но как насытились кислородом легкие, как хорошо дышится после прогулки! Любители сбора пищевых и лечебных трав называют свое увлечение «зеленой охотой». Да, эта охота не менее увлекательна, чем «тихая охота» за грибами.

До того как люди перешли к оседлому образу жизни, они питались дикими растениями и только с появлением земледелия стали выращивать их в культурном виде. Собирательство съедобных кореньев, трав и плодов было обязательным уделом женщины, хранительницы домашнего очага. Съедобные травы веками отбиралась из растительного царства, попутно являя человеку свои лечебные свойства.

В наши дни многие дикорастущие растения оказались незаслуженно забыты, а ведь они представляют энергетическую пищевую ценность: к осени в корнях накапливается много крахмала, инулина, сахаров, белков, в семенах — жиров. По калорийности дикие растения не уступают культурным. Отдельные травы, например крапива, щавель, сныть, хвощ, значительно превосходят по содержанию витаминов многие овощи и фрукты.

Дикорастущая зелень нужна не только для повышения калорийности, которую можно восполнить за счет других продуктов, но и для улучшения вкусовых качеств, для обогащения питания витаминами, микроэлементами и другими биологически активными веществами. Многие дикорастущие растения, будучи одновременно пищевыми и лечебными, используются диетологами и гигиенистами.

Нельзя исключать возможность применения дикорастущих трав в экстремальных условиях. Из истории путешествий известно, что людей, оставшихся без пищи, дикорастущие растения спасали от голодной смерти. Да и в настоящее время многие туристы, охотники, рыболовы, любители отдыха на природе, знающие дикорастущие травы, умело обогащают свой рацион.

Дикие съедобные растения для многих почти неизвестны. Не все знают, что из подорожника, который растет у нас под ногами, можно приготовить салат или щи. Сварить любой суп и бросить в него пару горстей борщевика, сныти или крапивы — вкус и аромат блюда преобразится! Стебли, цветы и корни диких пищевых растений можно подавать к столу в тушеном, жареном виде и даже засахаренными в сиропе.

Преимущества добавки в соления, квашения, маринады листьев мяты, эстрагона, хрена, смородины, дуба общеизвестны; приобретенный пикантный вкус и аромат говорят сами за себя. Добавка листьев зверобоя, душицы, малины, смородины, лепестков мяты улучшает вкус и аромат чая и других напитков, придавая им целебные свойства. Таких примеров можно привести множество.

Многие дикорастущие растения заготавливают впрок. Их можно высушить, чтобы зимой использовать в качестве приправы к супам, соусам, мясным, рыбным и крупяным блюдам. Можно засолить, заквасить и потом добавлять в кулинарные блюда вместо капусты и другой зелени. Из органов растений, богатых крахмалом, инулином, сахарами, можно приготовить сладкие кондитерские изделия, острые прохладительные напитки, особенно хорошо утоляющие жажду в летнее время.

Есть еще один аспект преимуществ дикорастущих растений над культурными: им не грозит химизация полей, пресыщение нитратами, пестицидами и другими ядохимикатами. Дикорос выбирает такую почву, такое место природного ландшафта, которое генетически отобрано его прародителями. Дикорастущие съедобные растения не грозят нам отравлением, что в последние годы имеет место при потреблении овощей, выращенных на полях и в теплицах с использованием повышенных доз минеральных удобрений.

Особый разговор пойдет о лекарственных свойствах дикорастущих растений. Еще в античные времена Скифия славилась дикими лечебными травами. Гиппократ, побывав на Черноморском побережье, писал о прекрасных лекарствах из «скифского корня» — ревеня, понтийской полыни. В лечебных книгах XVII века хрен упоминается как основное средство от рака, тертый хрен и его сок рекомендуются как средство, приносящее «отменную» пользу при цинге, водянке, каменной болезни, кашле; хрену приписывались мочегонные, кроверегулирующие и глистогонные свойства.

Сбору лекарственных трав уделял большое внимание царь Петр Первый, по его указу были созданы казенные аптеки и базы для них, так называемые аптекарские огороды — прообраз Санкт-Петербургского ботанического сада.

Народные лечебники и травники, дошедшие до наших дней, штудируются и осваиваются официальной медициной. У нас созданы научно-исследовательский институт лекарственных растений, объединение, занимающееся заготовкой лекарственного сырья, и многие другие организации.

В растительном мире можно найти почти все необходимое для поддержания жизни и здоровья человека. Многие дикорастущие растения являются кладезем биологически активных веществ. Только сразу же хотим заострить внимание читателя на том, что полученные знания не должны быть отправной позицией для самостоятельного лечения. Обязательная консультация лечащего врача — залог здоровья, ибо использование лекарств строго индивидуально. Сухие травы можно приобрести в аптеках, заготовить самим, но приготовление и применение лечебных снадобий должно осуществляться под наблюдением врача.

Рекомендации по использованию лекарственных растений взяты из современных справочников по фитотерапии и других источников, в которых обобщен опыт народной и научной медицины.

БОТАНИЧЕСКИЕ ОСОБЕННОСТИ. ПРАВИЛА СБОРА ТРАВ

К сбору дикорастущих растений необходимо подходить со знанием дела. Прежде всего нужно хорошо изучить их ботанические особенности. Все травянистые растения характеризуются следующими органами: надземная часть — стебель, листья, цветы, плоды (семена); подземная часть — корневище, корень, клубеньки.

Для того чтобы определить вид растения, достаточно внимательного осмотра надземных частей.

С т е б е л ь — стержневой орган растения, на котором размещаются листья, цветы, плоды, семена. Стебель может быть одиночный, а у некоторых растений, например у полыни, стеблей вырастает несколько. По форме стебель может быть круглый, цилиндрический, многогранный, заполненный или полый внутри, состоящий из междоузлий; по состоянию поверхности — гладкий, шероховатый, покрытый волосками, шипами; по окраске — зеленый, серый, красный, бурый; по консистенции — сочный, мясистый, сухой, деревянистый; по другим особенностям — голый (безлистный), ветвистый, густо или редко олиственный, прямой, пониклый.

Л и с т ь я — основная зеленая масса большинства растений, богатая хлорофиллом. В листьях протекает процесс фотосинтеза, в результате чего растение усваивает углекислый газ и испаряет влагу: в листьях синтезируются ценные питательные и лечебные вещества.

Лист состоит из пластинки — расширенной части и узкого черешка, посредством которого лист прикрепляется к стеблю и ветвям (черешки могут быть длинными и короткими). Есть листья бесчерешковые, например у зверобоя, прикрепленные к стеблю непосредственно основанием пластинки, — такие листья называются сидячими. Некоторые растения нижней частью листа как бы обнимают, охватывают стебель — эти места называют влагалищами. Некоторые виды, например шиповник, у основания черешка имеют пару маленьких листочков, пленочек или колючек, называемых прилистниками.

По расположению на стебле листья называют очередными — последовательно расположенные друг за другом, супротивные — расположенные друг против друга попарно, мутовчатые — произрастающие пучком по 3—8 штук в одном узле стебля; у некоторых растений листья собраны в прикорневую розетку (подорожник, огуречная трава).

Очень разнообразны листья по форме: овальные, округлые, яйцевидные, сердцевидные, продолговатые, шиловидные, ланцетовидные и другие. По конфигурации листовой пластинки листья еще называют лопастные — разрезанные на четверть листовой пластинки (лист дуба), раздельные — разрезанные до половины листовой пластинки, рассеченные — разрезанные до центральной жилки листа. По конфигурации края листовой пластинки различают листья цельнокрайние, с прямыми зубцами — зубчатые (лист крапивы), с косыми краями-зубцами (лист рябины), с закругленными зубцами — городчатые.

По состоянию поверхности листья бывают гладкие, шероховатые, покрытые волосками, войлочные; по окраске свежие листья зеленого цвета с самыми разнообразными оттенками — темно-светло-желто-зеленые, серо-зеленые, серые, серо-белые. Присмотритесь к окраске зеленых растений — не найдете двух одинаковых, все они отличаются друг от друга по тональности цветовой гаммы. Серовато-белая и более светлая зеленая окраска характерна для нижней части листа.

Цветы — органы высших растений, служащие для полового размножения. Цветок располагается на цветоложе, верхней расширенной части стебля, под ним к стеблю отходит узкая цветоножка. Некоторые цветы не имеют цветоножек, как бы сидят на стебле или в пазухах листьев. Покровы цветка, называемые околоцветником, состоят из наружного круга чашелистиков и внутреннего — лепестков венчика. Простые цветки состоят из одного круга чашелистиков или только из лепестков венчика. Венчики цветков по форме и строению могут быть самыми разнообразными, лепестки — отдельными или сросшимися. Спаянные лепестки образуют различные формы: колокольчатые, трубчатые, шаровидные, воронковидные, колосовидные.

Ц в е т к и называют правильными, если все их лепестки по форме и размеру одинаковые (цветок василька), или неправильными — при неодинаковых размерах и формах лепестков. Неправильные лепестки называются мотыльковыми, язычковыми, двугубыми, со шприцем — название образно характеризует ту или иную форму.

Главные органы полового размножения — тычинки и пестики расположены внутри цветка. Тычинок может быть от одной до нескольких десятков, они могут быть свободными или сросшимися в трубочку, нитями или только пылинками. Пестик — мужской орган, расположенный в центре венчика, состоит из завязи — нижней расширенной части, столбика и рыльца — верхушки.

Цветы, собранные вместе по несколько штук, называются с о ц в е т и я м и. Соцветия объединяются в к и с т и, которые могут сращиваться в густые м е т е л к и. У растений семейства зонтичных цветки объединяются в шаровидные или полушаровидные з о н т и к и.

П л о д ы — завязи, образующиеся после оплодотворения цветка. Они состоят из кожицы, мякоти и семян. Ботаническое строение плода различает околоплодник и расположенные внутри семена. По консистенции плоды могут быть сочными и сухими, раскрывающимися и нераскрывающимися. Раскрывающиеся плоды созревают в виде коробочки, боба, листовки; нераскрывающиеся в виде семянки, зерновки, ореха, орешка. Нераскрывающиеся сочные плоды еще называют костянка-

...ми — семя заключено в деревянистую косточку, окруженную околоплодником.

Многие дикорастущие растения с сочными стеблями называют травой. У некоторых растений (зверобой, полынь) для пищевого и лекарственного использования обрезают верхушечную часть с листьями и цветками длиной 10—15 см.

П р а в и л а с б о р а. Наметив цель и объект сбора, следует хорошо изучить нужное растение по литературным источникам, рисункам, гербариям, а может быть, и проконсультироваться у специалистов.

Срок сбора нужно приурочить ко времени максимального накопления в растении ценных питательных и биологически активных веществ. При преждевременном или запоздалом сборе растительная пища, как правило, низкого качества, а лечебное сырье и вовсе лишено терапевтического действия. Знахари и травники испокон веков лечили народ, очень четко выстроив календарь сбора лекарственных трав.

Необходимо познакомиться с природным фоном того или иного растения, ориентируясь на места массового произрастания, чтобы не нанести ущерб флоре данного района. Одиноко растущие цветы и травы нужно пощадить.

В старые времена люди умели приумножать ресурсы съедобных дикорастущих растений, не надеясь на самосев. Сельские жители собирали дикие семена и подсеивали их на благоприятной для данного вида почве. Об этом писал В. Солоухин в своей уникальной повести о травах. Например, нужный ему тмин писатель находил в достатке именно в том месте, где кто-то из предков подсевал семена этого пряного растения.

В условиях повышенной технизации растения, произрастающие вдоль дорог, железнодорожного полотна в черте городов и сел, чаще всего токсичны. Они усваивают и накапливают свинец из выхлопных газов и другие вредные вещества. Нельзя собирать растения около животноводческих ферм, компостных полей, мусорных свалок, кладбищ.

Не следует также заготавливать загрязненные, запыленные,

поврежденные насекомыми и болезнями, а также увядшие, поблекшие и потерявшие свою естественную окраску растения.

Необходимо учитывать состояние погоды и время дня. Заготовку травы лучше проводить в сухие ясные дни, когда растения совершенно обсохли от росы и дождя. Корни, наоборот, легче извлекаются из увлажненной почвы, их нужно как можно скорее очистить от земли и промыть в холодной воде.

Листья съедобных растений собирают, как правило, молодыми и сочными в пору их роста и цветения, начиная с весны, сбор некоторых растений может продолжаться в течение всего лета. Питательные молодые побеги, имеющие нежные неодеревеневшие стебли, и зеленая масса травы пригодны в пищу почти целиком. Листья обычно обрывают вручную выборочно, чтобы не повредить стебель; молодые побеги срезают ножом или ножницами на расстоянии 5—10 см от земли. Укладывать листья и побеги в корзинку нужно рыхло, не допуская их слеживания и самосогревания. Сбор в полиэтиленовые пакеты нежелателен, так как растения быстро могут запариться. Чтобы растение не погибло, нельзя полностью обрывать все листья, а мелкие листочки всегда следует оставлять на стебле.

При сборе листьев нельзя вырывать растение с корнем.

Существует правило: при массовом сборе нужно оставлять на 1 м^2 земли не менее двух самых развитых растений: на них созреют семена, чтобы на следующий год дать новый урожай. Еще лучше, если на отдельных, благоприятных для данного вида участках земли разбросать созревшие семена и таким образом внести свой вклад в восстановление природных ресурсов.

Если заготовлять траву, а не отдельные части, то растение срезают серпом, секатором или ножом (острым) на уровне нижних листьев, тут же обрывают грязные и поврежденные листья. Если растение с жестким стеблем, то листья и цветущие верхушки собирают отдельно. Растения для лекарственного сырья нельзя собирать рано утром, когда еще не сошла роса, или же сразу после дождя, когда влага еще не обсохла. Сырая трава медленно высыхает и темнеет, теряя свои целебные свойства.

Собирать различные виды растений нужно раздельно, не допуская их смешивания и тем более попадания сорных примесей.

Цветы и соцветия собирают для пищевых целей в период их полного цветения, для лечебных целей — в начале цветения; считается, что в начальной фазе цветения они богаче биологически активными веществами. Собирают цветы вручную, обрывая руками каждый цветок, или специальными совками. Часть цветков и соцветий нужно оставить на растении для дальнейшего развития.

Плоды и семена собирают, когда они уже полностью созрели. Несколько несозревшими собирают семена тмина. Сочные плоды собирают рано утром или поздно вечером, обрывая или срезая лишь вполне созревшие, неповрежденные, приобретшие типичные для данного вида форму и окраску. Чтобы плоды не слеживались в корзине, каждый слой перекладывают веточками этого же растения.

С некоторых деревьев и кустарников для хозяйственных нужд и лечебных целей заготовляют кору. Кора лучше отделяется от ствола и ветвей весной в период усиленного сокодвижения, до распускания почек. Отделяют небольшие кусочки коры. Для этого на выбранном участке ствола острым ножом делают два полукольцевидных поперечных надреза на расстоянии 20—30 см и несколько соединяющих их продольных надрезов. Образовавшиеся полоски отрывают руками. При этом, чтобы не повредить сокодвижение, оставляют одну продольную полоску коры, соединяющую поперечные грани отрезка. Ранней весной податливая кора легко отделяется и свертывается в трубочки или желобки.

Корни и корневища дикорастущих растений накапливают запасы питательных веществ к осени, поэтому их собирают в более поздний период, когда семена уже созрели и самосевом обеспечат восстановление убранных с корнями растений. Заготовляют корни, когда надземные зеленые органы увяли, но по ним еще можно определить вид растения. Осенние корни и корневища самые крупные и питательные. Корни и корневища некоторых растений можно собирать ранней весной. Перезимовав в земле под толстым слоем снега, они сохраняют питательные и лечебные свойства. Чтобы при весенней заготовке растение не было уничтожено полностью, при сборе часть корней и корневищ следует оставить для восстановления зарослей растений.

После извлечения корня ямку нужно засыпать землей и сверху прикатать, чтобы оставшиеся рядом растения не пересохли и не погибли. Выкопанные корни необходимо сразу же очистить от земли, срезать надземные части.

Очень важно при заготовке дикорастущих растений соблюдать чередование их сбора, избегать ежегодного обирания одних и тех же мест.

Рекомендуется на одном и том же участке траву с листьями собирать через год, корни и корневища — через 2—3 года, а некоторые растения через 5—6 и более лет, чтобы дать природе восстановить утраченные запасы. И еще одно важное правило: собранное пищевое и лекарственное сырье нужно как можно быстрее направить на сушку иди другие виды переработки.

ПЕРЕРАБОТКА РАСТИТЕЛЬНОГО СЫРЬЯ

Простейшим способом переработки является с у ш к а , а для лекарственного сырья — единственным; для пищевого применения — также соление, квашение, стерилизация или пастеризация в герметически укупоренной таре.

Д л я с у ш к и прежде всего необходимо использовать естественное солнечное тепло с обеспечением вентиляции. Этот способ дает наиболее равномерный прогрев и лучше, чем при использовании печей и духовок, сохраняет натуральные свойства растений.

Сушку можно проводить в тени и на открытом воздухе, а также в хорошо проветриваемом помещении, на веранде, в сарае. Быстро и хорошо просыхают травы на чердаке под железной крышей — тут все необходимые условия имеются: высокая температура под раскаленной крышей, наличие тени, а вентиляцию могут обеспечить открытые окна, двери и другие отверстия. Температура естественной сушки может колебаться от 30 до 50°С, что обеспечивает наибольшее сохранение натуральных свойств и биологически активных веществ в высушенном продукте.

Сушка растительного сырья на солнце не рекомендуется. Под влиянием прямых солнечных лучей зеленый пигмент быстро разрушается, интенсивно улетучиваются эфирные масла, теряется естественный аромат, ухудшаются и лечебные свойства.

Во время сбора растений нужно помнить о сохранении органолептических свойств (цвета, вкуса, запаха) . Чем меньше срок между окончанием сбора и началом сушки, тем лучше сохраняется питательная ценность растений.

При подготовке к сушке растения просматривают, удаляя дефектные экземпляры и сорные примеси. Цветы обычно сушат отдельно от листьев и стеблей. Для быстроты сушки лучше приготовить деревянные рамы, обтянутые тканью или металлической сеткой; можно использовать чистую бумагу. Сырье раскладывают слоем 5—10 см и периодически ворошат.

Если погода жаркая, сушить растения можно и в лесу, сушку собранных растений летом при жаркой погоде можно провести во время длительного отдыха, устроив тент или разместив сырье в палатке.

Сочные корни и корневища сначала подвяливают на солнце, чтобы скорее удалить влагу, а окончательную досушку проводят в закрытом помещении.

В холодные дни, особенно ранней весной или осенью, применяют искусственную сушку в печах, духовых шкафах или специальных сушилках. Оптимальная температура сушки для лекарственного сырья, содержащего эфирные масла, составляет 30—35°С.

Сушка считается законченной, когда высушенные стебли легко ломаются, листья растираются в порошок. Влажность высушенных растений должна составлять 10—13%.

Высушенные продукты упаковывают в чистые сухие картонные коробки, бумажные пакеты; более пахучие травы — в стеклянные и жестяные банки с плотно закрывающимися крышками. Не забудьте наклеить на тару или вложить внутрь упаковки ярлык с указанием вида сушеного растения и даты его сбора.

Хранят высушенные растения в сухом проветриваемом помещении при температуре 0—20°С и относительной влажности воздуха 60—65%.

Некоторые виды растений можно заготовить на зиму квашением и солением, как белокочанную капусту и овощную зелень. Расход соли при квашении около 2,5—3%, при посоле — 5—10%. Перед закладкой в тару растения должны быть тщательно вымыты холодной водой и измельчены. Посол может быть сухим или мокрым (рассолом). Лучше сочетать действие соли с тепловой обработкой в стеклянной таре с последующей герметической укупоркой банок крышками после стерилизации.

ТРАВЫ ДЛЯ ЗДОРОВЬЯ
(Пищевая и лечебная ценность травянистых растений)

«Открывая для себя целительную силу природы и памятуя о побочных эффектах фармацевтических средств, люди вновь употребляют травы в пищу и применяют их в медицине»[1].

Дикорастущие и огородные, выращиваемые в культуре травы, ценятся за своеобразный вкус и аромат, придают пище лучшие потребительские качества, вызывают аппетит и улучшают пищеварение. Их лечебное, чаще даже профилактическое действие, обусловливается содержанием витаминов, микроэлементов, гликозидов, эфирных масел, дубильных и других биологически активных веществ, которые накапливаются в съедобных травянистых растениях.

С давних пор подмечено, что длительное отсутствие растительной плодоовощной, в том числе травянистой, пищи, приводит к ослаблению сопротивляемости организма против различных заболеваний. В состав биологически активных веществ включают прежде всего витамины, микроэлементы, фенольные и другие соединения, а также алкалоиды, гликозиды, кумарины, эфирные масла, смолы, дубильные вещества, с помощью которых можно управлять физиологическими процессами в организме человека. Поэтому их еще называют физиологически активными, или, как принято в фармакологии, действующими, веществами.

Современная концепция питания подчеркивает ценность растительной пищи как источника грубых волокон, которыми пронизаны ткани растений. Эти волокна способствуют нор-

---

[1] Из книги «Еда наш друг, еда наш враг» американского издательства «Ридерз Дайджест», Нью-Йорк — Москва, 2002 г.

мальной перистальтике и здоровому функционированию почек, печени и других жизненно важных органов. Травы очень богаты растительными волокнами.

Какие же вещества химического состава растений играют важную роль в питании? Профессор В.Г. Лифляндский, автор «Новейшей энциклопедии здорового питания», пишет, что в настоящее время известно около 1000 веществ пищи, необходимых для нормального функционирования организма, из них 96% обладают тем или иным лечебным действием. Можно утверждать, что из разнообразных растительных пищевых продуктов съедобные травы являются концентратом биологически активных веществ, прежде всего витаминов и микроэлементов, необходимых для нормальной жизнедеятельности как отдельных органов, так и организма в целом.

Разберем основные вещества химического состава съедобных растений.

АЛКАЛОИДЫ. Сложные азотосодержащие соединения, обладающие сильным фитологическим действием на организм человека. Наиболее известными алкалоидами являются кофеин в байховом чае и кофе, а также никотин табака.

Алкалоиды обладают широким спектром действия: одни — расширяют, другие сужают просветы кровеносных капилляров, третьи оказывают стимулирующее действие на центральную нервную систему. Алкалоиды совместно с эфирными маслами, гликозидами и органическими кислотами способствуют возбуждению аппетита, улучшают пищеварение. Содержатся в растениях в миллиграммах (мг%) и микрограммах (мкг%).

В больших дозах алкалоиды ядовиты, в малых — используются в качестве лечебных препаратов.

АМИНОКИСЛОТЫ. Основные структурные единицы белков, содержащие аминную группу — NH и карбоксильную группу — COOH. В пищевых продуктах содержится 20 аминокислот, которые делятся на 2 группы:

1. Незаменимые аминокислоты — не синтезируются в организме человека и поступают только из пищи.

2. Заменимые аминокислоты — их организм может синтезировать из других амино- и кетокислот.

Из 20 аминокислот, образующихся при расщеплении белков, к незаменимым относятся 8: лизин, метионин, триптофан, треонин, валин, лейцин, изолейцин и фенилаланин. В пищевом балансе продуктов недостает в основном первых трех из перечисленных аминокислот. Для детского организма к незаменимым относятся еще 2 аминокислоты — аргинин и гистидин. Незаменимые аминокислоты содержатся во многих растительных продуктах. К заменимым аминокислотам относятся аланин, пролин, цистин, аспарогеновая кислота, глутаминовая кислота и другие.

АНТОЦИАНЫ. Водорастворимые красящие вещества клеточного сока стеблей, листьев, цветков и плодов растений. Присутствуют в виде гликозидов, состоящих из нескольких частей: агликона — антоцианидина, вещества фенольной природы, собственно пигмента, и остатка сахаров. Антоцианы придают растениям розовую, красную, фиолетовую окраску с различными оттенками этих основных цветов. В состав антоцианидинов большинства растений входит три вида — цианидин, пеларгонидин и дельфинидин, а также подобные им вещества. В качестве сахара в состав антоцианов входят глюкоза, рамноза, арабиноза и другие моносахара.

Многие антоцианы обладают Р-витаминными и антимикробными свойствами, играют важную роль в продолжительности хранения растительного сырья. Наиболее выражено присутствие антоцианов во фруктах и ягодах, по мере хранения количество этих красящих веществ уменьшается, так как они легко вовлекаются в процессы дыхания растений.

АРОМАТИЧЕСКИЕ ВЕЩЕСТВА. Это смесь летучих органических соединений, обусловливающих запах растений, особенно их много в пряно-вкусовой зелени, различных видах лука, большинства дикорастущих трав.

В сложный комплекс ароматических веществ входят летучие органические кислоты, спирты, альдегиды, кетоны, сложные эфиры и другие соединения. Некоторые из них являются составной частью эфирных масел, придающих специфичный аромат травам.

Ароматические вещества обладают антимикробным действием, подавляя развитие гнилостной микрофлоры в желудке и самой пище, оказывают оздоровляющее воздействие на организм человека; при посоле, квашении и мариновании овощей они оказывают дополнительный консервирующий эффект.

Б Е Л К И. Сложные органические соединения, в состав которых входят углерод, водород, кислород, азот, в некоторые из них — сера, фосфор, железо и другие элементы. Без белка не может существовать ни одна живая клетка. Белки содержатся в наиболее важных органах (мышцах, сердце, мозге и других), составляют основу гормонов и ферментов, участвующих во всех важнейших процессах жизнедеятельности человеческого организма. Наряду с углеводами и жирами белки являются энергетическим субстратом в окислительно-восстановительных процессах дыхания.

По химическому составу белки бывают простые (протеины) и сложные (протеиды). Простые белки состоят из остатков аминокислот, в сложные белки, кроме аминокислот, входят вещества небелкового характера — углеводы, липины, нуклеиновые кислоты, пигменты, металлы и другие соединения.

Общее содержание белков в травах невелико — от 0,3 до 2%. Наш организм потребляет в основном белки хлебных злаков, некоторых овощей и преимущественно продуктов животного происхождения (мясо, рыба, молочные продукты).

Белки играют важную роль в жизнедеятельности самих растений, входя в важнейшие элементы живой клетки (ядра, митохонтрий и т.д.); из них исключительно значима особая группа белков, называемых ферментами, под их воздействием в растительной клетке протекают биохимические процессы превращений органических веществ. Исключительно высокой активностью в растениях обладают оксидазы — ферменты, регулирующие процессы дыхания. Фермент полифенодоксидаза окисляет фенольные соединения, что приводит к ухудшению качества и снижению Р-витаминной ценности растительной пищи. Фермент аскорбиноксидаза катализирует окисление витамина С, в результате чего количество его при хранении заметно снижается.

ВИТАМИНЫ. Съедобные травы наряду с плодами и овощами вполне можно назвать витаминной продукцией, некоторые витамины организм человека получает исключительно из растительной пищи: витамины С, Р, B_9 (фолиевая кислота), К и другие. Современная наука накопила большой материал о витаминах. Установлено, что эти вещества играют наиважнейшую роль в обмене веществ, регулируют процессы усвоения белков, углеводов и жиров, функции всех органов и систем, рост и развитие живого организма. Входя в состав 100 ферментов, витамины являются их активными компонентами, как биологические катализаторы участвуют в химических реакциях, протекающих в клетках живого организма.

В настоящее время изучено около 30 витаминов, 20 из них организм должен получать из пищи. Некоторые витамины синтезируются в организме человека, например, витамин А из каротина, D — в результате облучения организма ультрафиолетовыми лучами, часть витаминов вырабатывается микрофлорой кишечника. Наряду с буквенными обозначениями витамины получили названия, раскрывающие их химическую природу.

Все витамины подразделяются на две группы: водорастворимые и жирорастворимые, а также из них выделяются витаминоподобные вещества. К водорастворимым витаминам относятся витамины группы В — B_1, B_2 и другие, витамины С, Р, РР, Н (холин). Жирорастворимые витамины — А (бета-каротин в растениях), D, E, К сосредоточены в семенах, за исключением каротина, который наряду с хлорофиллом формирует окраску листьев деревьев, кустарников и травы.

Содержание витаминов обычно выражается в мг (1/1000 г), некоторых в мкг (1/1000 мг). Суточная потребность взрослого человека в основных витаминах такова: С — 70—100 мг, Р —

25—50, А — 1,5—2,5, В$_1$ — 1,5—2; В$_2$ — 2—2,5; РР — 15—25; В$_9$ — 1—2 мг. При дефиците витаминов в пище наступает гиповитаминоз — недостаточность и авитаминоз — отсутствие длительное время витаминов в питании. Рассмотрим основные виды витаминов, сосредоточенные в травах.

В и т а м и н С (аскорбиновая кислота) необходим для регулирования содержания холестерина в крови, нормального функционирования клеток, синтезирующих коллаген, он способствует усвоению организмом железа, тем самым участвуя в образовании эритроцитов крови, оказывает положительное влияние на образование иммунных тел, повышает способность лейкоцитов поглощать и уничтожать болезнетворные бактерии. Многочисленными исследованиями установлено, что витамин С снижает вредное действие различных лекарств, подавляя их токсичность, ускоряет заживление ран, сращивание костей. Перечисленным далеко не ограничивается спектр лечебного действия этого уникального вещества.

Аскорбиновая кислота — нестойкое соединение, весьма легко разрушается при тепловой обработке, под воздействием солнечных лучей, при контакте растительного сырья с металлами. В съедобных травах витамин С легко разрушается при хранении, поэтому использовать в пищу или на консервирование зеленые овощи нужно сразу же после сбора. В кислой среде витамин С устойчив.

В и т а м и н Р (рутин, цитрин) — вещество фенольной природы. В настоящее время известно более 150 полифенолов, обладающих Р-витаминной активностью и получивших общее название — биофлавоноиды. К ним относятся как бесцветные, так и красящие вещества фенольной природы. К наиболее распространенным в растениях относятся лейкоантоцианы и катехины. Лейкоантоцианы — бесцветные соединения, которые при созревании фруктов, ягод переходят в антоцианы; катехины — дубильные вещества, придающие вяжущие свойства, многие из них обладают антимикробным действием.

В некоторых литературных источниках последнего времени (Лифляндский В.Г.) биофлавоноиды отнесены не к витаминам, а витаминоподобным веществам, но от перестановки в систематике свойства этих уникальных веществ не меняются, а главное — они сохраняют кровеносные сосуда сердца, мозга и всей кровеносной системы. Лечебное действие Р-витаминных веществ заключается в их способности нормализовать проницаемость и эластичность кровеносных капилляров. Как и витамин С, Р-активные вещества предохраняют окисление гормона адриалина, от которого зависит целостность кровеносных капилляров, поэтому их еще называют витамином C_2.

Витамины группы В — имеют обозначения — B_1, B_2, B_3, B_4, B_9 и другие. Первых два витамина — B_1 — тиамин и B_2 — риофлавин пополняются в основном из потребляемых повседневно хлеба, молока, рыбы и мяса, поэтому наш организм их дефицита не ощущает, в травах и овощной зелени они встречаются, но в незначительном количестве. Из группы В наибольшее количество приходится на витамин B_9, или фолиевую кислоту.

Витамин B_9 — впервые был выделен из листьев шпината, его особенно много в зеленых листовых овощах и травах. Недостаток витамина B_9 приводит к поражению кровеносной и пищеварительной систем, задержке роста детей. Фолиевая кислота играет важную роль в синтезе аминокислот, белковом обмене, повышает активность ферментов. Ее лечебное действие используется при белокровии, когда резко снижается количество гемоглобина крови. Совместное действие фолиевой кислоты и Р-витаминных веществ применяется при лечении лучевой болезни, атеросклероза, ожирения и заболеваний печени.

Издавна от малокровия считались полезными наряду с черной смородиной и шиповником овощная зелень, как огородная, так и дикорастущая.

При потреблении зелени следует учитывать, что витамин B_9 легко разрушается при тепловой обработке.

Витамин А (ретинол). Точнее будет сказать, что в растительной пище содержится его предшественник — каротин, который в организме человека превращается в витамин А, поэтому каротин еще называют провитамином А. Каротин в чистом виде придает растению желтую и оранжевую окраску, что хорошо можно видеть на примере моркови, абрикосов и других плодов. В зеленых травах много каротина, но его присутствие замаскировано хлорофиллом, разнообразие оттенков зеленой листвы свидетельствует о соотношении этих веществ.

Следует учитывать, что каротин — жирорастворимое вещество, в воде не растворяется, поэтому зеленые салаты надо употреблять с майонезом, сметаной, растительным маслом. При потреблении зелени с жирами усвояемость этого витамина увеличивается в 10 раз.

В и т а м и н К (филлохинон). Недостаточность этого витамина приводит к утрате способности организма синтезировать белок протромбин, необходимый для свертывания крови. В здоровом организме витамин К синтезируется микрофлорой желудка, а также поступает с пищей, поэтому К-авитаминоза у взрослых обычно не наблюдается.

Потребность в витамине К удовлетворяется в основном за счет шпината, капусты и разных зеленых овощей. Академик А.В. Палладин в 1942 году получил высокоактивный витамин K_3, на основе которого вырабатывается лекарственный препарат викасол, широко используемый для остановки кровотечений.

В О Д А. Вода не является питательным веществом, но без нее человеческий организм не может существовать и несколько дней. Травы, зеленые овощи содержат 93—96% воды от их общего веса.

Вода в растительной клетке является средой, в которой растворены сахара, органические кислоты, витамины, минеральные элементы, дубильные, красящее и другие вещества. Соки, выделенные из плодов, овощей, зелени в свежем виде, — это не что иное, как вода, отжатая из тканей пищевых растений.

Чем больше воды в растительном продукте, тем ниже его калорийность и выше — усвояемость растворенных в ней веществ.

Вода — благоприятная среда для развития микроорганизмов, поэтому плоды, овощи легко подвергаются порче при хранении, а зелень легко увядает, теряя свое товарное качество.

В О С К И. Это жироподобные вещества — сложные эфиры жирных кислот и одноатомных спиртов — покрывают тонким слоем стебли, листья и плоды многих растений. Восковой налет особенно хорошо выражен на яблоках, листьях белокочанной и краснокочанной капусты и т. д.

Воски предохраняют растения от испарения влаги и увядания, они служат защитной пленкой, препятствующей проникновению микроорганизмов в сочные растительные клетки.

Г Е М И Ц Е Л Л Ю Л О З Ы часто называют полуклетчаткой — это высокомолекулярные полисахариды, нерастворимые в воде, наряду с клетчаткой входят в клеточные стенки растений. Содержатся от десятых долей до 2—3%.

Гемицеллюлозы играют важную защитную роль от проникновения фитопатогенных микроорганизмов, являются запасным материалом, используемым в окислительно-восстановительных процессах растений, обладают частичной растворимостью в воде (отсюда название — полуклетчатка). Для организма человека гемицеллюлозы важны как составная часть пищевых растительных волокон, при недостатке которых в пище могут развиваться атеросклероз, сахарный диабет, желчнокаменная болезнь и другие заболевания.

Г Л И К О З И Д Ы. Молекула этих химических соединений состоит из двух частей: сахара («гликос» по-гречески означает «сахар») и несахарной части — агликона. В качестве сахаров преобладают моносахара — глюкоза, рамноза, галактоза, агликоном могут быть вещества различной химической природы — кислоты, альдегиды, спирты, фенольные соединения.

Гликозиды накапливаются в различных органах растений: стеблях, листьях, плодах, семенах. Типичным представителем гликозидов является соланин, образующийся при позеленении выступающей из земли части клубней картофеля, корнеплодов моркови, при прорастании овощей. Он очень ядовит, поэтому позеленевшие части надо удалять. Многие гликозиды формируют вкус, в большинстве придавая горечь плодам, овощам и травам пряно-вкусового назначения. В косточках плодов вишни, сливы и других, особенно в ядрах горького миндаля, присутствует гликозид амигдалин, горечь которого явно ощущается, он также весьма ядовит, так как при его распаде образуется синильная кислота.

В практической медицине в основном используются сердечные гликозиды, антрогликозиды, горечи, сапонины и флавоновые вещества гликозидного строения; физиологически действующей частью является несахарная часть — агликон. Некоторые дикорастущие пищевые растения, содержащие горькие гликозиды, так называемые горечи, применяются для повышения аппетита у больных.

ДУБИЛЬНЫЕ ВЕЩЕСТВА. Это полимерные фенольные соединения, называемые еще танинами, танидами, полифенолами. Своим названием они обязаны дубу, кора которого издавна используется для придания шкурам животных эластичности и водонепроницаемости.

С дубильными веществами мы встречаемся ежедневно, когда пьем чай. Терпкий, приятно вяжущий вкус байхового чая вызван наличием танинокатехинового комплекса веществ, обладающих высокой Р-витаминной активностью. Листья земляники, малины, смородины и т.п. также придают вяжущий вкус чайному напитку, к тому же они очень ароматны. Катехины чаев укрепляют стенки кровеносных сосудов, способствуют усвоению витамина С и совместно с последним усиливают иммунитет организма против инфекционных заболеваний.

Дубильные вещества оказывают положительное влияние на состояние пищеварительных путей и являются мощным средством против желудочно-кишечных заболеваний (дизентерии, поносов и т. п.), их вяжущее действие особенно проявляется в настоях и отварах различных лечебных трав, листьев деревьев и кустарников.

Выявлено, что катехины и другие фенольные соединения (рутин, кверцетин) обладают желчегонным действием, способствуют накоплению в печени аскорбиновой кислоты и животного крахмала (гликогена), повышая тем самым ее защитную функцию, играют важную роль в предохранении печени от различных заболеваний. Танины образуют комплексы с тяжелыми металлами при отравлении ртутью, солями меди, железа, цинка и нейтрализуют их токсическое воздействие.

Полифенолы оказывают положительное влияние на сердечную деятельность, благодаря им сердце прогоняет по сосудам большее количество крови, затрачивая меньше энергии.

ЖИРЫ. Это сложные эфиры трехатомного спирта глицерина и жирных кислот. Жирные кислоты подразделяются на насыщенные (до предела насыщенные водородом) и ненасыщенные (непредельные, имеющие ненасыщенные двойные связи). Общее содержание жиров в травянистых растениях насчитывает сотые или десятые доли процента, исключение составляют семена, в которых сосредоточено жирное масло (до 12—15%). В растительных жирах преобладают ненасыщенные жирные кислоты. Ненасыщенные жирные кислоты (линолевая, линоленовая и арахидоновая) — витаминоподобные вещества, обладающие способностью повышать эластичность стенок кровеносных сосудов, вот почему в питании, особенно людей пожилого возраста, обязательно должны присутствовать преимущественно растительные масла, а не животные жиры.

КАРОТИНОИДЫ. Это пигменты, придающие растениям желтую, оранжевую, реже красную окраску. По химической природе они являются непредельными углеводородами с большим количеством двойных связей, легко окисляются кислородом воздуха, особенно на солнечном свете, но термоустойчивы.

Основным пигментом в группе каратиноидов является каротин, а также ликопин, ксантофил и другие. Каротин имеет три изомера: ά, ᾶ, α. Наиболее распространенным является бета-каротин, который в организме человека превращается в витамин А. Укроп, петрушка, сельдерей, листья деревьев и кустарников, дикорастущие травы богаты каротином, но его присутствие маскируется зеленым пигментом — хлорофиллом. Осенью наблюдается появление желтой окраски листвы, переход хлорофилла в каротиноиды, а также распад зеленого пигмента особенно заметны.

Каротиноиды играют важную роль в жизни самих растений, в частности, в процессах размножения, поэтому-то они часто сосредоточены в семенах.

КЛЕТЧАТКА (ЦЕЛЛЮЛОЗА). Это нерастворимый в воде углевод, главная часть клеточных стенок растений. Клетчатка не усваивается организмом человека, поэтому ее относят к балластным веществам. Чем больше клетчатки в травах, стенках (кожице) плодов, семян, тем грубее консистенция пищи и ниже ее усвояемость. Клетчатка состоит из остатков глюкозы, но в желудочно-кишечном тракте человека отсутствует фермент (в отличие от животных), расщепляющий это вещество, отсюда ее неусвояемость.

Однако отказываться от клетчатки в питании нельзя. Современная наука считает, что клетчатка обязательно должна присутствовать в пище, так как она положительно влияет на моторные функции пищеварения и течение жирового обмена. Грубой структурой целлюлозные пищевые волокна раздражают стенки кишечника, способствуя продвижению пищевых масс по желудочно-кишечным путям. При обильном потреблении жиров и углеводов (а это характерно для многих) недостаток клетчатки может привести к ожирению, желчнокаменной болезни, сердечно-сосудистым заболеваниям.

Клетчатка растительных продуктов обладает высокой активностью при стимулировании перистальтики кишечника, оздоровляюще действует на пищеварение, предупреждая запоры. Научными исследованиями установлено, что клетчатка способствует выведению холестерина, оседающего на стенках кровеносных сосудов и вызывающего тромбозы.

Согласно нормам сбалансированного питания ежедневное потребление балластных веществ (клетчатки, полуклетчатки, пектина) должно составлять 25 г. Однако при повышенном потреблении клетчатки растительной пищи ухудшается усвоение белков, жиров, минеральных веществ и витаминов. Содержание клетчатки в свежих травах, овощной зелени составляет 2—3%.

КРАСЯЩИЕ ВЕЩЕСТВА. По химической природе они делятся на 4 группы: антоцианы, флавоновые вещества, хлорофилл и каротиноиды.

Антоцианы и каротиноиды описаны выше — в разделах, им посвященных. Флавоновые вещества (флавонолы, флавоны и другие) по химической природе близки к антоцианам и также являются гликозидами, состоящими из остатка какого-либо сахара и собственно пигмента — агликона. Флавоновые вещества придают растениям желтую или оранжевую окраску, сходную с каротиноидами. Наиболее распространенным флавонолом является кверцетин.

Хлорофилл — зеленый пигмент, играет важную роль в фотосинтезе и образовании органических веществ растений. В природном естественном состоянии хлорофилл встречается в двух формах — a и b, b-хлорофилл имеет сине-зеленый цвет, а-хлорофилл — желто-зеленый. Находясь в разных соотношениях они придают разнообразие оттенков зеленой массе листьев.

КУМАРИНЫ. Содержатся в растениях в чистом виде или в соединениях с сахаром в виде гликозидов. В чистом виде — это кристаллические бесцветные вещества фенольной природы. В настоящее время изучено более 150 кумаринопроизводных соединений, из них важную роль играют фурокумарины как эффективно действующие медицинские препараты.

Кумарины и оксикумарины снижают свертываемость крови, благодаря чему предупреждается образование тромбов, закупорок и разрывов сосудов, внутренние кровоизлияния в коре головного мозга, сердечной мышце, предупреждая инсульты и инфаркты.

Фурокумарины повышают чувствительность организма к солнечным лучам, их фармацевтические препараты применяются для лечения кожных заболеваний (витилиго, гнездовой плешивости). Выявлено, что они обладают противоопухолевым действием; многие кумарины — капилляроукрепляющими, жаропонижающими, желчегонными и мочегонными свойствами.

ЛИПИДЫ. Содержатся преимущественно в продуктах

животного происхождения, делятся на 2 группы: собственно жиры и жироподобные вещества (липоиды). Ко второй группе относятся фосфатиды, стерины, воски.

Растительные липиды богаты ненасыщенными жирными кислотами и при комнатной температуре имеют жидкую консистенцию. Растительные масла имеют важное значение в питании как легкоусвояемые вещества (по сравнению с жирами животными), энергоемки, обладают высокой биологической активностью и участвуют в физиологических процессах.

К жироподобным веществам относят лецитин, кефалин и другие. В составе молекулы лецитина имеется х о л и н , вещество, способствующее предупреждению накопления жиров в печени, обладающее противоатеросклеротическим действием. Фосфолипиды способствуют переработке жира в пищевом тракте, усиливают желчеотделение. Входящий в состав мозговой ткани холин влияет на деятельность нервной системы.

Холестерин — жироподобный липоид животного происхождения — (в растениях присутствуют ситостерины), он необходим организму человека в пределах 0,3—0,5%. Излишки холестерина способствуют развитию атеросклероза и образованию тромбов.

М А К Р О Э Л Е М Е Н Т Ы . Это соли калия, натрия, фосфора магния, хлора и серы, содержатся в продуктах в десятых и сотых долях процента. Одним из превалирующих макроэлементов в растениях является калий, на его долю приходится около 50% от общего количества минеральных веществ.

К а л и й — усиливает выделение воды из организма и уменьшает способность тканевых белков удерживать воду, способствует мочеотделению, профилактике и лечению заболеваний почек и сердечно-сосудистой системы.

К а л ь ц и й — содержится в растениях, в частности в зелени, в значительно меньших количествах, чем калий; он участвует в процессах свертывания крови, нормализует возбудимость нервной системы и сокращение мышц. При недостатке в пище кальция в обменные процессы вовлекается кальций, находящийся в костях, костные суставы становятся ломкими и менее прочными.

Н а т р и й — способствует наряду с калием кислотно-щелочному равновесию желудочного сока, играет важную роль в водном обмене, удерживая воду, влияет на аминокислотный и сахарный обмен, пищеварительные ферменты. В растениях натрия мало, в организм поступает в основном за счет поваренной соли; за счет соли в организм поступает и хлор.

Ф о с ф о р — участвует в образовании костной ткани, играет важную роль в обмене веществ, благоприятно влияет на мозговую и нервную ткани, мышцы, печень и почки. При недостатке фосфора в питании организм получает его из костей, что приводит к размягчению, истончению и заболеванию костных суставов.

М а г н и й — входит в состав зеленого пигмента хлорофилла и содержится во всех зеленых частях растений. Магний имеет влияние на снятие возбудимости нервной системы, расширяет сосуды, снимает спазмы гладкой мускулатуры, регулирует желчеотделение и выделение из организма холестерина, нормализует деятельность мышц сердца и его кровообращение, а также наряду с кальцием и фосфором входит в состав костей, укрепляет слизистые оболочки и кожу.

С е р а — в растениях содержится в незначительных количествах. Входит в состав многих витаминов, ферментов, аминокислот, участвует в образовании инсулина.

Суточная потребность организма взрослого человека (в граммах): калий — 3,5; натрий — 1,6; кальций — 0,7; хлор — 2,5; фосфор — 0,55; магний — 0,3; сера — 1.

М И К Р О Э Л Е М Е Н Т Ы . Наличие микроэлементов в съедобных растениях исчисляется в миллиграммах и микрограммах (мг% и мкг%), но их роль для человеческого организма исключительно велика. Достаточно отметить, что около 200 ферментов активизируются металлами. Всего в организме человека выявлено около 70 химических элементов, из них 14 микроэлементов считаются незаменимыми — это железо, кобальт, медь, хром, никель, марганец, молибден, цинк, йод, олово, фтор, кремний, ванадий, селен; многие из них организм получает исключительно за счет растительной пищи. Разберем основные микроэлементы зеленых растений.

Железо — самый распространенный микроэлемент, его содержание в организме человека достигает 5 г, основная масса входит в состав гемоглобина крови. Недостаток железа вызывает малокровие (анемию), нарушение обмена веществ, влияет на состояние кожи, волос, ногтей, приводит к упадку сил. Предполагается, что железо в мясных, хлебных продуктах усваивается на 20—40%, а из плодоовощной пищи — на 80%, чему способствует наличие в последних витамина С.

Кобальт входит в состав витамина B_{12}, который участвует в синтезе гемоглобина крови, наличие в растениях кобальта способствует накоплению и других витаминов.

Медь — кроветворный элемент, как и железо. У взрослого человека недостаток меди в пище не проявляется, у детей выявлено возникновение многих заболеваний при дефиците этого элемента. Однако доза меди более 2 мг в день для организма вредна.

При консервировании плодоовощной продукции в результате контакта продукта с оборудованием, количество меди может увеличиться, поэтому содержание ее в консервах строго ограничено (не более 5—10 мг на 1 кг продукта).

Цинк — в организме человека его содержится около 2,5 г. Цинк важен для роста, размножения и иммунитета, способствует работе многих ферментов, жизненно необходим. С другой стороны цинк весьма токсичен и может вызвать отравление. В связи с этим использование цинковой посуды при приготовлении пищи недопустимо.

Марганец — жизненно важный элемент как для взрослого, так и для детского организма. Отсутствие его у детей вызывает замедление роста, у взрослых — ухудшение самочувствия.

Йод — способствует усвоению кальция и фосфора, недостаток его приводит к заболеванию щитовидной железы (зобная болезнь).

МИНЕРАЛЬНЫЕ ВЕЩЕСТВА. Минеральные вещества объединяют макро- и микроэлементы, их суммарное содержание колеблется от 0,5 до 1,5—2%.

Минеральные вещества находятся в разных органах растений, они представляют собой соли органических кислот (яблочной, лимонной, щавелевой и другие), меньше неорганических (фосфорной, серной, азотной, азотистой).

Некоторые минеральные элементы усваиваются под действием других веществ более полно, например железо, благодаря наличию в съедобных растениях витамина С. Некоторое время организм человека способен самостоятельно балансировать содержание минеральных веществ, но при значительном недостатке их в пище, могут начаться расходоваться их запасы в костях, мышцах, печени, что может привести к возникновению заболеваний.

При хранении съедобных пищевых растений количество минеральных веществ в них не убывает, они никуда не расходуются, но при консервировании количество водорастворимых минеральных элементов может снизиться, следовательно и снизится пищевая и биологическая ценность консервированного продукта.

Подробнее минеральные вещества рассмотрены при характеристике микро- и макроэлементов.

ОРГАНИЧЕСКИЕ КИСЛОТЫ. Содержатся в растениях в свободном состоянии и в виде кислых солей. Общее количество их может колебаться от 0,1 до 0,7%, а в щавеле, например 1—2%. Благодаря содержанию органических кислот растительная пища обладает более выраженным вкусом и лучше усваивается. Кислоты активизируют пищеварение, снижают активную кислотность среды и способствуют улучшению микрофлоры желудка.

В пищевых растениях преобладают яблочная, лимонная кислоты, в значительно меньших количествах содержится бензойная (листья и ягоды брусники), салициловая (листья и ягоды малины), а также муравьиная, янтарная, щавелевая и другие.

Находясь в растворенном состоянии, органические кислоты легко усваиваются организмом, благоприятно влияют на обмен липидов, в частности яблочная кислота способствует снижению уровня холестерина в крови. Многие органические кислоты обладают антимикробными свойствами и используются как антисептик при консервировании плодов и овощей.

Рассматривая положительное влияние органических кислот, следует акцентировать внимание на щавелевой кислоте, которая в значительной мере накапливается в некоторых лиственных овощах, в частности в щавеле. Повышенное потребление щавелевой кислоты может привести к образованию камней в почках. Для лиц, предрасположенных к этим заболеваниям, употребление блюд из щавеля должно быть ограничено.

ПЕКТИНОВЫЕ ВЕЩЕСТВА. Это особая группа веществ, которые относятся исключительно к плодово-ягодным растениям. Плоды дикорастущих съедобных растений также содержат эти вещества, но в незначительном количестве. Однако пектиновые вещества нельзя обойти вниманием из-за их уникальных свойств. К пектиновым веществам относятся протопектин, пектин, пектиновая и пектовая кислоты. По химической природе — полисахариды, главным компонентом их является галактуроновая кислота. Пектиновые вещества считаются балластными углеводами, то есть неусвояемыми, но они, как и клетчатка, играют важную роль для оздоровления человеческого организма.

Растворимый в воде пектин оздоровляюще действует на работу кишечника, тормозит всасывание в кровь вредных веществ, связывает соли тяжелых металлов и выводит их из организма.

Особо важную роль играют пектиновые вещества в удалении из организма радиоактивных элементов, изотопов стронция и т.п. Воистину — это санитары, борющиеся за наше здоровье. Пектиновые вещества обладают желирующими свойствами.

Общее количество пектиновых веществ в плодах колеблется от 0,1 до 2,5%. Это относится к плодам дикорастущих съедобных растений.

САПОНИНЫ. Сапонины — разновидность гликозидов, свое название получили от латинского слова «сапо», что в переводе означает «мыло», но с известным нам натуральным мылом у них ничего общего нет, хотя многие из них обладают пенообразующими свойствами.

В медицинской практике сапонины, извлекаемые из лекарственных травяных растений, применяют как отхаркивающее средство, усиливающее действие дыхательных желез. Некоторые сапонины способны понижать артериальное давление, оказывать потогонное действие, вызывать рвоту.

Сапонины безвредны, если поступают в пищевой тракт через рот, если же их вводят непосредственно в кровь, то они оказываются весьма ядовиты и вызывают разрушение красных кровяных телец.

С М О Л Ы. Представляют собой густые, вязкие, очень липкие жидкости или полужидкости тягучего состояния, по химическому составу близкие к эфирным маслам. Они содержат смольные кислоты, спирты, фенолы, дубильные вещества, углеводороды.

Смолами богаты почки деревьев, многие травянистые съедобные растения, в медицине используются их антимикробные и ранозаживляющие свойства в виде настоек, пластырей.

У Г Л Е В О Д Ы. Эти вещества состоят из трех элементов: углерода, кислорода и водорода, подразделяются на простые и сложные соединения. К простым углеводам относятся сахара, преимущественно глюкоза, фруктоза и сахароза, к сложным, так называемым полисахаридам, — крахмал, клетчатка, гемицеллюлоза, инулин. Сходны по химической природе с углеводами пектиновые вещества.

С а х а р а составляют в большинстве плодов и некоторых лиственных овощных растениях основную часть сухих веществ. Так, в черемше сахаров содержится около 6%, зелени укропа — 4%, щавеле — 5%. Кроме влияния на формирование вкуса, сахара играют важную роль в жизни самих растений, являясь основным субстратом для процессов дыхания.

К р а х м а л — наиболее важный углевод в питании человека в составе зерномучных продуктов, в плодах растений он содержится больше в незрелом состоянии и по мере их созревания почти исчезает, переходя в сахара. У многих дикорастущих растений крахмал, наоборот, накапливается по мере их созревания, но не в зеленой листве, а в корнях и клубнях (лопух, цикорий и пр.), значительно повышая пищевую ценность съедобного растения.

И н у л и н так же, как и крахмал, накапливается в клубнях и корнях растений, обладает сладким вкусом, при гидролизе дает фруктозу — наиболее сладкий сахар с легкой усвояемостью.

Клетчатка, гемицеллюлозы и пектиновые вещества рассмотрены в соответствующих по алфавиту разделах.

Ф Е Н О Л Ь Н Ы Е С О Е Д И Н Е Н И Я. Обширный класс циклических веществ, являющихся производными фенола (C_6H_5OH). К ним относятся танины, таниды или дубильные вещества, лейкоантоцианы, антоцианы, флавоновые и другие вещества. Обычно фенольные соединения содержат больше одной гидроксильной группы (ОН), поэтому их называют еще полифенолами.

Фенольные соединения играют важную роль в пищевых свойствах съедобных дикорастущих и окультивированных растений, особенно плодов и ягод. Вкус, аромат, цвет, устойчивость к поражению микроорганизмами находятся в прямой зависимости от содержания фенольных соединений. Фенольные соединения также еще называют биофлавоноидами, так как многие из них обладают Р-витаминной активностью. Чем больше фенольных соединений накапливается в съедобных растениях, тем выше их устойчивость к паразитарным заболеваниям.

Окисление полифенолов под действием фермента полифенолоксидазы приводит к потемнению растительного сырья, побурению с образованием темноокрашенных соединений — флобафенов, качество продуктов снижается.

Ф Е Р М Е Н Т Ы (энзимы) — самый крупный класс белковых веществ, которые вырабатываются каждой живой клеткой. По химической природе они могут быть, как и белки, простыми и сложными. Простые — однокомпонентные ферменты состоят из остатков аминокислот или белковой части, сложные — двухкомпонентные ферменты из белковой части и вещества небелкового характера, называемого коферментом. Коферментом могут быть витамины, минеральные элементы и другие вещества.

Все ферменты обладают высокой каталитической активностью, под их воздействием в живой клетке протекают биохимические превращения органических веществ. Исключительной активностью в растениях обладают оксидазы — ферменты, регулирующие процессы дыхания, в том числе полифенолоксидаза, окисляющая кислородом воздуха фенольные соединения, в результате чего происходит потемнение мякоти плодов и ягод, снижается их Р-витаминная ценность.

Важную роль в жизнедеятельности травянистых растений, плодов и овощной зелени (и прочих овощей) имеет аскорбиноксидаза, которая катализирует разрушение витамина С (аскорбиновой кислоты), в результате чего содержание этого ценного витамина резко снижается. То же снижение происходит при переработке (сушке, консервировании) растительного сырья. Разрушительное действие ферментов усиливается при высоких температурах хранения и переработки растительных продуктов.

Ф И Т О Н Ц И Д Ы. Слово состоит из двух частей: фито — растение, циды — ядовитое. Но это «целебные яды растений» — так назвал свою книгу проф. Токин Б.П., автор учения о фитонцидах. Ядовитое действие фитонциды оказывают на болезнетворные микроорганизмы, патогенные для человека, таким образом предупреждая ряд заболеваний.

Фитонциды представляют собой множество веществ различной химической природы, способных губительно действовать на микроорганизмы в едва уловимых количествах. Фитонцидным действием обладают эфирные масла, а также нелетучие вещества — алкалоиды, антоцианы, гликозиды, органические кислоты, альдегиды и другие соединения, находящиеся в травянистых растениях. В консервировании широко используется пряно-вкусовая зелень (укроп, петрушка, майоран, эстрагон, чабер и т. п.), эфирные масла которой облагают сильным, антимикробным и антибиотическим действием.

ЭФИРНЫЕ МАСЛА. Термин «эфирные масла» не имеет ничего общего с жирами. Это — летучее ароматические вещества, состоящие из углеводородов терпенового ряда и их кислородопроизводных — альдегидов, кетонов, кислот и спиртов. Кислоты, взаимодействуя со спиртами, образуют сложные эфиры. Число индивидуальных веществ в составе эфирных масел может быть очень велико.

Эфирные масла накапливаются в период наибольшего созревания плодов растений, в солнечное сухое лето травянистые растения наиболее пахучи, а плоды — ароматны.

Эфирные масла почти нерастворимы в воде, но зато хорошо растворяются в спирте. В фармацевтике они сначала использовались для улучшения неприятного вкуса лекарств, но со временем в них выявились разносторонние лечебные свойства. Многие эфирные масла обладают антивирусным, противоглистным и противовоспатительным действием.

Эфирные масла влияют на сердечно-сосудистую и центральную нервную системы, снижают артериальное давление, расширяют сосуды головного мозга, обладают болеутоляющими и стимулирующими свойствами, входят в состав фитонцидов с сильным антимикробным действием.

Во время сушки пищевого и лекарственного сырья под действием прямых солнечных лучей и высокой температуры эфирные масла быстро теряют специфичный запах, осмоляются, поэтому сушить эфиромасленные травы необходимо в тени, при температуре не выше 35°С, в кратчайший срок.

Часть первая

РАЗНОТРАВЬЕ ЛУГОВ И ЛЕСОВ

Аир

До XIII века аир не был известен на Руси, появление этого растения связано с татаро-монгольским нашествием. Конники Чингисхана присваивали ему очищающие свойства, полагая, что, если по берегам водоемов растет аир, вода безопасна для людей и лошадей. Переправляясь через реки, монголы, всегда имеющие в переметных сумах аир, разбрасывали кусочки корневищ — таким образом растение быстро распространялось.

В Башкирии аир называют корнем земли. В старину им лечили многие хвори: язвенную болезнь желудка, желчный пузырь и почки, нервные заболевания с судорогами, хронические болезни спинного мозга с потерей чувствительности, применяли при сердцебиениях, а сок из корней пили для улучшения зрения и памяти.

В Западной Европе это растение появилось только в XVII веке. Засахаренные корневища аира были дорогим заморским лакомством, вывозимым из Константинополя.

В некоторые страны аир попал из Индии, ведь родиной его считается Индокитайский полуостров.

Б о т а н и ч е с к а я   х а р а к т е р и с т и к а. Аир обыкновенный (другие названия: ирный корень, аир болотный, аир тростниковый, лепеха, сабельник, татарское зелье, явар, яир) — многолетнее травянистое растение семейства арониковых. Отличается толстым, горизонтально расположенным к о р н е в и щ е м, прочно вросшим в землю благодаря мелким шкуровидным корешкам. С т е б е л ь — прямой, трехгранный, полый внутри; л и с т ь я — прикорневые, ярко-зеленые, очень длинные (от 60 до 120 см), саблевидной или мечевидной формы, поникшие; ц в е т ы — мелкие, невзрачные, зеленовато-желтые, собраны в толстое соцветие — початок, растущий в сторону от стебля; цветение в конце мая.

М е с т о   р а с п р о с т р а н е н и я. В одичалом состоянии аир распространен на Кавказе, в Сибири и на Дальнем Востоке. В европейской части нашей страны растет в сырых местах: по берегам рек, ручьев, прудов, на болотах и заводненных лугах, иногда образуя обширные заросли.

Аир культивируется в Индии и Китае, Западной Европе и Северной Америке. Хотя это весьма влаголюбивое растение, в культуре оно может произрастать на обычных садовых почвах, отличаясь высокой приспосабливаемостью к местным условиям.

Л е ч е б н ы е   с в о й с т в а. Как целительное растение аир широко известен по всему свету. Его лечебные свойства были признаны еще в Древней Греции и Риме. Лекарственное значение имеют в основном корневища аира, богатые эфирными маслами (до 5%), витамином С (то 150 мг%), содержат гликозид акорин, придающий горечь, фитонциды, смолы, камедь, дубильные и другие биологически ценные вещества. В зрелых корневищах аира накапливается осенью до 20% крахмала.

Издавна знахари придавали большое значение аиру в предупреждении и лечении разных болезней. В целях профилактики и во время эпидемий рекомендовалось ежедневно жевать корни аира 15—20 минут, это попутно способствовало укреплению десен и предотвращало выпадение зубов. Высокое содержание витамина С способствовало лечению сердечных недугов, цинги, в настоящее время аир включают в состав лекарственных сборов и лечебных чаев различного назначения.

В практике народной медицины аир является одним из лучших горькоароматических средств для лечения органов пищеварения и улучшения аппетита. Водные настои и отвары аира применяют при заболевании печени, язвенной болезни желудка и двенадцатиперстной кишки, при желчных и кишечных коликах, воспалении почек и мочевого пузыря. Аир как лекарственное растение рекомендуется при расстройстве нервной системы, для лечения гастритов, гепатитов, сыпного тифа, гриппа, анемии. И это еще не весь перечень благотворного воздействия аира на организм человека. Рассмотрим несколько лечебных препаратов, которые можно легко приготовить в домашних условиях.

Настой аира

1 ч.л. измельченных корневищ аира залить 1 стаканом кипятка, сосуд укутать и настаивать 35 минут, процедить. Принимать за 30 минут до еды, в день выпивать 2 стакана равными порциями.

Отвар аира

1 ч.л. измельченных сухих корневищ залить стаканом холодной воды, настоять в течение 5 часов, затем прокипятить 5 минут, процедить. Принимать по полстакана при воспалении слизистых оболочек рта, для укрепления десен.

При водянке рекомендуется принимать отвар внутрь. Для этого 15 г корневищ залить 0,6 л воды, варить на медленном огне 15 минут, процедить. Принимать по полстакана за полчаса до еды.

Настойка аира

20 г измельченных корневищ аира залить 1/2 стакана водки (40°), настоять в течение двух недель, затем процедить, остаток корневищ отжать в настой. Принимать по 15—30 капель 2—3 раза в день для лечения гастрита, язвенной болезни желудка и двенадцатиперстной кишки, при камнях в почках, поносах, болезнях печени. Для смягчения действия лекарства капли лучше принимать с кусочком сахара.

Водные настои, отвары и спиртовые настойки аира обладают сильным дезинфицирующим действием. Так, для омовения и быстрого заживления ран рекомендуется использовать спиртовую настойку в трехкратном (1:3) разведении водой; можно раны и язвы припудрить порошком из корня аира. При повышенной кислотности желудка и изжоге для снятия болей целесообразно принять щепотку порошка (на кончике ножа) внутрь, это также поможет избавиться от дурного запаха изо рта.

Бактерицидные и противовоспалительные свойства аира давно используются косметологами. Отвары и настои в виде компрессов употребляются для снятия раздражений и воспалений лица, втирания в кожу головы для укрепления волос, особенно при быстром выпадении и облысении. Вот несколько косметических рецептов.

Отвары аира

2 ст.л. измельченных сухих корневищ аира залить 1 л холодной воды, довести до кипения на слабом огне и достаточно горячим (38—40°) процедить, отвар использовать в виде компрессов, наложив на лицо и шею смоченную в нем салфетку на 10—15 минут. Такой компресс полезен перед массажем или маской лица, при этом поры раскрываются, от горячего компресса происходит приток крови к поверхности кожи, она становится мягкой и нежной. Особенно компресс полезен для жирной кожи, но противопоказан при гнойничковых поражениях, воспалениях, пористой коже.

4 ст.л. измельченных корневищ аира залить 1 л воды и прокипятить 5 минут, затем настаивать 30—40 минут, процедить. Применять для полоскания волос после мытья для предупреждения выпадения, перхоти, при сухой себорее.

Аир включают в сбор трав для ванн, назначаемых золотушным детям и при рахите. Ваннами с аиром лечат болезни суставов (артриты).

Настой для ванн

5 ст. л. измельченных корневищ аира заварить 1 литром кипятка, настаивать в термосе 30 минут. Затем, процедив, вылить в подготовленную ванну. Можно в ванну вместо настоя поло-

жить измельченные корни аира в мешочке. Такие ванны способствуют заживлению ран, освежают, успокаивают и тонизируют организм.

Отвар из корневищ аира (30 г на 1 л воды) полезен женщинам для принятия сидячих ванн при воспалительных заболеваниях половых органов.

Аир используется для составления лекарственных сборов и лечебных чаев различного назначения.

Пищевое применение. Аир ценится прежде всего благодаря содержанию эфирных масел, используется как ароматизатор многих пищевых продуктов: компотов, сиропов, фруктовых напитков. Из его корневищ варят варенье, засахаривают цукаты. Вкусен квас с добавлением корневищ аира, а отвар из корневищ применяют для ароматизации хлебобулочных изделий, первых блюд и салатов.

В кулинарии и при переработке плодов и овощей аир может служить заменителем лаврового листа, корицы, имбиря, мускатного ореха. Измельченные листья аира в виде порошка добавляют при ароматизации хлеба.

Заготовка и сушка. Заготовку корневищ аира проводят летом и осенью, когда понижается уровень воды в водоемах; сбор ведут также ранней весной или перед началом зимы, когда в корневищах содержится наибольшее количество ценных веществ. Из земли корни выкапывают лопатой, из воды извлекают вилами; корневища моют в холодной воде, обрезают стебель и мелкие корешки, затем режут на кусочки длиной 3—5 см, каждый из которых расщепляют на 4 части. Загнившие, испорченные корневища заготовке не подлежат.

Сушку проводят в сухом проветриваемом помещении или тепловых сушилках — на бумаге, ткани или противне. Температура не должна превышать 30—35ºC, так как при более высокой температуре разлагаются эфирные масла.

Высушенные части корневищ должны иметь желто-бурую окраску, на изломе — белую или бело-розовую, горьковато-пряного вкуса со специфичным приятным ароматом.

Хранят сушеный аир в плотно закрывающихся стеклянных

или жестяных банках в сухом прохладном помещении. При крупных промышленных заготовках корневища аира упаковывают в тюки или кипы, обтянутые джутовой тканью. Срок хранения — до 2 лет.

Кулинарные рецепты

Отвар аира

На 20 г сухих корней аира — 1 л воды.

В кипящую воду всыпают измельченные корни, снова доводят до кипения, снимают с огня и оставляют на 1 сутки для настаивания. Отвар используют для ароматизации хлебобулочных изделий, первых блюд и салатов.

Квас с аиром

На 3 л кваса — 1 стакан отвара аира.

В приготовленный обычным способом квас добавляют свежий отвар аира, приготовленный по предыдущему рецепту.

Сахарный сироп с аиром

На 1 кг сахара — 40 г сухих корней аира, 4 г лимонной кислоты, 2 л воды.

Подготовленные корни заливают кипящей водой и настаивают одни сутки, затем настой процеживают и добавляют лимонную кислоту.

Отдельно готовят сахарный сироп (из расчета 1 кг сахара на 1 л воды), сироп смешивают с настоем, смесь заливают в бутылки и хранят в холодном месте. Сироп используют для ароматизации сладких блюд и кондитерских изделий.

Компот из яблок с аиром

На 300 г свежих яблок (или 100 г сушеных) — 2 ст.л. сухих или 1 стакан свежих корней аира, 6 ст.л. сахарного песка.

Подготовленные яблоки (помытые и порезанные) варят в воде, как обычный компот, до готовности, затем добавляют корни аира, компот доводят до кипения, выдерживают 5—10 минут, всыпают сахар и вновь дают прокипеть. Чтобы корни не смешивались с яблоками, их можно поместить в компот в марлевом мешочке.

Борщевик

Ботаническая характеристика. Борщевик рассеченный (другие названия — борщевик сибирский, болдырган, пучка) — многолетнее травянистое растение с мощным корневищем, относится к семейству зонтичных. Стебель — толстый, сильно ребристый, покрытый снаружи короткими щетинками, внутри — пустой, в виде мелкоребристой трубки, достигает высоты 1—2 м; листья — прикорневые очень крупные, тройчатые или перистосложные, стеблевые — перисто-лопастные, охватывающие иногда своим основанием стебель, доли листа крупнозубчатые, прикорневые листья сидят на длинных черешках, длина листа достигает 35—90 см, ширина — 40—80 см; цветы — у рассеченного борщевика белые, у сибирского зеленовато-желтой окраски, собраны в сложный многолучевой зонтик. Цветет с июня по сентябрь.

Распространение борщевика. Огромные запасы борщевика распространены по всей территории России, всего известно до 70 его видов. На Урале и Алтае, Кавказе, в Средней полосе, на Севере и во многих районах нашей страны борщевик расселился по опушкам лесов, среди кустарников, вдоль рек, ручьев, на сыроватых и высокотравянистых лугах. В Сибири борщевик распространен широко в липовых, осиновых, негустых хвойных лесах, в подлеске, образуя сплошные заросли, иногда почти непроходимые. Лечебные свойства. Для лечебных целей используют траву и корни борщевика. В народной медицине цветки растения применяют при различных нервных заболеваниях как успокоительное средство при судорогах и эпилепсии, при болезнях кожи.

Настой корневищ и травы пьют при нарушении пищеварения, катарах желудка, поносах, как возбуждающее аппетит и спазмолитическое средство при дизентерии. Припарками из свежих листьев борщевика снимают ревматические боли в суставах, отвары используют при чесотке.

Настой из корней

5 ч. л. измельченных корней борщевика настоять в двух стаканах остуженного кипятка в течение 8 часов, процедить. Выпить на протяжении дня равными порциями.

Настой травы

3 ч. л. измельченной травы залить 2 стаканами кипятка, настаивать 2 часа. Выпить в 4 приема. Настои рекомендуются как успокаивающее средство при судорогах и эпилепсии, различных нервных и кожных заболеваниях, сопровождающихся зудом.

Широко используется борщевик как лечебное растение в других странах. Так в Болгарии и Германии его тоже применяют при эпилепсии и нервных судорогах. В тибетской медицине корни борщевика включены в состав лекарственных сборов при лечении желчнокаменной болезни и почек.

Пищевое применение. Борщевик является ценным пищевым растением. В химический состав его входит до 10% сахаров, 16% белков, до 212 мг% витамина С, а также каротин, эфирные масла, дубильные и минеральные вещества и другие. Изучение состава микроэлементов показало наличие в растении до 12,6 мг% железа, марганца — 2,6 мг%, меди — 1,2 мг%, никеля 0,56 мг%.

Использование борщевика самое разнообразное. Молодые

стебли едят в сыром виде, очистив их от волосатой кожицы, ими, особенно весной, любят лакомиться дети. Можно стебли измельчить, обдать кипятком, посолить, обвалять в муке и поджарить на масле — получится аппетитная закуска или дополнение к гарниру.

Свое название первое блюдо — борщ получил от дикорастущего борщевика, в стародавние времена это овощное растение пользовалось большим спросом у сельских жителей, крестьяне заготавливали стебли, измельчали, солили и квасили, как капусту, и только с появлением последней стали предпочитать ее белоснежные листья. Борщевик заготавливали впрок бочонками, в трудные годы это растение было хорошим провиантом на зиму.

Из молодых листьев борщевика готовят салаты, а из старых — щи, пюре. Молодые листья используются в качестве начинки для пирогов, а в Сибири — для пельменей: в сочетании с другими видами съедобной зелени, заправленные тертым хреном и специями, получаются весьма аппетитные закуски. Молодые листья можно высушить и в виде порошка использовать как заправку для супов, соусов. Еще лучше на 3 части высушенных листьев борщевика добавить 1 часть порошка из листьев сельдерея, что придаст более острый, ароматный вкус и запах любому блюду.

Негрубые сладкие стебли борщевика, очищенные от кожицы, можно поджарить и засахарить.

З а г о т о в к а и с у ш к а . Для лечебных целей траву борщевика собирают во время цветения растений, корни же выкапывают в сентябре. Для приготовления кулинарных блюд борщевик можно использовать длительное время на протяжение всего сезона.

Неслучайно некоторые сельские хозяйства вводят это растение в культуру: опыты показали большую урожайность культивируемого борщевика (до 2 тысяч центнеров с 1 га или 200 кг с 1 м^2. Как многолетнее растение борщевик не требует вспашки и прополки, давая высокие урожаи в течение многих лет, при этом трудовые затраты минимальны и сводятся лишь к усилиям на уборку урожая в течение лета и осени.

Сушка листьев растения проводится обычным способом, как крапивы и других трав, а стебли и корни, богатые сахарами, лучше заквасить, замариновать.

Кулинарные рецепты

Салат из борщевика

Первый способ:
100 г борщевика, 50 г зеленого лука, 100 г картофеля, 15 г растительного масла, соль и специи — по вкусу.

Листья борщевика отваривают 3—5 минут и откидывают на дуршлаг, после стекания воды режут на полоски и смешивают с нарезанным зеленым луком. Смесь укладывают на ломтики вареного картофеля, заправляют растительным маслом и специями.

Второй способ:
200 г борщевика, 30 г зеленого лука; хрен, соль, специи, сметана — по вкусу.

Стебли и черешки борщевика и зеленый лук измельчают, смешивают, добавляют тертый хрен. Салат заправляют солью, специями и сметаной.

Щи зеленые

100 г борщевика, 100 г картофеля, по 40 г петрушки и репчатого лука, 20 г маргарина, 1/2 яйца, 0,5 л воды или бульона; соль, специи, сметана.

В кипящую воду или бульон кладут нарезанный картофель, через 15 минут — поджаренный репчатый лук, затем нарезанные листья борщевика и петрушки, варят 15 минут, добавляют соль, специи. При подаче на стол в тарелку кладут половину вареного яйца, заправляют сметаной, сливками или молоком.

Суп из борщевика

100 г борщевика, 50 г картофеля, 10 г моркови, 25 г щавеля, 0,4 л бульона; специи по вкусу.

Измельченные картофель и морковь варят в бульоне до готовности. Добавляют нарезанные листья борщевика и щавеля, кипятят 2—3 минуты, затем заправляют поджаренным луком, жирами и специями.

Отвар борщевика

200 г борщевика, 2 л бульона.

В мясной готовый бульон добавляют листья борщевика и варят 15 минут. Отвар процеживают и используют для приготовления первых блюд.

Суповая заправка из борщевика

1 кг борщевика, 200 г соли.

Листья молодых растений моют, дают обсохнуть, пропускают через мясорубку и солят. После тщательного перемешивания соленую массу перекладывают в стеклянные банки. Хранят в прохладном месте. Используют в зимний период для заправки щей и супов, а также добавляют в гарниры к мясным, рыбным и овощным блюдам.

Стебли борщевика в сахаре

1 кг борщевика, по 2 стакана сахара и воды.

Стебли очищают от кожицы, немедленно нарезают полоски (длиной 1—2 см) и варят 10 минут в густом сахарном сиропе, затем откидывают на дуршлаг, обсушивают на воздухе и укладывают в сухие стеклянные банки. Подают к чаю вместо варенья.

Начинка для пирожков

500 г борщевика, 250 г репчатого лука, 50 г масла, 2 яйца, соль — по вкусу.

Листья борщевика отваривают 3—5 минут, откидывают на сито и измельчают, добавляют поджаренный репчатый лук, мелко нарезанные сваренные вкрутую яйца. Начинку используют для пирожков из дрожжевого теста.

Девясил

История использования девясила во врачебной практике восходит к древности, о нем упоминает в своих трудах Гиппократ: в Древней Греции и Риме девясил употребляли в пищу, во времена Средневековья уже культивировали это растение.

Б о т а н и ч е с к а я   х а р а к т е р и с т и к а. Девясил — многолетнее травяное растение семейства сложноцветных. С т е б е л ь — прямой, мощный, разветвленный, высотой до 1—2 м; л и с т ь я — крупные, бархатистые, очередные, сверху голые, снизу серовато-войлочные, неравномернозубчатые, черешки короткие; ц в е т к и — круглые, диаметром до 7 см, состоят из большого числа лепестков золотисто-желтого цвета, собраны в крупные корзинки, цветение в июне — августе; п л о д — продолговатая семянка, с хохолком бурой окраски.

Р а с п р о с т р а н е н и е   д е в я с и л а. Распространен в лесостепной и степной зонах европейской части страны, Западной Сибири, Средней Азии. Растет в разреженных лиственных лесах на полянах и опушках, среди зарослей кустарников, по увлажненным местам, поймам и берегам рек, часто встречается в канавах и сорных свалках.

Жители Удмуртии, Горьковской и Кировской областей выращивают девясил в садах и огородах рядом с кустарниками малины, смородины.

Девясил культивируют как лекарственное растение, вес выращенных корней составляет до 3 кг, урожай с 1 га до 60 тонн.

Л е ч е б н ы е   с в о й с т в а. Как лекарственное растение девясил ценится за корневища и корни — мясистые, крупные, многоглавые, снаружи темно-бурые, внутри беловатые. Они богаты инулином, полисахаридом, при гидролизе которого образуется сладкий сахар — фруктоза, а также эфирными маслами (1—5%), имеются витамин С, органические кислоты, пектины, сапонины, смолы, слизистые и горькие вещества, небольшое количество алкалоидов.

Народное название — девясил — говорит о том, что растение обладает девятью силами, а на самом деле их еще больше. Это — мочегонное, легкое потогонное, желчегонное, антимикробное, противовоспалительное, а главное, отхаркивающее средство. Кроме того, препаратами из корневищ и корней девясила лечат заболевания печени и мочевого пузыря; девясил улучшает обмен веществ, регулирует деятельность желудка и кишечника, усиливает аппетит, улучшает пищеварение при повышенной кислотности желудочного сока, является кровоостанавливающим средством.

Наружно препараты девясила используются в виде настоев, отваров для лечения кожных заболеваний, геморроя.

Настой

1 ч.л. измельченных сухих корневищ с корнями залить 1 стаканом кипяченой воды, настаивать в течение 8 часов, процедить. Принимать по 1/4 стакана 4 раза в день как отхаркивающее и желудочное средство. Пить за 1 час до еды.

Отвар

1 ст.л. измельченного сырья залить 1 стаканом горячей кипяченой воды, нагревать на кипящей водяной бане 30 минут, постоянно помешивая, остудить и процедить. Принимать по 1/2 стакана 2—3 раза в день за 1 час до еды при гриппе, в качестве отхаркивающего средства при бронхите и других заболеваниях верхних дыхательных путей.

Эликсир из девясила

12 г измельченных корневищ и корней девясила залить 0,5 л портвейна и варить 10 минут. Принимать по 50 мл 2—3 раза в день до еды как тонизирующее и укрепляющее средство при общей слабости организма.

Порошок из девясила

Измельченные корневища и корни в виде порошка принимать маленькими дозами (на кончике ножа) 2 раза в день, запивая водой при изжоге.

Отвар для ванн

100 г свежих измельченных корней и корневищ варить 10 минут в 1 л воды, настаивать 4 часа, процедить и вылить в подготовленную ванну. Ванна полезна при кожных заболеваниях.

Мазь

50 г порошка из корневищ и корней девясила смешать с 50 г топленого свиного сала или сливочного масла, растереть до однородной консистенции. Можно приготовить мазь на отваре корней. Употреблять при кожных заболеваниях, сопровождающихся зудом, заживающих (но немокнущих) ранах, экземах.

Опытом познания целительных сил девясила делится башкирский писатель Рим Ахмедов в замечательной лирической повести «Слово о реках, озерах и травах». «Коли уж лопуху гимн, — утверждает писатель, — то девясил заслуживает торжественного органного хорала. Недаром народ наделил его девятью силами». Разобрав целительные силы девясила, автор подкрепляет свое повествование примерами врачевания болезней народными лекарями Башкирии, своим собственным опытом.

1 ст.л. (неполную) измельченных корней девясила залить на ночь стаканом кипяченой воды комнатной температуры, прикрыв сверху крышкой. Утром размешать, дать осесть взвеси,

процедить. Выпить один глоток натощак, затем через каждые 2 часа еще по глотку. Улучшение от простуды (ОРЗ и т. п.) наступит уже через пару дней, если болезнь захватить в самом начале.

В народе настойку на девясиле пьют от нервных заболеваний, эпилепсии, при истощении, зобе, усиленном сердцебиении, маточных болях; яичницу-глазунью посыпают порошком из корней девясила при заболеваниях, вызванных поднятием тяжести. Порошок корней перетирают со свиным жиром, мазь заворачивают в тряпочку и прикладывают к больным местам (опухолям, ранам).

А вот что пишет в «Каноне о врачебной науке» средневековый ученый Авиценна: «Самая полезная его часть, — имеется в виду девясил, — это корень. Сила сиропа из него велика в его действиях и наиболее значительна. Лучше всего принимать его в виде варенья с уксусом, горячесть которого ослаблена... Отвар его корня, особенно сироп из него, гонит мочу и месячные... Если втягивать в нос его сок, это очищает мозг»... и т. д. Написано 1000 лет назад, но как живо звучит сегодня!

В аптеках продается препарат «Аллатон» из девясила в виде таблеток, рекомендуется для лечения язвенной болезни желудка и двенадцатиперстной кишки.

Пищевое применение. Говоря о питании, в первую очередь надо отметить использование девясила диетологами. Выявлено, что блюда с девясилом благоприятно влияют на выделение желчи и работу желудка, оказывают послабительное действие. При заболевании почек готовят напиток под названием «Девять сил», в состав которого входит 50 г сухих корней девясила, 150 г сахарозы или сорбита, 1/2 стакана клюквенного сока и 1 л воды.

Из корневищ и корней девясила получают фруктовое повидло путем уваривания их с уксусной эссенцией. Повидло используется для приготовления мармелада, начинок для пирожков.

На повседневном столе употребление девясила в сравнении с другими съедобными травами невелико. Да и следует учитывать, что природные запасы этого ценного растения ограниченны.

Свежие и сушеные корни девясила добавляют в супы, каши, кисели, компоты и другие напитки, готовят настойки и наливки.

Заготовка и сушка. Корневища девясила заготавливают поздней осенью или ранней весной. Их осторожно подкапывают лопатой, чтобы не повредить отростки корней, разрастающихся в разные стороны, отряхивают от земли. Образовавшуюся ямку нужно засыпать землей, чтобы обеспечить отрастание оставшихся корней. Для возобновления зарослей следует оставить не менее одного взрослого растения на 1 м^2, молодые цветущие растения трогать не нужно.

Выкопанные корневища тщательно очистить от земли и быстро промыть холодной водой, нарезать на куски длиной 10—20 см, каждый отрезок — еще вдоль на половинки и четвертинки толщиной 3—5 см. Сушат сначала на открытом воздухе, затем в проветриваемых помещениях и сушилках при температуре 50—65º С.

Готовое сырье должно иметь морщинистую серо-бурую поверхность, на изломе желтовато-белую или желто-серую окраску с буроватыми и блестящими точками. Вкус приятный, горьковатый, запах ароматный.

Упаковывают корни и корневища в тканевые мешки или бумажные крафт-пакеты, молотый порошок — в стеклянные банки с притертыми крышками. Хранят в хорошо проветриваемом помещении на стеллажах. Срок хранения — до трех лет.

Кулинарные рецепты

Овощной суп с девясилом

200 г картофеля, 80 г белокочанной капусты, 40 г моркови, 50 г свежих помидоров или 1 ст.л. томатного соуса, по 20 г свежего корня девясила, репчатого лука и топленого масла (для обжарки лука), соль — по вкусу.

В готовый кипящий бульон засыпать подготовленные капусту, морковь и картофель, за 10 минут до их готовности добавить измельченные корни девясила, жареный репчатый лук и помидоры или томатный соус (пасту).

Повидло из девясила

1 кг свежих корней девясила, 50 г уксусной эссенции, 1 л воды.

Очищенные и измельченные корни девясила всыпать в кипящую воду, подкисленную уксусной эссенцией и варить в открытой эмалированной кастрюле (2—3 часа) до исчезновения запаха уксусной кислоты. Уваренное повидло охладить, расфасовать в подготовленные сухие банки, укупорить крышками или целлофаном. Хранить в холодильнике.

Настойка из девясила

В 0,5 л водки добавить сухие корни девясила и настаивать 10—12 дней.

Наливка из девясила

0, 5 л водки, 15 г сухих корней девясила, 500 г сахара, 1/2 стакана воды.

Корни девясила отварить в воде, добавить сахар, нагреть до полного растворения, смешать с водкой, довести до кипения, охладить, слить в бутылку.

Донник

Б о т а н и ч е с к а я х а р а к т е р и с т и к а. Донник лекарственный (другие названия — желтый донник, липка, буркун, молья трава) — однолетнее или двухлетнее травянистое растение семейства бобовых. С т е б е л ь — одиночный, грубый, ребристый, сильно ветвистый, высотой от 30 до 100 см; л и с т ь я — мелкие, очередные, нижние тройчатые обратнояйцевидной формы, остальные — продолговатые, ланцетовидные, с зубчиками по краям, закреплены на длинном черешке, переходящем в черешок среднего листа, два боковых листа почти сидячие; ц в е т к и — мелкие, мотыльковые, ярко-желтые, собраны в удлиненные кисти, поникшие колокольчиками книзу, на тонкой цветоножке, отличаются сильным ароматом; п л о д ы — в виде боба яйцевидной формы с поперечными складочками, длиной 3—5 мм, с одним или двумя желтыми семенами. Цветет с июня по август, созревание в августе — сентябре.

Распространение донника. Растет по всей Европейской части СНГ, в Западной Сибири, на Урале. Встречается на лугах, по склонам оврагов, вдоль дорог, в сорных местах.

Лечебные свойства. Целебные свойства донника разнообразны. В листьях и стеблях содержится до 16% белка, 2,7% жира, 25% клетчатки, а также кумарины, холин, производные пурина, слизь и другие биологически активные вещества. Аромат обусловливается наличием эфирного масла (0,02%).

Донник лекарственный давно взяла на вооружение народная медицина. Его используют при лечении подагры. Настои применяют в качестве раздражающего и отвлекающего средства при заживлении ран. Компрессы из вытяжки донника способствуют вскрытию нарывов и опухолей. Примочки настоя прикладывают к воспаленным молочным железам, суставам, пораженным ревматизмом.

Донник входит в состав травяных сборов и лечебных чаев, используемых от бессонницы и как мочегонное средство. Отвары пьют при простудных заболеваниях органов дыхательной системы, они способствуют отхаркиванию мокроты. В быту сушеный донник применяют как средство от моли.

В современной медицине донник используется как противосудорожное средство, при стенокардии и тромбозах коронарных сосудов.

Настой донника

2 ст.л. высушенной травы залить в эмалированной кастрюле одним стаканом кипятка, нагревать на кипящей водяной бане 15 минут, затем охладить при комнатной температуре в течение 45 минут, процедить, отжать, после чего полученный объ-

ем настоя довести до 200 мл кипяченой водой; хранить в прохладном месте не более 2 суток.

Принимать настой по 1/2 стакана 2—3 раза в день как отхаркивающее и противовоспалительное средство.

Донник рекомендуется медиками как лечебное средство при болях в кишечнике и мочевом пузыре, расстройстве менструального цикла, особенно в климактерический период, при воспалении яичников. Настой травы донника оказывает успокаивающее действие при повышенной возбудимости, неврастении, истерии, головной боли, меланхолии, бессоннице.

Настой

1 ч.л. сухой травы залить 1 стаканом кипятка и оставить для настаивания на 30 минут, затем процедить. Настой рекомендуется применять по 1/2 стакана 2—3 раза в день до еды.

В домашних условиях можно приготовить мазь для ускорения созревания нарывов, фурункулов.

2 ст.л. свежих цветков донника растереть с 2—3 ст.л. несоленого сливочного масла. Свежеприготовленную мазь наложить на больное место.

Можно приготовить масляный экстракт на подсолнечном масле, который готовят настаиванием в течение 3 часов на водяной бане из 1 части нарезанной травы донника с 9 частями подсолнечного масла, а затем процеживают сквозь ватный тампон горячим. При употреблении такого экстракта нарывы и фурункулы скорее «созревают» и прорываются.

> **Внимание!!!** Употреблять донник в виде настоя внутрь не рекомендуется.

Пищевое применение. В пищу применяют молодые листья и цветки донника (верхушки соцветий), очистив их от грубых стеблей. Из них готовят заправки в супы, окрошки, салаты, компоты. Ароматная зелень донника придает приятный вкус мясным и рыбным блюдам.

Порошок из донника окрашивает в зеленый цвет кисло-молочный закусочный сыр, придает ему острый вкус и аромат.

В промышленности донник используется для ароматизации табака, ликеро-водочных изделий, парфюмерных товаров.

Донник является хорошим медоносом, поэтому пчеловоды стремятся его разводить вблизи пасек. Подсчитано, что с 1 га площади, занятой донником, пчелы дают от 200 до 600 кг меда. За последние годы селекционеры вывели новые сорта донника, которые являются ценным кормовым растением.

Заготовка и сушка. Заготовляют листья и соцветия донника в фазе цветения, срезая верхушки растения длиной не более 30 см, можно обрывать руками цветки, нижние нежные листья и боковые побеги. Сушат на чердаках, под навесом при хорошем проветривании, разостлав сырье тонким слоем на бумажной или тканевой подстилке. Высушенные листья должны оставаться зелеными, цветки — желтыми, с сильным запахом и горьким вкусом.

Сухие травы упаковывают в банки с плотно притертыми крышками и хранят как обычное лекарственное сырье. Срок хранения — до 2 лет.

Кулинарные рецепты

Салат из донника и свежих огурцов

100 г огурцов, по 50 г зеленого лука и листьев донника, 1—2 яйца, сметана и майонез.

Свежие огурцы нарезают тонкими ломтиками и посыпают измельченным зеленым луком и молодыми листьями донника. Сверху украшают дольками сваренного вкрутую яйца, поливают сметаной или майонезом.

Салат из донника и картофеля

200 г картофеля, по 25 г донника и зеленого лука, сметана, растительное масло — по вкусу.

Отваренный картофель нарезают ломтиками, посыпают смесью измельченных донника и зеленого лука, заправляют сметаной или растительным маслом.

Окрошка мясная с донником

40 г вареной говядины, по 50 г вареного картофеля и огурца, по 30 г зеленого лука и сметаны, 20 г листьев донника, 0,5 л кваса, соль и горчица — по вкусу.

Вареное мясо, свежий огурец и сваренное вкрутую яйцо мелко нарезают. Измельченный зеленый лук и донник (молодые листья) растирают с солью и готовой горчицей, все перемешивают и заливают квасом. Перед подачей на стол окрошку заправляют сметаной.

Напиток из донника

1 ст.л. сухих листьев и соцветий донника, 10 г сахара, 1 л воды, 3 ст.л. сока клюквы.

Сухие листья и цветки донника заливают горячей водой, добавляют сахар, доводят до кипения, размешивают, добавляют сок клюквы, процеживают и охлаждают.

Порошок из донника

Высушенные листья и соцветия донника измельчают в ступке или на кофейной мельнице, затем просеивают через сито, упаковывают в банки с плотно притертыми крышками.

Порошком ароматизируют салаты, первые и вторые блюда. Для ароматизации компотов и напитков сухие листья и соцветия закладывают в марлевый мешочек, опускают его в воду и кипятят 5 минут, затем мешочек удаляют. Для ароматизации компота достаточно 1—2 ч. л. порошка.

Дудник

Ботаническая характеристика. Дудник лесной (другие названия: дягиль лесной, ангелика) — двух- или многолетнее растение высотой от 20 до 200 см с очень толстым крепким корневищем, относится к семейству зонтичных.

Отличительные признаки: с т е б е л ь — гладкий, блестящий, зеленовато-сизого цвета, под зонтиком опушенный, на верхушке разветвленный; л и с т ь я — очень крупные, дважды или трижды перистые с яйцевидными долями, нижние — на длинных черешках, верхние — сидячие; ц в е т ы — мелкие, белые с розовым оттенком, собраны во многолучевой зонтик диаметром в поперечнике от 7 до 15 см; п л о д ы — широкоовальная семянка. Цветет в июле — первой половине августа.

Распространение дудника: на лесных полянах, опушках, вырубках, высокотравных лугах и болотах.

Лечебные свойства. Дудник ценится как источник витамина С и минеральных веществ. В зеленых частях содержится 75 мг% аскорбиновой кислоты, 1,7 мг% кальция, 0,4 мг% фосфора, 4,4 мг% марганца, 1,76 мг% меди, 0,55 мг% бора, 0,14 мг% титана. В состав дудника входят также эфирные масла, дубильные вещества, валериановая кислота, кумарины, обусловливающие лекарственные свойства этого растения.

По рецептам народной медицины отвар корня пьют при упорных бронхитах, коликах в животе, поносах. В последнем случае для усиления закрепляющего действия полезно сочетать траву дудника с корневищем аира и корой дуба. 1ч.л. этих трех компонентов (1:1:1) заливают стаканом кипятка, настаивают 30 минут и пьют по 1/2 стакана 3 раза в день.

Дудник используется также как мочегонное, дезинфицирующее и улучшающее аппетит средство. Из корневищ заваривают чай (20 г на 1 л воды) и употребляют его при вздутии кишечника, задержке мочи, при катаре легких чай способствует удалению липкой и вязкой мокроты.

Пищевое применение. В пищу собирают молодые листья, стебли, черешки, нераспустившиеся цветочные почки; лучшее время сбора — с конца мая до середины июня. Молодые стебли очищают от кожицы и едят сырыми, добавляют к овощным салатам. Листья и черешки сушат, маринуют, солят, а зимой используют для заправки супов, соусов, добавляют на гарнир ко вторым блюдам.

Из черешков и стеблей молодых растений готовят цукаты, которые подают на сладкое и используют для украшения тортов. Особым деликатесом считаются нераспустившиеся цветки. Их отваривают в подсоленной воде, поджаривают и подают к столу в качестве десерта. Почки дудника варят в сахарном сиропе, откидывают на сито и засахаренными едят как цукаты.

Другая разновидность дудника — д я г и л ь, или д у д н и к л е к а р с т в е н н ы й, — также очень распространен в европейской части страны. Отличается еще более крупным размером, толстым стеблем (до 5—6 см в нижней части) с красноватым оттенком высотой до 2,5 м; крупные листья с зубчатыми краями на длинных цилиндрических черешках; цветы — беловато-зеленые с желтоватым оттенком, собраны в шаровидный многолучевой зонтик, с сильно выраженным ароматом. Время цветения июль — август.

Химический состав. Лечебные свойства дягиля во многом сходны с дудником лесным.

Корни дягиля выкапывают осенью, сушат и измельчают в порошок, который добавляют для ароматизации к различным блюдам из мяса и рыбы, в соусы и даже в тесто. С той же целью осенью можно собирать семена, добавка которых к различиям продуктам домашнего приготовления значительно улучшает их вкус и запах, способствует более полному усвоению пищи.

В некоторых местностях дягиль культивируется с целью многообразного использования: для пчеловодства (цветки растения являются хорошим медоносом), фармацевтической промышленности для изготовления лекарственных препаратов, пищевого и кормового назначения.

Корни и корневища дягиля применяют как мочегонное, желчегонное, потогонное и отхаркивающее средство. Настой пьют при несварении желудка, вздутии кишечника и бронхитах. Полезным считается также их употребление при бессоннице, нервном истощении, истерии и эпилепсии.

Настой дягиля

1 ч.л. измельченных корней дягиля залить 1 стаканом горячей воды, настоять в течение часа; к настою добавить 1 ч.л. меда и принимать по 1/2 стакана 3—4 раза в день.

Ванны с добавлением дягиля успокаивающе действуют на нервную систему.

Корни дягиля, богатые эфирными маслами (до 1%), дубильными и другими веществами, обладают сильным фитонцидным действием.

Кулинарные рецепты

Салат зеленый из дудника

60 г дудника, по 40 г яблок и сельдерея, остальные компоненты — по вкусу.

Молодые стебли очищают от кожицы, режут на мелкие кусочки, добавляют нарезанные соломкой яблоки, сельдерей, все перемешивают и заправляют уксусом, специями, сверху посыпают зеленью укропа.

Борщ из дудника

100 г побегов дудника, очищенных от кожицы, 60 г свеклы, 50 г белокочанной капусты, 40 г моркови, 40 г репчатого лука, 10 г петрушки, 30 г томатного пюре, 10 г жира, 5 г сахара, 15 г уксуса, 20 г сметаны и 400 г мясного бульона.

В мясной бульон или воду закладывают нашинкованную капусту, варят до полуготовности, добавляют тушеную свеклу, нарезанную стружкой, измельченный дудник, пассерованные морковь, лук, петрушку и специи. Снова доводят до кипения и варят 15 минут, затем заправляют уксусом, солью, сахаром, вновь доводят до кипения и снимают с огня. Перед подачей на стол заправляют сметаной.

Жареные цветочные почки дудника

100 г нераспустившихся цветочных почек дудника, 20 г молотых сухарей, 10 г топленого масла.

Нераспустившиеся почки варят в подсоленной воде, посыпают сухарями и жарят в масле. Подают как самостоятельное блюдо или в качестве гарнира к мясу.

Чай из корней дягиля

Корни моют, измельчают и просушивают на открытом воздухе при комнатной температуре. Используют для заварки чая в смеси с травами в равных частях.

Цукаты из дудника

Нераспустившиеся цветочные почки и молодые побеги, очищенные от кожицы, опускают в густой (70—80%-ный) горячий сахарный сироп и варят 10—20 минут, после чего вынимают из сиропа и подсушивают на открытом воздухе при комнатной температуре. Подают на десерт и к чаю.

Варенье яблочное с дягилем

3 кг ранеток, 300 г корней дягиля, 3 л 70%-ного сахарного сиропа.

Корни дягиля моют и варят в 70%-ном сахарном сиропе в течение 30 минут. После этого опускают в сироп ранетки (величиной с грецкий орех, вместе с плодоножками) и варят до готовности.

Иногда дягиль используют в качестве ароматизатора, например, к таким основным травам, как иван-чай или зверобой (10 г корней дягиля на 1 кг листьев основной травы), смесь упаривают в горшке при слабом нагреве, затем сушат, измельчают и используют как заварку.

Душица

Ботаническая характеристика. Душица обыкновенная (местные названия: душица боровая, ладанка, материнка, костоломная трава) — многолетнее травянистое растение с косым ползучим корневищем, относится к семейству губоцветных.

Отличительные признаки: с т е б е л ь — четырехгранный, шершаво-опушенный короткими волосками, иногда пурпурноокрашенный, многочисленно разветвленный, высотой от 30 до 60 см, иногда — до 90 см, часть стеблей в прямостоячем, часть — в пониклом положении; л и с т ь я — черешковые, продолговато-яйцевидные с заострением на конце, по краю мелкозубчатые или почти цельнокрайные, верхняя поверхность шероховатая, зеленая, нижняя — более светлая, серовато-зеленая; ц в е т ы — мелкие, темно-пурпурные с более светло-окрашенным венчиком — розоватым, иногда белым, сидят в пазухах прицветников, мелкие цветки собраны в крупную шаровидную метелку, при внимательном рассмотрении обнаруживается маленькая чашечка красивой колокольчатой формы с пятью одинаковыми правильными треугольно-ланцетовидными зубчиками; п л о д ы — 4 мелких блестящих орешка длиной 0,5 мм.

Цветет с июня до сентября, издавая довольно приятный сильный аромат.

Место распространения: по всей европейской части России, растет на лесных полянах и по склонам холмов, иногда встречается и в лесопосадках небольшими разряженными группами, чистых зарослей почти не образует.

Лечебные свойства. Среди травянистых растений душица выделяется высоким содержанием эфирных масел (1,2%), витамина С (565 мг%). По витаминной ценности растение может быть приравнено к шиповнику, черной смородине, облепихе. Кроме того, цветы душицы содержат много красящих и дубильных веществ, а семена — до 28% высыхающего жирного масла, известного в парфюмерии под названием «хмельного».

Душицу рекомендуют при атонии кишечника, для улучшения пищеварения, а также как отхаркивающее средство. Она успокаивающе действует на нервную систему, усиливает секрецию пищеварительных, бронхиальных и потогонных желез, перистальтику кишечника.

В народной медицине растение используют при лечении ревматизма, головных болей, параличей, эпилепсии. Наряду с другими травами душица входит в состав грудных и желудочных сборов, из которых обычным способом готовят настои (1 ст. л. душицы на стакан кипятка). Беременным женщинам использование душицы противопоказано.

П и щ е в о е п р и м е н е н и е. Душицу используют в основном как пряность. Напитки с ней готовят самые разные: душистый чай, домашний квас, пиво, плодово-ягодные морсы, настойки, наливки. В старину душица входила в рецептуру колбас, проявляя не только пряно-вкусовое, но и антимикробное действие, и способствуя более длительному хранению продукта.

Листья душицы добавляют в гороховые и фасолевые супы, а также в овощные салаты, к мясным и рыбным блюдам.

З а г о т о в к а и с у ш к а. Как пряное растение душицу собирают в период массового цветения, срезая серпом или ножом верхушки стеблей с цветками длиной 20—30 см. Обращаться с душицей нужно осторожно, чтобы не расшатать и не повредить корневую систему. После дождя или росы сбор проводить не следует. Надо беречь душицу, так как ее запасы снижаются.

Душицу сушат в тени на открытом воздухе под навесом или в специальных сушилках, разложив тонким слоем на бумаге и периодически переворачивая. Высушенные цветки имеют бледно-розовую окраску, ароматный запах и горький, приятный, немного терпкий вкус.

Высушенную душицу упаковывают в жестяные или стеклянные банки с плотно притертыми крышками. Хранят в сухом прохладном помещении. Срок хранения до трех лет.

Кулинарные рецепты

Чай сборный с душицей

На 1 л кипятка — 2 ст.л. чайного сбора.

Для чайного сбора берут по 3 части сушеных душицы, зверобоя, перечной мяты и по 1 части ягод черной бузины, лепестков и плодов шиповника. Чай заваривают непосредственно перед употреблением.

Квас с душицей

На 1 л кваса — 10 г душицы.

Душицу помещают в марлевый мешочек и опускают в подготовленный для брожения квас на 10—12 часов.

Напиток с душицей

На 3 л воды — 50 г душицы, 150 г меда.

Душицу опускают в кипящую воду, затем настаивают 2—3 часа, процеживают, добавляют мед, разливают в бутылки.

Душица для ароматизации компотов

Высушенную душицу помещают в марлевый мешочек и опускают в компот во время варки, затем удаляют. Ароматизируют компот по вкусу.

Душица для солений

При засолке овощей и грибов в банки или другую тару с солениями укладывают верхние части стеблей душицы с листьями и цветами. Листья дуба и вишни, которые используют при засолке, не снижают ароматических свойств душицы, придавая продукту еще более приятный аромат.

Зверобой

В народе зверобой продолжает считаться лекарством от «девяносто девяти» болезней. Рим Ахметов в своей лирической повести «Слово о реках, озерах и травах» пишет, что до сих пор в деревнях Башкирии, как и в старину, настои зверобоя вместе с душицей пьют при всех желудочных недомоганиях, нервных расстройствах, различных болях, но чаще всего просто так, по укоренившейся привычке — ради профилактики всех недугов.

Писатель сам не раз убеждался в эффективности масляной вытяжки зверобоя при ожогах. Выезжая на природу, он завел себе правило в первый же день собирать верхушки зверобоя, измельчать их и заливать подсолнечным маслом. Уже через день-два «зверобойное масло» готово: помажешь обожженные солнцем плечи, спину — ожог как рукой снимет, утихают жар и боль, и кожа потом не облезает.

Ботаническая характеристика. Зверобой продырявленный (другие названия: зверобой пронзенолистный, зверобой обыкновенный, заячья кривца, кровавчик, хворобой) — многолетнее травянистое растение семейства зверобойных.

Отличительные признаки: стебли — пучком по несколько штук, реже один, прямостоячие, жесткие, гладкие, цилиндрические, высотой от 30 до 100 см; листья — парные, сидячие, продолговато-овальные с продольно расположенными по листу мелкими железками, просвечивающимися на свету, отсюда и название — зверобой продырявленный, пронзенный; цветы — пятилепестковые, правильной формы, желто-золотистые, собраны в шаровидно-метельчатые соцветия, тычинки многочисленные, срослись в 3 пучка, чашелистики заостренные, усеянные темными железками, ровные по краю или немного зубчатые; плоды — кожистые коробочки с многочисленными семенами, ржавого цвета.

Цветет с июня по август, плоды созревает в сентябре — октябре.

Места распространения: растет повсюду, за исключением северных районов страны, встречается на лесных опушках и лугах, в разряженных лесах и среди кустарников.

Лечебные свойства. Исследования состава растения показали, что в нем содержится до 55 мг% каротина, 50 мг% витамина С, Р-активные флавоноиды, никотиновая кислота, витамин РР, эфирные масла, сапонины и другие химические соединения.

Зверобой используют как вяжущее, антисептическое, антибактериальное, тонизирующее средство, из него готовят препараты, оказывающие ранозаживляющее действие. Свежую траву прикладывают к ранам; при ломоте костей суставов, снимает боль ушибов.

Настойку зверобоя назначают при кашле, катарах кишечника и других заболеваниях пищеварительного тракта. Трава входит в состав различных сборов и чаев. Галеновые препараты из водных вытяжек травы прописывают при болезнях сердца. Препараты зверобоя нашли применение при лечении желчнокаменной болезни, хроническом воспалении почек, в гинекологической практике.

Для лечения ран, язв, пролежней из цветков зверобоя извлекают «зверобойное масло».

Зверобойное масло

20 г свежих цветков (можно 50 г вместе с листьями) настаивать в 200 мл подсолнечного масла в течение двух недель. Масленый настой в виде компресса прикладывают к больному месту.

Для животных зверобой ядовит (отсюда название), людям также не следует забывать об этом свойстве: лечение зверобоем противопоказано лицам, страдающим гипертонией, настои его не рекомендуется употреблять длительное время.

П и щ е в о е п р и м е н е н и е. Для пищевых целей зверобой используется для приготовления целебных напитков и как пряно-вкусовая приправа.

Чай из зверобоя оказывает на организм человека тонизирующее действие, его благоприятное действие возрастает при совместной заварке с шиповником, душицей и другими лечебными травами. Напитки и чаи способствуют улучшению аппетита, положительно сказываются на работе кишечника и в целом оказывают общеукрепляющее действие.

З а г о т о в к а и с у ш к а. При сборе нужно срезать верхушки цветущих стеблей длиной 15—30 см вместе с листьями и цветками. Нельзя расшатывать и вырывать зверобой с корнем — это приводит к быстрому истощению природных ресурсов ценного растения. Крупные стебли следует оставлять для возобновления урожая в последующие годы.

Собранную траву связывают в пучки и подвешивает для просушки на чердаках или расстилают тонким слоем на бумажно-тканевой подстилке и сушат в хорошо проветриваемом помещении. При использовании тепловых сушилок температура не должна превышать 40º С.

Правильно высушенные цветки должны сохранять яркую желтую окраску, стебли и листья — матово-зеленую. Вкус высушенного зверобоя горьковато-смолистый; в нем содержится не менее 25% экстрактивных водорастворимых веществ, которые затем переходят в настои и чаи.

Сушеная трава зверобоя сохраняет лечебные свойства не менее трех лет.

Кулинарные рецепты

Чай из зверобоя

На 1 стакан травы зверобоя — 2,5 стакана душицы и 0,5 стакана плодов шиповника.

П е р в ы й с п о с о б. Сушеный зверобой и лист смородины смешивают в пропорции 1:1. Используют как чайную заварку.

В т о р о й с п о с о б. Измельченные сушеные травы зверобоя, душицы и плоды шиповника смешивают и используют как чайную заварку.

Напиток из зверобоя

100 г зверобоя, 100 г сахара и 2 л воды.

Зверобой заливают водой, добавляют сахар и кипятят 5 минут (можно 10 минут), отвар процеживают.

Напиток из зверобоя с клюквой

1 стакан зверобоя, по 1 стакану сахара и клюквы, 2 л воды (для отвара мезги дополнительно берут 2 стакана воды).

Отваривают зверобой 10 минут в воде, отвар процеживают, добавляют к нему сок отжатой клюквы. Оставшуюся мезгу заливают водой, также отваривают, процеживают, оба отвара соединяют, добавляют сахар, доводят до кипения, снимают с огня и охлаждают.

«Зверобойное масло»

Одну часть измельченного в мелкий порошок сушеного зверобоя заливают двумя частями оливкового масла, настаивают 2—3 недели и процеживают. Хранят в холодильнике.

Такое масло быстро снимет нечаянный ожог у плиты, а летом в жаркие день защитит от солнечного ожога, раздражений, ссадин и ран.

Иван-чай

Иван-чай — сколько душевной простоты и щедрости вложил русский народ в это название! Имеет иван-чай и другое, прочно закрепившееся на нем название — чай капорский, — полученное от села Капорье Петербургской губернии; поминается в хрониках XII века.

Издавна иван-чай был излюбленным суррогатным напитком, его потребляли не только внутри страны, но и сотнями пудов вывозили за границу; в XIX веке много иван-чая продавали в Англию.

Высокотравье иван-чая всегда считалось в народе лучшей медоносной плантацией, так как цветки его имеют очень высокую сахаристость — в составе нектара имеется до 72% сахара. Причем мед получается необычный — зеленоватый, прозрачный, быстро кристаллизующийся после откачки из сот. Проводятся опыты по введению этого ценного растения в культуру.

В былые времена в неурожайные годы сельские жители использовали иван-чай для получения муки, из которой выпекали хлеб, лепешки, оладьи[1].

Ботаническая характеристика. Иван-чай узколистный — многолетнее травянистое растение с длинным ветвящимся корневищем, относится к семейству кипрейных.

Отличительные признаки: стебель — прямостоячий, ветвистый, очень высокий — до 150—180 см; листья — очередные, с резко выделяющимися жилками, по краю резкозубчатые, ярко-зеленые, снизу — сизоватые; цветы — крупные, собранные в длинные кисти длиной 10—40 см, лилово-пурпурные, венчик цветка четырехлепестковый, неправильный, цветоножки с мелкими линейными прицветниками, начинают цвести с конца июня по август; плоды — слегка изогнутые продолговатые коробочки, с многочисленными семенами, при созревании раскрываются.

Место распространения: на больших территориях в разных местах — на опушках, вырубках, гарях, насыпях, склонах, вдоль канав, железнодорожного полотна и обочин сельских дорог; на высыхающих болотах порой образует заросли.

Лечебные свойства. Молодые побеги, листья, цветы и корневища богаты витамином С, дубильными и минеральными веществами. Из микроэлементов в 100 г зеленой массы иван-чая содержится 23 мг железа, 1,6 мг марганца, 0,44 мг молибдена, 6 мг бора, 2,3 мг меди, по 1,3 мг никеля и титана.

Чай из листьев иван-чая — лекарственный напиток от бессонницы и головной боли, полезен при язве и воспалениях кишечника.

Благодаря высокому содержанию витамина С и дубильных веществ иван-чай оказывает противовоспалительное и обволакивающее действие при язве желудка, гастритах и колитах. Наличие микроэлементов, таких, как железо, медь, марганец и других, улучшает кровь и в целом повышает защитные функции организма.

---

[1] Современные популяризаторы иван-чая утверждают, что он не только очищает тело, проясняет ум, поднимает дух, но и помогает изменить образ жизни! Вот так — не меньше...

Иван-чай действует успокаивающе, снимает депрессию, повышает работоспособность, нормализует давление, благоприятно влияет на иммунную и эндокринную системы, очищает организм при интоксикациях и алкогольных отравлениях, а мужчинам помогает избавиться от простатита.

Пищевое применение. Название растения говорит само за себя — это прежде всего заварка для чая. Вкусный горячий напиток получается из иван-чая в смеси с листьями земляники и черной смородины. Поджаренные корни растения издавна мололи и готовили «кофей» — суррогат натурального кофе.

Используют иван-чай и для приготовления салатов, супов, свежие листья могут заменить капусту. Отличный суп получается из смеси зелени иван-чая, щавеля и крапивы.

Заготовка и сушка. Собирают листья и цветы в период полного цветения; их подсушивают в тени обычным способом или солят; готовят соленые смеси иван-чая с медуницей и щавелем.

Кулинарные рецепты

Чай из иван-чая

На 2 ч.л. заварки иван-чая 1 стакан кипятка.

Подготовленный сухой иван-чай залить кипятком в 4 приема через 1—2 минуты и настоять 5—7 минут. Пить как обычный чай. Напиток может храниться до 3 суток.

Салат из иван-чая

50—150 г иван-чая, 50 г зеленого лука, 2 ст. л. тертого хрена, 20 г сметаны, сок 1/4 лимона, соль.

Молодые листья и побеги опускают в кипяток на 1—2 минуты, откидывают на дуршлаг, после отекания воды измельчают, добавляют нарезанный зеленый лук и тертый хрен, солят, перемешивают, заправляют сметаной, заправляют соком лимона.

Щи из иван-чая

По 100 г зелени иван-чая, щавеля и крапивы, 200 г картофеля, по 40 г моркови и репчатого лука, 20 г сметаны, 1 яйцо, соль, специи — по вкусу.

Свежую зелень иван-чая, щавеля и крапивы погружают в кипящую воду на 1—2 минуты, откидывают на дуршлаг, после стекания воды режут на полоски и тушат с жиром. Нарезанные на пластинки репчатый лук и морковь обжаривают, также нарезают картофель и овощи, тушеную смесь загружают в кипящий бульон или воду и варят до готовности. Соль и специи добавляют за 10 минут до окончания варки.

При подаче на стол в тарелку со щами кладут половинку вареного яйца и заправляют сметаной.

Кислица

Ботаническая характеристика. Кислица обыкновенная — многолетнее травянистое бесстебельное растение высотой 5—10 см, с ползучим корневищем, заменяющим стебель, относится к семейству кисличных.

Отличительные признаки: листья — мелкие, длинночерешковые, раздельно-тройчатые, обратносердцевидные, на ночь опускаются, а к утру опять разворачиваются; цветы — одиночные, белые, из пяти неправильных лепестков с розовато-лиловыми жилками, сидят на цветоносах с двумя прилистниками, цветут с конца мая до июля; плоды — пятигнездные коробочки, с силой выбрасывающие семена.

Место распространения: растет в хвойных и тенистых лиственных лесах, часто образует ковровые заросли у лесных ручьев и водоемов.

Лечебные свойства. Настои травы употребляются для регулирования пищеварения, снятия изжоги, при болезни печени, желтухе, воспалении почек. Особенно полезны водные и спиртовые настои при нарушении обмена веществ.

Кислице приписываются мочегонные и желчегонные свойства.

Настой кислицы

1/2 ч. л. сухой травы заливают 1 стаканом кипятка, настаивают 2 часа, процеживают и применяют по 1 ст.л. 3—4 раза в день.

Используют кислицу и наружно. Более крепкие настои готовят для омовения ран, язв, опухолей. Можно использовать и свежие листья, прикладывая их к больным участкам тела.

П и щ е в о е   п р и м е н е н и е. Кислый вкус, напоминающий лимон (от чего произошло название) обусловливается наличием щавелевой и аскорбиновой кислот, в остальном химический состав растения требует дальнейшего изучения.

Ранней весной кислицу добавляют в салаты, щи и похлебки вместо щавеля; из свежей, растертой в ступе травы готовят прохладительные напитки. Из свежей кислицы можно получить пасту для бутербродов, пюре.

Кислица — очень нежное растение, легко увядающее, поэтому сразу после сбора ее используют в свежем виде или сушат в хорошо проветриваем помещении. При солении и засахаривании травы хорошо сохраняется витамин С.

Кулинарные рецепты

Щи зеленые с кислицей

100 г кислицы, 150 г картофеля, 100 г репчатого лука, 20 г пшеничной муки (для пассеровки лука), 1/2 яйца, 20 г сметаны, соль, перец, лавровый лист.

В кипящую воду бросают нарезанный картофель, через 15 минут — пассерованный репчатый лук, затем измельченную кислицу и варят еще 15 минут. За 5—10 минут до окончания варки добавляют соль, перец, лавровый лист. Перед подачей на стол в тарелку со щами кладут дольки вареного яйца и сметану.

Напиток освежающий из кислицы

На 200 г кислицы — 1 л воды.

Кислицу промывают, шинкуют ножом или измельчают в мясорубке, затем заливают холодной кипяченой водой и настаивают 2 часа.

Порошок из кислицы

Высушенную на воздухе кислицу измельчают в ступке, затем просеивают. Порошок используют для заправки овощных, мясных и крупяных супов.

Бутербродная паста из кислицы

50 г кислицы, 100 г масла, 10 г столовой горчицы

Кислицу промывают в холодной проточной воде, дают воде стечь, отряхивают и пропускают через мясорубку, добавляют соль, перец по вкусу. Используют в качестве гарнира ко вторым блюдам.

Если к пюре добавить сливочное масло, немного горчицы — получится бутербродная паста (на).

Клевер

Б о т а н и ч е с к а я х а р а к т е р и с т и к а. Клевер луговой (другие названия: трехлистник луговой, пятина, конюшина) относится к семейству бобовых. Кроме красного лугового клевера, насчитывается несколько видов — клевер гибридный (шведский розовый), ползучий (белый) и др.

Клевер луговой красный — многолетнее травянистое растение со стержневым, сильно развитым корнем.

Отличительные признаки: с т е б л и — разветвленные, прямовосходящие в виде обильно облиственного пучка; л и с т ь я — в виде трилистника, закрепленного на длинном черешке, форма яйцевидная, по краям мелкозубчатые, верхняя поверхность голая, зеленая с беловатым пятном, прилистники заостренные, суженные, на ночь листики складываются вместе; цветы — лилово-красные или бледно-лиловые, собраны в крупные головки-соцветия, расположенные по 1—2 на верху стебля и окруженные снизу верхушечными листьями с прилистниками. Цветет с мая до конца лета.

Место распространения: на лугах, берегах рек, лесных опушках и полянах, среди кустарников, вдоль дорог; относится к лучшим лугопастбищным растениям, ценится из-за большого содержания легко перевариваемого белка, минеральных солей, микроэлементов, витаминов и других биологически активных веществ. Выведены многие культурные сорта, дающие высокий урожай зеленой массы.

Клевер — хороший медонос, с 1 га собирают до 100 кг душистого прозрачного меда.

Лечебные свойства. Цветы клевера кроме сахаров содержат гликозиды трифолин и изотрифолин, эфирные масла, смолистые вещества, витамины С, Р, группы В и каротин. В зеленых листьях также много каротина, витамина С и органических кислот.

С давних пор клевер используют как лекарственную траву. Отвары соцветий пьют при головной боли, малярии, простудах, бронхиальной астме. Примочки из отвара или распаренные головки клевера прикладывают к ожогам и нарывам. Исстари клевер применялся для целебных ванн.

Настой соцветий употребляют как общеукрепляющее лекарство: 1 ст.л. мелко измельченных цветочных головок клевера залить 1 стаканом кипятка, настоять в течение часа, затем процедить и принимать по 1/4 стакана за 30 минут до еды.

Пищевое применение. В пищу употребляют как головки, так и листья клевера. Во время войны клевер занимал заметное место в питании некоторых семей, входя в меню на длительные сроки. Свежие головки добавляли к незатейливым «варевам», ими заправляли супы, картофельное пюре. Высушенные головки толкли и подсыпали в муку для выпечки хлеба. Зеленые нежные листья добавляли к зеленным салатам. Можно сварить вкусные щи из листьев клевера и щавеля и сегодня, а сушеными соцветиями улучшить вкус чая.

Заготовка и сушка. Для лекарственных целей собирают только целые головки с верхушечными листьями в период полного цветения; для использования в пищу заготовляют с весны до осени.

Сушат сырье в тени на хорошем сквозняке, расстелив на бумаге тонким слоем. Сушку нужно проводить быстро, не допуская пересушивания и потемнения головок. После сушки цветы должны быть буровато-фиолетовой окраски, сохранять округлую форму и сладковатый, вяжущий вкус.

Высушенные головки клевера можно измельчить и расфасовать в банки или пакеты.

Можно получить сухой порошок и из листьев клевера. Для этого листья сначала подсушивают в тени, досушивают в духовке, затем измельчают в порошок и просеивают через сито.

Головки и листья клевера маринуют, квасят, как белокочанную капусту.

Кулинарные рецепты

Щи с клевером

100 г клевера, 100 г щавеля и 100 г картофеля, 40 г репчатого лука, по 20 г жира и сметаны, соль и специи.

Нарезанный картофель кладут в кипящую волу или мясной бульон, варят до полуготовности, добавляют измельченные листья клевера и щавеля, поджаренный репчатый лук, соль и специи и варят до готовности. При подаче на стол кладут в тарелку со щами половину вареного яйца, заправляют сметаной.

Жаркое из свинины с клевером

400 г листьев клевера, 200 г свинины, 20 г сала, соль и специи.

Мясо варят до готовности, затем жарят. Листья клевера тушат в небольшом количестве воды и жира, добавляют соль, специи, подают на гарнир к жареному мясу.

Напиток с клевером

200 г головок клевера, 50 г сахара и 1 л воды.

Головки клевера кладут в кипящую воду и варят 20 минут, охлаждают, процеживают, добавляют сахар, размешивают, настаивают 2 часа.

Чай сборный с клевером

2 части головок клевера, по 1 части зверобоя и черносмородинного листа.

Высушивают при комнатной температуре в тени, перемешивают и используют для заварки чая.

Порошок из листьев клевера

Листья клевера подсушивают на воздухе в тени, досушивают в духовке при открытой дверце, измельчают в порошок и просеивают через сито.

Используют для заправки супов из расчета 1 ст.л. на порцию, а также для приготовления соусов и приправ.

Крапива

Кто из нас в детстве не обжигался крапивой?!. Да и будучи взрослыми мы порой получаем от нее жгучие уколы — при упоминании о крапиве в памяти возникают именно эти ассоциации. Немногие знают о ее истинном назначении. Однако медики, фармакологи и истинные кулинары оценивают крапиву по достоинству.

Ботаническая характеристика. Крапива двудомная (местные названия: жалюча крапива, жилива велика, жегала) — многолетнее травянистое растение, достигающее высоты 50—150 см, относится к семейству крапивных.

Отличительные признаки: с т е б е л ь — крупный, прямой,

четырехгранный, неветвистый, покрыт короткими жгучими волосками, ранней весной красноватый, потом зеленый, волокнистый; л и с т ь я — крупные, яйцевидно-сердцевидные, на коротких черешках с прилистниками у основания черешков, поверхность также покрыта щетинистыми волосками, края крупнозубчатые, при уколе в ранку выливается муравьиная кислота, вызывающая жжение; ц в е т ы — однополые, очень мелкие, зеленоватые, собраны в длинные ветвистые колоски, основное цветение в июне — июле, вплоть до поздней осени; п л о д ы — небольшие яйцевидные или эллиптические орешки желто-сероватого цвета, заключенные в разросшиеся околоплодники, созревают в августе — сентябре.

М е с т о р а с п р о с т р а н е н и я : крапива произрастает нескольких видов, рядом с двудомной встречается крапива жгучая — растение меньшего размера, высотой до 20—70 см, с мелкими жгучими листьями. Для пищевых целей больше подходит крапива коноплевая — травянистый многолетник, отличающийся формой листьев — пальчато-рассеченных на 3—5 перисто-надрезанных сегментов.

Как сорное растение крапива распространена повсюду: на окраинах садов и парков, в лесу среди зарослей кустарников, вблизи селений. В народе говорят: «Где поселился человек, там появляется крапива».

Л е ч е б н ы е с в о й с т в а. Крапиву с полным правом можно отнести к поливитаминным растениям. В листьях накапливается до 200—400 мг% витамина С, в то время как зеленые культуры (укроп, петрушка, сельдерей) содержат 100—150 мг%. По наличию каротина (9—30 мг%) крапива значительно превосходит морковь. 30 г крапивы достаточно, чтобы обеспечить суточную потребность организма взрослого человека в витаминах С и А. Имеются в крапиве витамины группы В.

Очень богата крапива кроветворными микроэлементами. В листьях найдено до 40 мг% железа, 1,3 мг% меди, 8,2 мг% марганца, бор, титан. В крапиве содержатся дубильные вещества, органические кислоты, гликозид уртицин и другие биологически активные соединения.

Многочисленным лечебным свойствам крапивы нельзя не поразиться. Крапивой с давних лет занимается фармокопея многих стран. На Руси еще в XVIII веке она была широко известна как кровоостанавливающее и ранозаживляющее средство. Это свойство связано прежде всего с высоким содержанием витамина К, стимулирующего образование протромбина — одного из важнейших факторов свертывания крови.

Крапива обладает кроветворным действием — увеличивает процент гемоглобина и количество эритроцитов, поэтому ее используют при малокровии. Крапива понижает содержание сахара, очищает кровь и улучшает ее состав. Водные настои применяют внутренне при геморроидальных, кишечных и маточных кровотечениях, нарушениях менструаций; отварами и настоями лечат заболевание желчных путей, подагру, суставный ревматизм, отложение камней в почках, чесотку.

Часто крапиву используют как наружное. Свежие листья прикладывают к бородавкам, гноящимся ранам или применяют в этом случае порошок из сушеной крапивы. Отваром крапивы омывают опухоли, компрессы из отвара прикладывают к больным местам.

Используются и подземные части растения. Из корневища и корней получают отвары для лечения фурункулеза, геморроя, отечности ног.

Заметное место заняла крапива и при лечении атеросклероза, железодефицитной анемии, холециститов, гастритов, язвенной болезни желудка и двенадцатиперстной кишки. Из крапивы получают экстракты, которыми приостанавливают маточные и кишечные кровотечения. Жидкий экстракт прописывают как мочегонное, противовоспалительное, противоопухолевое средство. Особенно усиливает кровоостанавливающее действие смесь жидких экстрактов крапивы и тысячелистника.

Крапива давно освоена как косметическое средство: во Франции настои крапивы втирают в кожу головы, предохраняя таким образом волосы от выпадения.

Настой крапивы

1 ст.л. крапивы залить 1 стаканом кипятка; настой втирать в корни волос 1—2 раза в неделю. А вот болгарский рецепт: 100 г крапивы залить 1 л воды, подкислить уксусом и кипятить 30 минут; полученным отваром вымыть волосы без мыла. Наш отечественный рецепт: листья крапивы смешать в равных количествах с корнями лопуха и отварить из расчета 1 ст.л. смеси на стакан кипятка. Полученным отваром смочить волосы после мытья, слегка втирая его в кожу.

Пищевое применение. Кроме уже рассмотренных выше биологически активных веществ в крапиве содержится до 17% белков, что соответствует лучшим бобовым культурам, в частности гороху. В зеленой массе выявлено значительное количество углеводов: до 10% крахмала, около 1% сахара, 10—19% клетчатки (в пересчете на сухое вещество). Ценный химический состав предопределяет не только лекарственное, но и пищевое использование крапивы.

На Руси с незапамятных времен готовили незатейливые варева крапивы с овощами, картошкой, которые при возможности сдабривали сметаной или молоком, ну а если еще добавить вареное яйцо — непременно вверх желтком — то получалось очень вкусно.

В неурожайные годы крапиву сушили, толкли и смешивали с мукой в пропорции 1:4 — при большем количестве крапивы у хлеба появлялся неприятный горький вкус; иногда в муку добавляли высушенные измельченные листья конского щавеля. Семена крапивы также подмешивали к крупяным и картофельным блюдам.

Как поливитаминное съедобное растение крапива особенно ценна весной: молодые листья добавляют в овощные салаты как основную зеленую массу, варят щи, борщи, рассольники.

Крапива популярна всюду, где она растет. Например, в Закавказье молодые побеги и листья солят, затем используют как приправу к хлебу и мясу; в Дагестане добавляют в начинки для пирожков, в Грузии измельчают в кашицу и заправляют уксусом, растительным маслом, перцем, солью.

Фитонцидные, то есть антимикробные, свойства крапивы давно используются для удлинения сроков хранения скоропортящихся продуктов. В старые времена, когда гужевым путем доставляли с Каспия и Волги осетров в Петербург, их набивали внутри и обкладывали снаружи крапивой.

З а г о т о в к а и с у ш к а. Заготовку зеленой массы проводят до цветения, так как в более поздние сроки листья, особенно нижние, желтеют и опадают. Сушат листья под навесом, в хорошо проветриваемом помещении. Сушку заканчивают, когда центральные черешки и жилки листьев начинают ломаться, сухая листва хорошо измельчается в порошок.

Высушенная крапива должна быть темно-зеленого цвета, со своеобразным крапивным запахом и горьковато-травянистым вкусом. Срок хранения — до 2 лет.

Для пищевых целей крапиву лучше всего заготавливать во время цветения: растения косят или срезают серпом, дают завянуть, после чего листья теряют жгучесть.

Некоторые авторы предлагают выращивать крапиву даже дома на подоконнике и употреблять свежие листья в виде бутербродов, положив их между двумя ломтиками ржаного хлеба с маслом, которое снимает жгучий крапивный вкус.

Кулинарные рецепты

Салаты

П е р в ы й с п о с о б:
150 г крапивы, 1 яйцо, 20 г сметаны, уксус, соль.

Листья молодой крапивы кипятят 5 минут, измельчают, заправляют уксусом, сверху кладут дольки вареного яйца и сметану.

В т о р о й с п о с о б:
200 г крапивы, 20 г толченых ядер грецких орехов, 30 г зеленого лука, 20 г зелени петрушки, 1 яйцо, сметана, уксус, соль, специи.

Промытые листья молодой крапивы опускают в кипящую воду на 5 минут, откидывают на дуршлаг, после стекания воды шинкуют на полоски и кладут в салатницу. Толченые ядра грецких орехов разводят в 1/4 стакана отвара крапивы, добавляют столовый уксус, перец, соль и полученной смесью заправляют крапиву в салатнице. Сверху посыпают нарезанной зеленью петрушки и лука, поливают сметаной и украшают дольками вареного яйца.

Щи зеленые из крапивы и щавеля

Первый способ:
150 г крапивы, 50 г щавеля, 20 г репчатого лука, по 25 г моркови и петрушки, 15 г зеленого лука, 5 г пшеничной муки, 10 г сливочного масла, пол-яйца, 15 г сметаны, соль, перец, лавровый лист.

Молодую крапиву перебирают, промывают, варят 3 минуты, откидывают на дуршлаг, затем измельчают и тушат с жиром 10—15 минут. Корнеплоды моркови и петрушки моют, измельчают, также режут репчатый лук и все овощи пассеруют. Моют и мелко нарезают щавель. В кипящую воду кладут тушеную крапиву, щавель, пассерованные овощи и варят 20—25 минут. В конце варки добавляют измельченный зеленый лук, соль, специи и белый соус из муки. При подаче на стол заправляют сметаной.

Второй способ:
500 г крапивы, 300 г щавеля, 30 г репчатого лука, 20 г зелени петрушки, 35 г муки, 30 г растительного масла, 30 г сливочного масла, 5 желтков яиц, 150 г сметаны, специи.

Молодую крапиву перебирают, промывают, заливают кипятком, откидывают на сито, обливают холодной водой, отжимают и мелко нарезают. Репчатый лук измельчают, пассеруют на растительном масле в кастрюле, затем добавляют нарезанную крапиву и продолжают ее пассеровать до мягкости. К содержимому кастрюли добавляют нарезанный щавель, накрывают крышкой и ставят тушить на 10—20 минут. Одновременно на сливочном масле подваривают пшеничную муку и разводят горячей водой до образования однородного соуса.

К тушеной массе добавляют 0,75 л воды и белый соус и доводят до кипения при непрерывном помешивании. Желтки яиц растирают со сметаной и этой смесью заправляют щи в конце варки, не допуская кипения. Перед подачей на стол посыпают рубленой зеленью петрушки.

Т р е т и й с п о с о б :

250 г крапивы, 120 г щавеля, 250 г картофеля, 80 г репчатого лука, 10 г моркови, 20 г жира животного, 1 яйцо, 20 г сметаны, соль и специи.

Молодую крапиву кипятят 2 минуты, откидывают на дуршлаг, измельчают и тушат с жиром 10 минут. Морковь и репчатый лук измельчают и пассеруют, картофель нарезают на брусочки. В кипящий бульон опускают картофель, крапиву, морковь, лук и варят до готовности. Зелень щавеля, белый соус, соль и специи добавляют за 5—10 минут до конца варки. Перед подачей на стол кладут дольки вареного яйца и сметану.

Плов с крапивой

500 г крапивы, 1 стакан риса, 2 ст.л. растительного масла, 1 головку репчатого лука, соль, пряности.

Крапиву отваривают, крупно нарезают, кладут в кастрюлю с промытым рисом. Туда же добавляют обваренный репчатый лук, все перемешивают и заливают крапивным отваром. Для лучшего аромата можно добавить нарезанную зелень петрушки и укропа. Плов солят и ставят в духовку на 30 минут. Подают к столу в холодном виде.

Биточки из крапивы

100 г крапивы, 200 г муки, 20 г жира, соль.

Крапиву отваривают в кипящей воде 2—3 минуты, мелко нарезают, густо перемешивают с пшеничной мукой до однородного состояния. Из полученной массы формуют биточки и запекают в духовке или поджаривают.

Пельмени с крапивой

Поджаривают на масле репчатый лук и перемешивают с промытой, измельченной крапивой. Тесто готовят как обычно для мясных пельменей и отваривают в подсоленной воде сформированные пельмени. Подают к столу с маслом или сметаной.

Начинка для пирогов

1 кг крапивы, 100 г риса, 5 яиц, соль.

Листья молодой крапивы заливают кипятком и выдерживают 5 минут, после чего откидывают на дуршлаг и дают воде стечь, затем измельчают, смешивают с вареным рисом и мелко нарезанным крутым яйцом, солят.

Витаминный чай

3 части сухих измельченных листьев крапивы смешивают с 7 частями высушенных плодов рябины, 1 ст.л. этой смеси заливают 2 стаканами кипящей воды, кипятят 10 минут, затем настаивают 4 часа в плотно закрытой посуде, после чего процеживают.

Рекомендуется принимать по 1/2 стакана 3 раза в день как общеукрепляющее средство.

Крапива соленая

Молодые побеги и листья измельчают ножом, укладывают в трехлитровые банки и пересыпают послойно солью (50 г соли на 1 кг крапивы). Зимой используют для приготовления кулинарных блюд.

Суповая заправка из крапивы и тмина

1 стакан сухой крапивы, 2 ст.л. тмина.

Высушенные листья измельчают, просеивают через сито, добавляют семена тмина. Используют в качестве приправ к горячим блюдам, добавляя за 5—10 минут до готовности.

Сок крапивы

На 1 кг крапивы — 1 л воды.

Молодые листья и побеги пропускают через мясорубку, добавляют половину положенного количества холодной кипяченой воды и перемешивают. Затем через марлю отжимают сок, выжимки вторично пропускают через мясорубку, доливают остальную воду и отжимают сок. Вторично полученный сок соединяют с первой порцией и перемешивают. В подготовленные банки емкостью 0,5 л разливают сок, нагревают в течение 15 минут при температуре 65—70°C, закрывают прокипяченными крышками и хранят в прохладном месте.

Сироп из крапивы

1 кг крапивы, 0,5 кг меда, 1 л воды.

Молодую крапиву пропускают через мясорубку, добавляют половинный объем воды; кипятят, процеживают через марлю. В полученный сок добавляют мед, оставшуюся воду, тщательно перемешивают и доводят до кипения. После остывания сироп разливают в бутылки, укупоривают и хранят в прохладном месте. Используют сироп для приготовления напитков.

Настой крапивы

10 г листьев крапивы, 200 мл (1 стакан) воды.

Листья крапивы помещают в эмалированную посуду, заливают горячей водой, нагревают на кипящей водяной бане 15 минут, затем охлаждают при комнатной температуре в течение 45 минут, процеживают, отжимают и добавляют кипяченую воду до первоначально взятого объема воды.

Настой хранят в прохладном месте не более 2 суток. Употребляют по назначению врача.

Вот как пишет о крапиве Владимир Солоухин:

«Каждый год в мае я боюсь прозевать крапивный сезон... Вооружившись ножницами и посудой, например, решетом, я иду в сад. Там и тут под вишеньем, около старой избушки, около малины сотворилось из мягкого апрельского тепла и влажной земли, соткались из солнечного воздуха и налились соком и зеленью кустики крапивы. Они пока что выглядят как кустики, а не как сплошные высокие заросли. Возьмешься пальцами левой руки осторожненько за верхушку, а ножницами чиркнешь под третью пару листьев. Оставшееся в левой руке бросишь в решето или блюдо.

Когда суп, какой бы он ни был, готов и можно его нести на стол, надо бухнуть в кипящую кастрюлю ворох свежей мытой крапивы, и как только кипенье в кастрюле, усмиренное на несколько минут прохладной крапивой, возобновится, снимают кастрюлю с огня; разливают густое, зеленое хлебово по тарелкам. Весенняя, майская целебная еда готова. Крапива остается в тарелке ярко-зеленой, даже еще ярче, чем росла на земле».

Кровохлебка

Ботаническая характеристика. Кровохлебка — многолетнее травянистое растение семейства розоцветных. Стебель — тонкий, прямой, гладкий, разветвленный в верхней части, слабооблиственный, высотой от 30 до 100 см; листья — сложные, очередные, с продолговатыми многочисленными листочками (от 7 до 25 пар), пильчатыми по краю, сверху темно-зеленые, снизу сизоватые, образуют прикорневую розетку на длинных черешках; цветки — мелкие, от желто-красного до темно-пурпурного цвета, собраны в продолговатые соцветия-головки, женские цветки расположены выше в виде рыхлых кисточек розовой окраски, цветут все лето; плоды — светло-коричневые четырехгранные семянки, созревают в августе — сентябре.

Распространение кровохлебки. Дикорастущая кровохлебка распространена в средних и северных широтах лесного и лесостепного пояса европейской части, на Урале, в Сибири и на Дальнем Востоке. Растет по лесным опушкам и полянам, берегам рек, на заливных лугах, по заболоченным местам и разреженным окраинам болот.

Дикая кровохлебка окультивирована. Известны, в основном, две формы: кровохлебка лекарственная и кровохлебка малая. Из корневищ и корней лекарственной формы растения готовят медицинские препараты, малая кровохлебка используется для пищевых целей, но в нашей стране мало известна, в то время как в Западной Европе, особенно во Франции и Италии, это растение более популярно.

Любителям пряной зелени следует знать, что растение кровохлебка неприхотливо и легко приживается на грядках огорода, на одном месте возделывается до 4—5 лет.

Лечебные свойства. Кровохлебка лекарственная наиболее изучена по химическому составу. Корневища и корни содержат крахмал, дубильные вещества, органические кислоты, пигменты — антоцианы и флавонолы, минеральные элементы — железо, кальций, магний, ванадий. Листья особенно богаты витамином С (от 900 до 1800 мг%) и каротином (провитамином А), а также эфирными маслами, фитонцидами.

Для приготовления лекарственных препаратов используют, главным образом, корневища и корни растения. В официальной медицине их применяют как кровоостанавливающее, вяжущее и противовоспалительное средство; назначают при желудочных, почечных и маточных кровотечениях, особенно при внутренних кровохарканьях у туберкулезных больных, кровотечениях, связанных с фибромиомой матки и в послеабортный период.

В народной медицине кровохлебка как лекарственное растение известна с глубокой древности. Настои и отвары пьют при судорогах, гипертонии, заболеваниях желудочно-кишечного тракта, чрезмерных менструациях, при воспалении слизистой оболочки толстой и тонкой кишок, туберкулезе легких. Приводим рецепты отваров.

Отвар, рецепт № 1

1 ст. л. мелко нарезанных корней залить 1 стаканом кипятка, остудить и принимать по 1 ст. л. 5—6 раз как вяжущее и кровоостанавливающее средство.

Отвар, рецепт № 2

1 ст.л. измельченных корней и корневищ залить в эмалированной кастрюле 1 стаканом кипятка, накрыть кастрюлю крышкой, нагревать на кипящей водяной бане 30 минут. Принимать по 1 ст. л. 4—5 раз в день до еды при различных кровотечениях (желудочных, кишечных, геморроидальных, маточных), воспалительных процессах и усиленной перистальтике кишечника, а также при острых хронических энтероколитах.

Наружно отвары корней и корневищ кровохлебки используют для компрессов (разведение в воде 1:10) при воспалительных процессах кожи, для полосканий при воспалении полости рта и горла, при геморрое.

Пищевое применение. В питании кровохлебка ценится как ранняя весенняя зелень, используются листья и мясистые корни. Листья обладают пряным огуречным запахом. Как и огуречную траву, их используют для приготовления салатов, добавляют в бутербродные массы. Свежую и сушеную зелень добавляют в супы и приправы к мясным и рыбным блюдам. Сушеные листья применяют для заварки чая, особенно ароматные чаи поручаются при смешивании травы зверобоя, листьев кровохлебки, мяты, черной смородины и малины в равных частях.

Свежую и сушеную зелень кровохлебки используют для ароматизации напитков, настоек и подкраски вин.

Заготовка и сушка. Выкапывают корни кровохлебки осенью после отцветения растения, удаляют надземные части растения, зачищают от загнивших и черных на изломе отростков, отряхивают от земли и сразу же промывают в холодной воде, затем подвяливают на открытом воздухе; крупные корни разрезают на куски, расстилают тонким слоем на рамки, подстилку или противни и сушат под навесом, на чердаках, а также в сушилках при температуре 40—50°С. Готовое сырье должно состоять из высушенных цельных или разрезанных на куски корневищ и корней, снаружи темно-бурой, почти черной, на изломе желтоватой или буро-желтой окраски. Вкус вяжущий, запах отсутствует.

Листья для сушки заготовить лучше до начала цветения, когда они еще нежные, сушат, как обычную зелень, в тени, в хорошо проветриваемом помещении.

Упаковывают сушеные корневища и корни в мешки, бумажные крафт-пакеты, зеленые листья — в жестяные банки с притертыми крышками. Хранят в сухом проветриваемом помещении на полках и стеллажах. Срок хранения корней — до 5 лет.

Кулинарные рецепты

Салат с кровохлебкой

40 г молодых листьев кровохлебки, 50 г вареного картофеля, по 20 г зеленого лука и сметаны, соль по вкусу.

Отварить картофель, нарезать ломтиками. Свежие листья кровохлебки выдержать после промывания в кипятке 1 минуту, отделить от воды, обсушить на воздухе от остаточной влаги и измельчить, так же мелко порубить зеленый лук. Все ингредиенты смешать, заправить сметаной и солью, выложить в салатник.

Чай из кровохлебки

Перемешать в равных частях высушенную траву кровохлебки и зверобоя. Хранить в закрытой посуде. Заваривать, как обычный чай.

Напиток из кровохлебки

60 г кровохлебки, 150 г сахара, 10 г мяты, 3 л воды.

Высушенные головки соцветий кровохлебки заварить кипящей водой, охладить и процедить через сито. Отдельно заварить кипятком мяту и через 5—10 минут процедить. Растворить в воде сахар. Растворы кровохлебки и мяты смешать, добавить раствор сахара.

Напиток можно употреблять холодным и горячим.

Напиток можно улучшить, дополнительно влив в него 1 стакан малинового сока.

Лабазник (таволга)

Ботаническая характеристика. Лабазник вязолистный, или таволга вязолистная (местные названия: таволожка, белоголовник, медунка болотная) — многолетнее травянистое растение семейства розоцветных, достигающее высотой 50—180 см, имеет толстое ползучее корневище. Насчитывается до 10 видов лабазника, среди которых особенно распространены лабазник шестилепестковый и лабазник степной.

Отличительные признаки: с т е б е л ь — прямой, высокий, ребристый, густо покрытый листьями; л и с т ь я — прерывисто-перистые, парные, в верхней доле трехлопастные, крупные, продолговатые, зубчатые по краям, сверху темно-зеленые, снизу — беловато-войлочные с 2—3 парами мелких листочков, расположенных между крупными; ц в е т ы — нежные, желтовато-белые, мелкие, объединенные на верхушке стебля в метельчатые соцветия, очень ароматные, медоносные; п л о д ы — мелкие, вздутые, внутри пустые. Цветет в июне — июле.

М е с т о р а с п р о с т р а н е н и я: в разреженных лесах, среди кустарников, на опушках, полянах, лугах, особенно любит болотистые сырые места, разрастается по берегам рек и озер.

Л е ч е б н ы е с в о й с т в а. В составе растения много биологически активных веществ, придающих ему целебные свойства: витамин С (до 374 мг%), эфирные масла, салициловая кислота, гликозиды, в корневищах — дубильные вещества; в зеленой массе — до 41% белка, 3% жира, 6% зольных элементов, 33% клетчатки (в пересчете на сухое вещество).

Чаи из цветков пьют при нефритах и циститах как мочегонное средство. Лабазник помогает при грудных болях и ломоте суставов; сухими лепестками обсыпают обваренные кипятком места кожи; используют при подагре, ревматизме, болезнях мочевого пузыря и почек, отеках, геморрое, насморке, как успокаивающее средство. Лабазнику приписывают даже способность лечить водобоязнь.

Настой лабазника

2 ст. л. лабазника заливают 2 стаканами кипятка, принимают по 1/2 стакана 3 раза в день.

Для наружного лечения ревматизма изготовляют мазь из корневищ: сухие корни толкут в порошок и тщательно перетирают их с несоленым сливочным маслом из расчета 1 часть корней на 5 частей жира.

Отвары корней используют для укрепления волос.

П и щ е в о е п р и м е н е н и е. Молодые зеленые побеги используются для салатов, заправки борщей, супов, цветы — для ароматизации напитков, пива. В Сибири водные настои цветков пьют вместо чая. Особенно ценны цветочные чаи из лабазника в сочетании с лепестками шиповника (10:1).

Свежие лепестки лабазника вводят в состав спиртовых настоек (на 0,5 л водки 25 г лепестков и 10 г сахара). Готовят также безалкогольные напитки на меду (на 50 г свежих цветов 60 г меда, 1 л воды), со свежими яблоками и сухофруктами.

З а г о т о в к а и с у ш к а. Корневища выкапывают осенью, когда отомрут наземные части растения, или ранней весной, очищают и сушат как обычное лекарственное сырье. На корнях лабазника шестилепесткового отрастают мелкие клубеньки — в народе их называют земляными орехами; клубеньки богаты крахмалом, витамином С (до 250 мг%), их едят в сыром и вареном виде.

Наземные части заготавливают в иные сроки: молодые листья и побеги — до начала распускания или начала цветения.

Сушат траву, как и корни, в хорошо проветриваемом помещении, хранят в банках или коробках с плотной укупоркой.

Любопытная деталь: в пчеловодстве цветы лабазника используют для предохранения насекомых от болезней, стены ульев натирают цветами, при этом увеличивается выход меда.

Кулинарные рецепты

Чай из лабазника и шиповника

200 г цветов лабазника, 20 г лепестков шиповника.

Высушенные цветы лабазника и цветочные лепестки шиповника, высушенные в тени при комнатной температуре, перемешивают и используют как обычную заварку.

Настойка из лабазника

25 г свежих лепестков лабазника, 10 г сахара, 0,5 л воды.

Свежие лепестки лабазника заливают водкой, добавляют сахар и настаивают 10—12 дней.

Напиток безалкогольный из лабазника

50 г свежих цветов лабазника, 60 г меда и 1 л воды.

Цветы лабазника кипятят в воде 10 минут, отвар процеживают через сито, добавляют мед, доводят до кипения и охлаждают.

Компот яблочный с лабазником

200 г яблок, 120 сахара, 1 г лимонной кислоты, 25 г корней лабазника, 1 л воды.

Подготовленные яблоки варят в воде 10 минут, затем в марлевом мешочке опускают в компот промытые корни лабазника, варят еще 3—5 минут. После этого добавляют сахар, лимонную кислоту, доводят до кипения и охлаждают.

Напиток из лабазника и сухофруктов

200 г сушеных яблок (груш, изюма, абрикосов), 50 свежих цветков лабазника, 50 г меда и 1 л воды.

Сухофрукты отваривают обычным способом, отвар процеживают через сито, добавляют мед. Цветки лабазника заливают кипятком, дают настояться 10—15 минут, настой процеживают и соединяют с отваром сухофруктов. Подают напиток охлажденным.

Л. Ф. Путинцева

Лебеда

Ботаническая характеристика. Лебеда раскидистая — однолетнее травянистое растение семейства маревых. Ее часто отождествляют с марью белой, растение этого же семейства, но другого рода.

Отличительные признаки: с т е б е л ь — прямой, с блестящей поверхностью, высотой 30—80 см; л и с т ь я — яйцевидно-ромбической формы, с тупыми зубчиками по краям, при созревании покрываются беловато-мучнистым налетом; ц в е т ы — зеленые, мелкие, собраны в клубочки, которые образуют метельчатые соцветия. Цветет с июля до сентября.

Место распространения: во всех климатических зонах страны, за исключением районов Крайнего Севера, а марь белая вторглась по долинам сибирских рек и в арктическую область. Растет лебеда и марь вдоль озер, рек и дорог, на огородах, пустырях, в местах скопления мусора, а некоторые виды — лебеда копьевидная и прибрежная — освоили степные засушливые места и солончаки.

Лечебные свойства. Сельские жители применяют семена мари белой при заболевании ангиной и болях в животе, однако попадание этих семян в пищу недопустимо, так как они не усваиваются. Неосторожное употребление семян может вызвать нервные расстройства; при длительном употреблении хлеба с примесью лебеды человек худеет и теряет большое количество азота.

Пищевое применение. Безвредны молодые нежные листья лебеды, еще непокрытые мучнистым налетом. Молодые побеги и листья сушат, толкут и добавляют к тесту при выпечке хлеба, используют для приготовления салатов, отваривают и протирают на пюре, добавляют в супы, щи, ботвиньи, борщи.

Лебеда издревле употреблялась в пищу. В голодные годы крестьяне пытались, и небезуспешно, получить из семян лебеды крупу типа манной — ведь в семенах много крахмала. В Сибири из семян лебеды копьевидной получают крупу и варят вкусную кашу.

В США листья мари белой используют в виде шпината, в них найдено до 118 мг% витамина С. Кроме того в наземных частях растения содержатся витамин Е, каротин, белки, эфирные масла и другие биологически активные вещества.

Выращивается лебеда садовая часто как декоративное растение, но о заготовке его впрок в наше, сравнительно благополучное время, говорить не приходится; не находит лебеда применения и в официальной медицине.

Кулинарные рецепты

Салаты

Первый способ:
150 г молодых листьев лебеды, 30 г щавеля, 75 г картофеля, 30 г тертого хрена, 1 яйцо, 1 ч.л. столового уксуса, 10 г растительного масла, соль.

Молодые листья лебеды и щавеля опускают в кипяток на 2—3 минуты, затем откидывают на дуршлаг и после стекания воды мелко нарезают. Картофель отваривают в мундире, очищают от кожицы, режут на ломтики и смешивают с зеленью, солят, заправляют тертым хреном, растительным маслом и уксусом. Сверху салат можно украсить дольками яйца.

Второй способ:
200 г молодых листьев лебеды, 50 г зеленого лука, 5 г растительного масла, соль.

Листья лебеды моют, обваривают, слегка подсушивают, мелко нарезают и смешивают с измельченным зеленым луком. Заправляют маслом. Можно добавить 1 ст. л. острого соуса.

Третий способ:
100 г молодых листьев лебеды, 150 г свеклы, 20 г сметаны, соль, уксус.

Отваривают столовую свеклу, очищают от кожицы и режут на брусочки, укладывают в салатник. Сверху кладут промытые и мелко нарезанные листья лебеды, солят, заправляют уксусом и сметаной.

Суп из лебеды

100 г листьев лебеды, 30 г щавеля, 20 г зеленого лука, 40 г свежих огурцов, 5 г укропа, 20 г сметаны, соль.

Молодые листья лебеды и щавеля промывают холодной водой, шинкуют, отваривают в подсоленной воде до готовности, охлаждают. Перед подачей на стол добавляют мелко нарезанный зеленый лук, свежие огурцы, укроп и заправляют сметаной.

Суп-каша из лебеды

100 г листьев лебеды, 30 г овсяной крупы.

Молодую зелень лебеды моют, шинкуют и варят вместе с овсяной крупой в подсоленной воде до готовности, как кашу, затем слегка охлаждают. Перед подачей на стол добавляют мелко нарезанный зеленый лук, свежие огурцы, укроп и заправляют сметаной по вкусу.

Котлеты из лебеды

200 г лебеды, 30 г овсяной крупы, 10 г сухарей, 10 г жира, 1 яйцо, соль, специи.

В горячую массу (с температурой около 70°C) овсяной каши с лебедой добавляют сырое взбитое яйцо, специи и тщательно перемешивают. Из полученной массы формуют котлеты, обваливают в сухарях и обжаривают. К котлетам подают томатный или грибной соус.

Лопух

Лопух войлочный, или репейник, в переводе «лапша ментоза» означает: лапша от греческого слова «хватать», «цеплять». Ментоза — по-латыни «войлочная». Такие обозначения свойств лопуха в названии говорят сами за себя: уж как могут крючковатые зелено-серые шарики зацепить за одежду, обувь, знает каждый, кому приходилось с ним соприкасаться.

Если появился около жилья лопух, значит, рядом смело можно разводить огород — расселение этого растения свидетельствует о плодородии почвы. Лопух появляется повсюду как сорняк, иногда скосишь его листья, а в скором времени он появляется вновь.

Есть страны, где лопух культивируют. В США, Франции, Бельгии его высаживают специально на промышленных плантациях и приусадебных участках, в Японии и Китае — это ценный овощ, крупные, сочные, мясистые корни, сладковатые на вкус, приравниваются к корнеплодам моркови, пастернака и петрушки. Ценятся и молодые листья лопуха, как салатная зелень. В нашей стране молодые листья и черешки используются в качестве овоща на Кавказе и некоторых районах Сибири.

Если В. Солоухин считает, что крапиве нужно создать оду, то Р. Ахмедов полагает — лопух достоин гимна. «...И дружным хором пели бы этот гимн, — пишет Ахмедов, — диабетчики, язвенники, гастритики, ревматики, подагрики, почечники, геморройщики, фурункулезники, золотушники, водяночники, экземники, носители камней в почках, мочевом пузыре и печени».

Ботаническая характеристика. Лопух войлочный (местные названия: репейник, дедовник) — двулетнее травянистое растение семейства сложноцветных. Широко распространены и другие виды — лопушник большой, малый, лесной. Все эти растения наряду с лопухом войлочным относятся к съедобным, особенно популярны среди народов Сибири и Кавказа. Лопух большой культивируется в Японии, Китае США и некоторых других странах Западной Европы, где его выращивают рассадным способом на промышленных плантациях.

Отличительные признаки: стебель — прямостоячий, толстый, ребристый, вырастает на второй год, в верхней части ветвящийся; листья — на первом году в виде розетки, крупные, широкие, особенно прикорневые, черешковые, яйцевидно-сердцевидной формы с неправильно зубчатыми краями, сверху зеленые, снизу — серовато-войлочные, паутинные;

ц в е т ы — темно-пурпурного или сиреневого цвета, собраны в шаровидные корзинки диаметром 3—3,5 см, обертка корзинки из листиков, расположенных черепично с накладкой друг на друга, на концах крючковатых, цепляющихся, стебель под корзинками густо опушен; п л о д ы — продолговатые плоские семянки с летучкой из коротких легко опадающих волокон. Цветет в июле — августе.

М е с т о р а с п р о с т р а н е н и я: повсеместно среди кустарников, по пустырям, оврагам, в садах и огородах появляется как сорняк, а также около жилых домов и сараев, на свалках.

Л е ч е б н ы е с в о й с т в а. К осени первого года образуется сочный, вкусный, напоминающий морковь, корень, в котором образуется много ценных питательных веществ; 27—45% инулина (углевода, из которого получают фруктозу), 0,8% жира (семена лопуха содержат 15—17% жира). Кроме того в корнях содержатся эфирные масла, слизи, жироподобные и дубильные вещества. Лопух является хорошим медоносом.

Мазь из свежих корней лопуха

75 г измельченных корней заливают 200 г растительного масла, настаивают сутки, после чего варят на медленном огне и процеживают. Мазью лечат ожоги, раны, экзему. Препараты из корней лопуха используют при лечении фурункулезов, угрей, себореи, зуда.

Корни в виде отваров и настоев применяют внутрь в качестве мочегонного средства, при желудочно-кишечных заболеваниях.

Отвар корней

2—3 ложки измельченных сушеных корней кипятят в 0,8 л воды до уменьшения объема в 2 раза.

К отвару добавляют 2—3 ст. л. меда и пьют по 1/2 стакана 3 раза в день.

В тибетской медицине корни лопуха используют как кровоостанавливающее средство. Настой рекомендуется при циррозах печени, заболевании желчного пузыря, желчнокаменной болезни. А отвар листьев с медом считается наиболее эффективным при болезнях печени, желчного пузыря, запорах, песке в почках.

Отвар корней рекомендуется при запущенном ревматизме, доброкачественных и злокачественных опухолях.

В народной медицине свежие листья лопуха рекомендуется прикладывать к застарелым ранам и воспалительным участкам кожи как жаропонижающее и антимикробное средство. Наружно водный настой листьев используют для полоскания при ангине, для омовения язв, гнойничков, геморроидальных шишек.

Ванна для ног с настоем листьев рекомендуется для снятия усталости.

Настой корней на оливковом масле (рапсовое масло) применяют для укрепления волос.

Масло из семян лопуха обладает способностью быстро высыхать и используется для выработки лучших сортов олифы, а также в мыловарении.

Пищевое применение. В голодные годы корни лопуха мололи и добавляли к зерновой муке в пропорции 1:2. Едят корни по-всякому: сырыми, вареными, печеными. Особенно вкусны жареные корни с румяной сладкой корочкой. В пищу используются молодые корни, на второй год они деревенеют и становятся несъедобными.

Очень питательное блюдо получается при варке корней с кислым молоком, щавелем; отвар можно подкислить уксусом (в кислой среде инулин превращается во фруктозу). Таким образом из корней лопуха варят повидло.

Корни добавляют в супы вместо картофеля или моркови. Если молодые корни нарезать в виде лапши, залить молоком, добавить яйцо и запечь в духовке, получается вкусное блюдо — «лапшевник».

Из корней готовят напитки, напоминающие цикорный кофе.

Для супов и салатов используют также молодые листья лопуха.

Заготовка и сушка. Заготавливают корни лопуха в сентябре — октябре, для лечебных целей лучше осенью или ранней весной, до начала прорастания (одеревеневшие отбраковывают). Корни выкапывают лопатой, очищают от стеблей и корешков, режут поперек дольками длиной 2—3 см, затем разрезают вдоль и сушат обычным способом на чердаках, в хорошо проветриваемых помещениях или воздушно-солнечных сушилках. Мелкие корни лучше не мыть, так как после мытья они могут закиснуть.

Высушенные корни, очищенные от кожуры, должны быть серовато-бурого цвета, внутри бледно-серой окраски, сладковатого вкуса с ощущением слизистости, со слабым своеобразным ароматом.

Высушенные корни лопуха упаковывают в жестяные банки с плотно притертыми крышками и хранят в сухом прохладном помещении. Используют в течение 1—2 лет для лекарственных и пищевых целей.

Кулинарные рецепты

Салат из лопуха

150 г листьев лопуха, 50 г зеленого лука, 30 г тертого хрена, 20 г сметаны, соль.

Промытые листья опускают на 1—2 минуты в кипяток, затем отбрасывают на дуршлаг, слегка обсушивают, измельчают, солят, добавляют зеленый лук и тертый хрен, заправляют сметаной.

Суп из лопуха

300 г листьев лопуха, 200 г картофеля, 40 г риса, 40 г жира, 80 г репчатого лука, соль, перец.

Отдельно варят картофель и рис до готовности, затем добавляют измельченные листья лопуха и пассерованный лук, солят и перчат, доваривают 10—15 минут.

Пюре из лопуха и щавеля

1 кг лопуха (листьев), 100 г щавеля, 25 г укропа, 100 г соли, перец.

Листья лопуха и щавеля моют, измельчают в мясорубке, добавляют мелко нарезанную зелень укропа, соль и перец. Все тщательно перемешивают, перекладывают в стеклянные банки и хранят в холодильнике.

Используют для приготовления супов, салатов и в качестве приправы к мясным и рыбным блюдам.

Повидло из корней лопуха

1 кг корней лопуха, 1 л воды и 50 г уксусной эссенции.

Корни тщательно моют и измельчают в мясорубке. В воду добавляют уксусную эссенцию, кипятят, в кипящую жидкость опускают измельченные корни и варят 2 часа. Повидло можно использовать в качестве начинки для пирожков, а также для приготовления различных сладких блюд.

Кофе из корней лопуха

Промытые корни мелко нарезают, высушивают, подваривают в духовке до бурого цвета, затем измельчают на кофейной мельнице. Заваривают из расчета 1—2 ч. л. порошка лопуха на 1 стакан кипятка.

Манжетка

Ботаническая характеристика. Манжетка обыкновенная — многолетнее травянистое растение семейства розоцветных (другие названия: манжетка грудная, недутая трава).

Отличительные признаки: с т е б л и — приподнятые или лежачие, голые или с редкими волосками, высотой 10—30 см; л и с т ь я — почковидные, на длинных черешках, стеблевые — сидячие, полукруглые, как бы гофрированные или волнистые, разделенные на лопасти по 5—7—9 долек, края острозубчатые, городчато-пильчатые, поверхность бархатистая, покрытая шелковистыми волосками, прилистники крупные, сросшиеся вокруг стебля воронкой; ц в е т ы — мелкие, зеленовато-желтые, собраны в плотные клубочки, объединенные в метельчатое соцветие, цветут с начала мая до августа.

М е с т о   р а с п р о с т р а н е н и я: широко распространена повсюду: в негустых лесах, на лугах и лесных опушках, по берегам рек и заболоченным местам; трава сочная, мягкая, бархатистая. Всего насчитывается до 200 видов. Иногда образует сплошные заросли на больших площадях.

Л е ч е б н ы е   с в о й с т в а. Манжетка богата витамином С — до 210 мг%, содержит дубильные и горькие вещества, флавоновые гликозиды. Химический состав растения изучен недостаточно.

В народной медицине нашли применение корни и листья манжетки. Настои и отвары листьев пьют при заболевании верхних дыхательных путей, плохом пищеварении, вялой перистальтике кишечника и поносах. Полезны отвары и настой корней и листьев при заболеваниях печени, почек, различных кровотечениях.

Отвар манжетки

2 ч. л. на 1 стакан кипятка, настоять и пить в течение дня.

Другой народный рецепт

1 дес. л. листьев манжетки отварить 5—10 минут в 0,5 л сухого вина, настоять в течение дня, процедить и пить по 1 ст. л. 3 раза в день. Рекомендуется при болях в сердце и для улучшения обмена веществ.

Настои листьев применяют наружно в виде компрессов и примочек для уничтожения угрей, заживления фурункулов и ран; припарки прикладывают при вывихах и опухолях ног. Настоями промывают полость носа при сильном насморке, сопровождающемся кровотечением.

Пищевое применение. Манжетка относится к ранневесенним овощным дикорастущим растениям и одной из первых может разнообразить ваш стол. Она ценится как С-витаминная зелень, из которой можно приготовить салаты, супы, пюре; хорошо сочетается с другим видом зелени — свербигой, из смеси готовят салаты, пюре, щи.

Заготовка и сушка. Это растение заготавливают впрок. Листья и молодые побеги, быстро высушенные при температуре 100—120°С, хорошо сохраняют витамин С. Сушка обычная.

Кулинарные рецепты

Салат из манжетки

150 г свежих листьев манжетки, 25 г зеленого лука, 15 г тертого хрена, 20 г сметаны, соль.

Листья моют, опускают на 1 минуту в кипящую воду, охлаждают, мелко нарезают, затем смешивают с измельченным луком и хреном, солят, заправляют сметаной.

Щи зеленые с манжеткой

100 г листьев манжетки, 50 г крапивы, 20 г щавеля, 25 г моркови, 30 г репчатого лука, 10 г маргарина, 1 яйцо, 20 г сметаны, 350 г бульона или воды, соль, перец.

Подготовленные свежие листья манжетки, крапивы, щавеля заливают кипятком и выдерживают 2—3 минуты, затем, вынув из воды и отряхнув, измельчают ножом и тушат с жиром 10 минут. Отваривают до полуготовности нарезанный картофель, закладывают зелень, пассерованный репчатый лук, морковь, солят, варят до готовности.

Перед подачей на стол в щи кладут сметану и дольки вареного яйца.

Суп из манжетки и свербиги

100 г свежих листьев манжетки, 100 г свербиги, 40 г пшена или другой крупы, соль, перец, масло.

Молодые листья и побеги манжетки и свербиги измельчают ножом и добавляют в крупяной суп на 10 минут (до готовности крупы), солят, перчат, заправляют маслом. Суп можно приготовить в туристическом походе, на отдыхе в лесу.

Пюре из манжетки и свербиги

Равные количества промытых листьев манжетки и свербиги пропускают через мясорубку, добавляют соль, перец, перемешивают. Пюре используют в качестве приправы.

Листья манжетки, тушенные с мясом

200 г свежих листьев манжетки, 600 г мяса, 60 г репчатого лука, соль, перец, лавровый лист.

Мясо отваривают в низкой кастрюле или жаровне. За 15—20 минут до готовности добавляют измельченные ножом листья манжетки и лук, а также соль, перец и лавровый лист, тушат до готовности.

Медуница

Ботаническая характеристика. Медуница неясная (другие названия: медуница лекарственная, легочница, гочная трава) — многолетнее травянистое растение семейства бурачниковых. В Сибири встречается другой вид — медуница мягчайшая, или мягкая, которая отличается более крупными листьями, сужающимися в крылатый черешок.

Отличительные признаки: с т е б е л ь — прямостоячий или приподнимающийся, высотой от 8—10 до 30—40 см, шершавый, покрытый короткими жесткими волосками; л и с т ь я — продолговатые, ближе к корню яйцевидно-ланцетовидные, длинночерешковые, стеблевые — более удлиненные, с коротким крылатым черешком, поверхность шероховатая, зеленая, иногда на ней проступают различные пятна; ц в е т ы — мелкие, поникшие бутончики, непостоянные в окраске, в верхней части розовые, затем синие и фиолетовые, венчик цветов колокольчатый с пятью отгибами, околоцветник правильной формы, в центре цветка пучок волосков, располагаются цветы на верхушке стебля; п л о д ы — 4 маленьких блестящих орешка, вызревающие в зеве цветка после оплодотворения. Цветет в апреле — мае; розовые соцветия едва успевают распуститься; почти на глазах приобретают фиолетовую, затем синюю окраску.

М е с т о р а с п р о с т р а н е н и я: в лесах, среди кустарников, на полянах и опушках, часто на песчаной почве. Растение предпочитает смешанные и широколиственные леса, поймы рек, а также горные луга.

Л е ч е б н ы е с в о й с т в а. В составе медуницы выявлено много биологически активных веществ: витамины С и Р, каротин, соли кальция, калия, железа, меди, особенно много марганца (до 12% от маиссы всей золы), а также значительное количество слизистых и дубильных веществ. Как лекарственное растение медуницу культивируют во многих странах.

Отвары сухих листьев применяют при заболевании легких. При детском туберкулезе отвар медуницы считается одним из лучших средств. Настои травы употребляют при кашле, хрипоте, заболеваниях печени, почек, мочевого пузыря, при женских болезнях, геморрое.

В медицине настой листьев и стеблей рассматривается как кровоостанавливающее, обволакивающее, мягчительное, вяжущее и регулирующее деятельность желез внутренней секреции средство, в частности поджелудочной и половых желез.

Рецепт № 1

20 г листьев медуницы залить 300 мл кипятка, прокипятить 5 минут, настаивать 3—4 часа, принимать по 1/2 стакана 3 раза в день перед едой.

Рецепт № 2

Настой сушеной медуницы (40 г травы на 1 л воды) применять при заболеваниях кишечника, острых нефритах, кровотечениях. Настой также применяют для примочек и компрессов при нарывах и гноящихся ранах.

Пищевое применение. Медуница ценится как витаминная зелень, вот почему особенно полезен весенний салат: собрал немного листьев, промыл, нарезал, заправил ложкой майонеза — и диетическое блюдо готово. В местах массового произрастания медуницы из молодых листьев готовят супы, начинку для пирожков. Ребятишки любят обрывать цветки и откусывать у них сладкие белые основания лепестков.

Увы!.. Все реже встречаются обильные заросли медуницы, все бережнее нужно обращаться с ней. Лучше сорвать 2—3 оформившихся листа (такая потеря растению неощутима), а мелкие лепестки оставить нетронутыми.

Заготовка и сушка. Цветочные стебли срезают без нижних грубых частей в период до распускания цветков. Сушат в тени под навесом, в хорошо проветриваемых помещениях или на чердаках. Правильно высушенные растения имеют темно-зеленый цвет. Хранят в банках с плотно закрывающимися крышками.

Свежую медуницу можно хранить в холодильнике в полиэтиленовом пакете 15—20 дней.

На зиму медуницу можно солить и мариновать.

Кулинарные рецепты

Салаты

Первый способ:
300 г медуницы, 100 г зеленого лука, 1 яйцо, сметана, соль.

Медуницу и зеленый лук моют, измельчают, солят и перемешивают. Сверху кладут яйца и сметану.

Второй способ:
250 г медуницы, 25 г тертого хрена, 20 г сметаны, укроп, соль.

Медуницу измельчают, солят, сверху кладут тертый хрен и сметану.

Третий способ:
150 г медуницы, 150 г тертой редьки, 30 г сметаны, соль.

Медуницу измельчают, смешивают с редькой, солят и заправляют сметаной.

Суп мясной с медуницей

200 г медуницы, 400 г мяса, 50 г репчатого лука, 20 г жира, соль, перец.

Мясо и картофель варят до готовности, добавляют измельченную медуницу, поджаренный лук, доводят до кипения, перед концом варки добавляют соль и перец.

Начинка для пирожков

200 г медуницы, 400 г мясного фарша, 200 г репчатого лука, 20 г жира, соль, перец.

Медуницу и лук измельчают, смешивают с фаршем, добавляют соль и перец.

Пюре из медуницы

Медуницу промывают, просушивают, пропускают через мясорубку, тщательно солят и укладывают в стерильные банки из-под майонеза, заливают по поверхности сока растительным маслом. Хранят в холодильнике, используют по 1—2 ст. л. к гарнирам, мясным и рыбным блюдам.

Можно измельченную медуницу засолить, залив в стеклянных банках 1%-ным раствором поваренной соли. Хранить в холодильнике.

Л. Ф. Путинцева

Мята

Ботаническая характеристика. Мята полевая — распространенное многолетнее растение семейства губоцветных.

Отличительные признаки: стебель — четырехгранный, ветвящийся, длина колеблется от 10—15 до 80—100 см; листья — супротивные, короткочерешковые, яйцевидные, широкоэллипсовидные или сердцевидные с заостренной вершиной и зубчатыми краями; цветы — мелкие, розовато-лиловые, чашечка с широкоугольными зубчиками, собранные в ложные мутовки около стебля в пазухах супротивных листьев. Цветет с конца июня до сентября. Отличается также длинным ползучим корневищем.

Из дикорастущей мяты выведены культурные сорта — мята перечная и мята длиннолистная, выращиваются для фармацевтической промышленности и садоводами-любителями.

Мята перечная выведена двух разновидностей — черная, с красно-бурым стеблем, и белая — с зеленой окраской стеблей и листьев.

Культурные сорта мяты перечной рекомендуется выращивать на одном месте не более 3—5 лет.

Место распространения: мята полевая растет повсеместно на сырых лугах, в лесах, полях и садах; любит селиться по берегам рек.

Лечебные свойства. Отличительной особенностью мяты является большое количество эфирных масел, количество ментола в листьях достигает 2,7%, в соцветиях — до 6%. Кроме того, в мяте обнаружены флавоноиды, каротин, органические кислоты.

В народной медицине мята известна как растение, исцеляющее от многих болезней. Основным лекарственным средством является ментол, который оказывает местное анестезирующее действие, при нанесении на слизистые оболочки, втирании в кожу ментол раздражает нервные окончания, вызывая покалывание и ощущение холода (отсюда народные названия — холодянка, холодка). Очень полезны настои из мяты, они вызывают усиление перистальтики кишечника, способствуют быстрому опорожнению пищеварительного тракта.

Настои из высушенных листьев пьют как успокаивающее при бессоннице и расстройстве нервной системы, как желчегонное, а также как средство против тошноты. При расстройстве желудка также рекомендуется по утрам пить теплый мятный настой.

В современной медицине мята используется для приготовления многих лекарств, ментол входит в состав валидола, валокордина, капель Зеленина как средство, способствующее расширению коронарных сосудов сердца и головного мозга. Настои мяты назначают при заболевании печени и желчного пузыря. В то же время спиртовые и масляные растворы ментола применяют с противоположной целью — для сужения кровеносных сосудов слизистых оболочек, а также для уменьшения отечности и болевых ощущений при воспалительных процессах в верхних дыхательных путях.

Как освежающее антимикробное и десноукрепляющее средство эфирные масла, извлеченные из мяты, добавляют в зубные пасты, порошки, жевательные резинки; с этой же целью рекомендуются мятные настои для полоскания рта.

Настой мяты

Заварить 2—3 ч. л. листьев мяты 1 стаканом крутого кипятка и употребить в течение суток. Лучше всего настаивать 15—20 минут, принимать по 1 ст. л. 3—4 раза.

Пищевое применение. Использование мяты в кулинарии разнообразно: свежая мелко нарезанная зеленая масса добавляется в салаты и винегреты, супы, к мясным, рыбным и овощным блюдам; листья придают приятный вкус и аромат фруктовым повидлам, желе, ликерам; сухой порошок используют для ароматизации сыров. Мятное эфирное масло применяют для ароматизации пряников, конфет, карамели, напитков, уксуса. Мятный чай является традиционным русским напитком.

Мята широко применяется в национальных кухнях. Так, рецептуры приготовления супа-харчо по-грузински, супа из простокваши по-армянски, многих азербайджанских блюд предусматривают добавление мяты.

При солении овощей мяту включают в состав пряностей наряду с листьями дуба, черной смородины, вишни, добавляют при квашении капусты. Как антисептическое средство мяту кладут в молоко, благодаря чему предупреждается его скисание и продлевается срок хранения.

З а г о т о в к а и с у ш к а. Мяту заготавливают до цветения и в период цветения растения. Оптимальным сроком сбора является то время, когда половина цветков в соцветиях распустилась, а другие еще находятся в стадии бутонизации. Срезанную надземную часть растения сушат в тени, в хорошо проветриваемом месте. Сбор и сушку нужно проводить в хорошую погоду. После сушки траву обмолачивают, а грубые стебли отбрасывают. При перетирании в порошок сухого сырья лучше будет затем просеять его на частом сите.

Хранят мяту в стеклянных и жестяных банках с плотно закрывающимися крышками в сухом прохладном месте.

Кулинарные рецепты

Напиток с мятой

20 г мяты, 50 г сахара, 1 ст. л. сока клюквы, 1 л воды.

Мяту заваривают кипятком, через 5 минут процеживают, в отвар добавляют сахар и сок клюквы.

Сборный чай

Сушеную траву мяты, душицы и зверобоя (1:1:1) перемешивают и заваривают как чай непосредственно перед подачей на стол.

Пряники мятные

50 г мяты, 50 г, сахара и 1 л воды.

Мяту заваривают крутым кипятком, добавляют сахар, выдерживают до остывания, процеживают через сито и на отваре замешивают пряничное тесто.

Огурцы соленые с мятой

При солении огурцов в трехлитровые банки на дно вместе с другими специями укладывают веточки мяты.

Настурция

В народе настурцию называют по-другому: красулька, повертень, индийский кресс. Родиной настурции считается Южная Америка, и, действительно, это растение требует солнечного местонахождения и рыхлых нежирных почв.

Ботаническая характеристика. Настурция большая — однолетнее травянистое растение семейства настурциевых (капуциновых), давно известно как декоративное, быстро дичает.

Отличительные признаки: с т е б е л ь — вьющийся, разваливающийся, гладкий, длиной 25—100 см; л и с т ь я — длинночерешковые, щитовидные по форме, разделенные крупными жилками на сросшиеся треугольные доли, закругленные по краю, ярко-зеленые; ц в е т ы — крупные, обоеполые, неправильные, одиночные, сидящие в пазухах листьев, передние три лепестка бахромчатые, оранжевые с кроваво-красными полосками, чашечка окрашенная, пятираздельная с несколько изогнутым шприцем; п л о д ы — односеменные орешки с мясистым морщинистым околоплодником; цветет с июня по октябрь.

М е с т о р а с п р о с т р а н е н и я: настурция может стелиться по земле или виться по шнуру, украшая веранды, беседки. Красивы и необычны по форме не только цветы, но и ярко-зеленые листья. Растение было завезено в Европу из Южной

Америки и с тех пор распространилось по всему свету, пользуясь большой любовью у садоводов. Выведены культурные сорта с махровыми лепестками и темно-красной окраской цветов. В садах это растение оказывает немалую пользу, губительно действуя летучими выделениями на тлю, поражающую плодово-ягодные и овощные культуры.

Настурция дает большой урожай зеленой массы на хорошо удобренных почвах: грядка размером со столешницу обеденного стола может обеспечить запасы на всю зиму. Растение хорошо акклиматизируется в большинстве климатических зон России.

Л е ч е б н ы е   с в о й с т в а. Настурция относится к весьма ценному лекарственному сырью. В ней много каротина, эфирных масел, обладающих фитонцидным действием. За последнее время повысился интерес к ее химическому составу. Оказалось, что витамина С накапливается в ней до 500 мг% — вот это настоящий «чемпион» по витаминности!

В народной медицине настурция применяется издавна. Настои травы нашли широкое применение при лечении цинги, малокровия, почечно-каменной болезни, бронхитов, кожных сыпей. Отвары травы с медом используют для полоскания рта при молочнице. Настой листьев настурции и крапивы употребляют как средство для усиления роста волос, втирая его в кожу головы.

В народной медицине Америки сок из листьев настурции употребляется наружно при зуде и чесотке, а также как средство против выпадения волос, настой цветков внутрь — при болезни сердца, гипертонии и других заболеваниях сердечно-сосудистой системы.

Настой

5—6 цветков на 200 мл кипятка, настоять 20—30 минут, принимать по 1—2 ст. л. за 1 час до еды.

Весьма популярна настурция в Новой Зеландии, где прежде всего ее используют в качестве витаминного салата как высокоэффективного лечебного продукта против цинги.

Пищевое применение. Кулинарные блюда с использованием настурции диетологи включают в рацион питания больных атеросклерозом и нарушением обмена веществ, связанными с возрастными изменениями.

В пищу принято использовать свежие и высушенные растения, зеленую массу можно солить, мариновать.

Настурция входит в состав особо изысканных салатов, из нее готовят супы, солянки, пюре, фарши и другие блюда. Зеленая масса пригодна для питания с ранней весны до поздней осени. Все части растения отличаются своеобразным жгучим вкусом, напоминающим вкус редьки. Из настурции готовят острые освежающие напитки: листья с тертым хреном пропускают через мясорубку, затем настаивают с добавлением сахара.

Кулинарные рецепты

Салат из настурции новозеландский

100 г листьев настурции, 30 г сладкого овощного перца, 5 цветков настурции, сметана, соль — по вкусу.

Молодые листья промыть, мелко насечь на тарелке во избежание утечки сока, добавить несколько капель лимонного сока, укроп, мелко нарезанный сладкий овощной перец, перемешать, залить сметаной и украсить цветками настурции.

Салат из настурции

100 г листьев настурции, 200 г картофеля, 10 г укропа, 2 яйца, 30 г сметаны или салатной заправки, соль.

Отваренный картофель очищают и нарезают брусочками. Листья настурции и укропа моют, измельчают ножом, смешивают с картофелем, солят, заправляют сметаной, украшают ломтиками вареного яйца.

Салат можно разнообразить по вкусу, добавив другие съедобные дикорастущие травы по своему усмотрению.

Пюре из настурции

200 г листьев настурции, 120 г листьев крапивы, 40 г зелени укропа, 20 г растительного масла, соль, перец.

Промыть зелень настурции, крапивы и укропа, пропустить через мясорубку, посолить, заправить растительным маслом, перемешать и использовать в качестве приправы к блюдам из дичи, сыра и творога.

Фарш из настурции

120 г цветочных почек настурции, 160 г консервированного горошка, 120 г свеклы, 40 г растительного масла. Для маринада — 1 л 6%-ного уксуса, 50 г сахара, 50 г соли, специи.

Цветочные почки настурции заливают маринадом, доводят до кипения, маринад сливают. Вареную свеклу натирают на терке. К маринованным цветочным почкам добавляют зеленый горошек и мелко нарезанную свеклу, заправляют сливочным маслом и перемешивают.

Полученную смесь используют для фарширования яиц и яблок.

Маринованные почки настурции

120 г цветочных почек настурции, 1 л 6%-ного уксуса, 50 г сахара, 50 г соли, специи.

Готовят маринад из 6%-ного уксуса, сахарного песка, соли, черного перца горошком, лаврового листа; все доводят до кипения, охлаждают и готовым маринадом заливают промытые цветочные почки настурции.

Используют для заправки супов, рассольников, сборных солянок, фарша.

Напиток из настурции

400 г листьев настурции, 200 г тертого хрена, 80 г сахара, 1 л воды.

Листья настурции вместе с тертым хреном пропускают через мясорубку, заливают водой, добавляют сахар и настаивают 10—12 часов. Настой процеживают через мелкое сито или марлю, охлаждают. Срок хранения в холодильнике — 2—3 дня.

Огуречная трава

Ботаническая характеристика. Огуречная трава (другие названия: огуречник, огуречник лекарственный, буранчик лекарственный) относится к семейству буранчиковых. Свое название огуречная трава получила потому, что листья ее пахнут свежим огурцом. Растение однолетнее, высотой 30—70 см.

Отличительные признаки: с т е б е л ь — ветвистый, волосисто-опушенный, толстый, прямостоячий, высотой 30—60 см; л и с т ь я — цельные, широкоудлиненные, нижние — яйцевидные, суженные к черешкам, верхние — более продолговатые, помельче, сидячие; ц в е т ы — голубые, пятилепестковые, поникшие, сидят на длинной цветоножке, собранные в плотную кисть на верхушке стебля, богаты нектаром; с е м е н а — продолговатые, темные. Все растение щетинисто-волосатое. Цветет с конца июня по август.

Место распространения: растет повсеместно, часто разрастается самосевом на огородах как сорняк. Родина огуречной травы — Малая Азия, побережье Средиземного моря. В Удмуртии, Пермской и Свердловской областях огуречную траву высевают на приусадебных участках; созревшие семена легко осыпаются, давая большой урожай на следующий год.

В культуре огуречную траву называют «бораго» и ценят как холодостойкое растение, хорошо растущее на различных почвах и даже в тени. Семена высевают под зиму или ранней весной. Молодые свежие листья вырастают уже через месяц после первых всходов, собирать их можно в несколько приемов. Надо помнить, что в сухую жаркую погоду растение быстро образует цветочный стебель, а листья становятся грубыми и невкусными.

Л е ч е б н ы е с в о й с т в а. В огуречной траве найдены витамин С, каротин, яблочная и лимонная кислоты, эфирные масла, в цветах — много сахара. Кроме того обнаружены фурокумарины, сапонины, дубильные и слизистые вещества.

Как в свежем, так и сушеном виде огуречная трава обладает лечебными свойствами. Ее используют как легкое слабительное, при суставном ревматизме и некоторых кожных болезнях, при неврозах сердца и катарах легких. Настои из листьев пьют при неврастении как успокаивающее, а настои цветков — как мочегонное и потогонное средства. Витаминные салаты профилактически способствуют обмену веществ, предупреждают воспалительные явления в почках и кишечнике, снимают раздражительность и улучшают самочувствие.

В Болгарии рекомендуется употреблять настой огуречной травы при отеках, воспалении почек, ревматических болях.

Настой болгарский

2 ст. л. огуречной травы залить стаканом кипятка, настаивать 5 часов и пить по 1 ст. л. 3 раза в день.

П и щ е в о е п р и м е н е н и е. Еще древние греки и римляне наделяли огуречную траву свойствами поднятия духа, увеличения храбрости и употребляли, «чтобы легче становилось на сердце». Во Франции огуречную траву называли «радостью», «весельем», «сердечным цветком», широко использовали для ароматизации вин, уксуса, цветки клали в бокалы с вином и прохладительными напитками.

Благодаря выраженному огуречному вкусу и запаху трава используется в салатах, супах, окрошках, а также как гарнир к мясным, рыбным и крупяным блюдам, для начинок пирожков, отдушки уксуса, пуншей, вина и заварки чая.

З а г о т о в к а и с у ш к а. Дикорастущую огуречную траву собирают до цветения. Молодые листья и побеги особенно хороши в свежем виде, но можно их и засушить впрок обычным способом, как все другие съедобные и лечебные травы. К сожалению, в нашей стране огуречная трава до сих пор относится к малораспространенным овощным растениям, но пользуется спросом у огородников-любителей; является хорошим медоносом.

Кулинарные рецепты

Салаты

Первый способ:
100 г листьев огуречной травы, 40 г зеленого лука, 1 клубень вареного картофеля, 20 г сметаны, соль.

Вымытую огуречную траву и зеленый лук измельчают ножом, перемешивают с нарезанным на ломтики вареным картофелем, солят и заправляют сметаной.

Второй способ:
50 г огуречной травы, по 30 г зеленого лука и сельдерея, 20 г сметаны, 1 яйцо, соль, перец.

Промытые листья огуречной травы, лука и сельдерея измельчают ножом, солят, перчат, перемешивают. Уложив смесь в салатник, заливают сметаной и украшают ломтиками вареного яйца.

Третий способ:
50 г огуречной травы, по 50 г консервированного овощного перца и квашеной капусты, 3—5 г растительного масла.

Вымытую огуречную траву измельчают ножом, смешивают с ломтиками овощного консервированного перца и шинкованной или рубленой квашеной капустой, заправляя растительным маслом.

Четвертый способ:
50 г огуречной травы, по 30 г вареного картофеля и тертого хрена, 20 г сметаны, соль, перец.

Вымытую огуречную измельченную траву смешивают с ломтиками вареного картофеля, солят, перчат, перемешивают, посыпают тертым хреном и поливают сметаной.

Л. Ф. Путинцева

Окрошка с огуречной травой

0,5 л кваса, 60 г вареной говядины (или колбасы), 50 г картофеля, 60 г огуречной травы, 40 г зеленого лука, 15 г укропа, 1 яйцо, 30 г сметаны, соль, сахар, горчица.

Отваренные картофель, мясо и яйца мелко нарезают, зеленый лук и яйца растирают с солью пестиком, все смешивают с измельченной огуречной травой, заливают квасом, добавляют мелко нарезанный укроп, сахар, горчицу и сметану.

Одуванчик

...Как милы сердцу любителя природы весенние поляны, сплошь усеянные ярко-желтыми цветками одуванчиков, позднее — покрытые серовато-белой дымкой их воздушных шариков! Одуванчик — одно из самых популярных лекарственных и пищевых растений, он в изобилии встречается по всей территории нашей страны.

В Башкирии, как гласят предания, коров, чтобы молоко было у них густым, поили отварами травы одуванчика. Народная мудрость издавна приписывает отварам листьев одуванчика способность придавать силы и бодрость, снимать усталость.

Б о т а н и ч е с к а я х а р а к т е р и с т и к а. Одуванчик лекарственный — многолетнее травянистое растение семейства сложноцветных. О том, насколько оно популярно, свидетельствует множество народных названий; летучка, ветродуйка, кульбаба, пустовей, молочай, богатка, попок, зубник, зубной корень, дмухень, желтый цикорий.

Отличительные признаки: с т е б е л ь — безлистная гладкая пустая трубка высотой 4—4,5 см, на верхушке которой расположен цветок, под корзинкой цветка поверхность стебля шероховатая, при вскрытии полости стрелки выделяется беловатый млечный сок, очень горький, но неядовитый; л и с т ь я — ланцетной или продолговато-ланцетной формы, выемчато-перисто-разделенные по краям, собраны в прикорневую розетку, стоячие или частично поникшие, пластинки листьев ломающиеся и быстро увядающие, длина листьев 10—25 см, ширина 1—1,5 см; ц в е т ы — желтые, язычковые, диаметром 2—3 см, снизу обернуты в корзинку ланцетовидными зелеными листочками, расположенными в 2 ряда, наружные отогнуты книзу; п л о д ы — продолговатые семянки серой или коричнево-бурой окраски, прикрепленные к тонюсенькой летучке беловатого цвета, которые при дуновении ветра легко разлетаются на многочисленные пушинки. Цветет в мае — июне, затем цветок превращается в воздушный шарик.

М е с т о р а с п р о с т р а н е н и я : распространен по всему земному шару, за исключением Арктики. Растет повсеместно на лугах, лесных полянах, по обочинам дорог, в старых садах, парках, во дворах, около жилых построек, самосевом распространяется как сорняк.

Л е ч е б н ы е с в о й с т в а . Одуванчик не зря называют лекарственным — его разнообразные целебные свойства хорошо освоены. Настои и препараты из корней применяются для лечения печени, заболеваний желчного пузыря, геморроя, катара желудка, запоров, как средство, улучшающее пищеварение и обмен веществ, как стимулятор молочных желез у кормящих матерей, а такие при экземе, фурункулезе, угрях, кожных сыпях.

В США, Японии, Индии и многих европейских странах одуванчик выращивается как огородная культура. При выращивании на грядках растение специально затеняют, чтобы листья получились нежными и бледными по окраске. Во Франции, например, салаты из листьев одуванчика являются одним из любимых блюд, для чего выводят сорта с многочисленными крупными и мягкими листьями.

Не менее ценится одуванчик в Европе как и лекарственное растение. В Болгарии листья и сок одуванчика используют при заболеваниях сердца, печени, желчного пузыря, воспалении желудка и кишечника, при желтухе, геморрое, как С-витаминное средство от цинги и анемии.

В Германии корни одуванчика — лекарственное средство при заболеваниях мочевого пузыря и почек, листья и сок — при малокровии, авитаминозе, ревматизме, подагре.

В Польше траву одуванчика назначают при болезнях печени, камнях в почках; французские лекари рассматривают листья и корни растения как средство, уменьшающее количество холестерина в крови, сок растения — как тонизирующее и мочегонное средство.

Настой из корня одуванчика

1 ч. л. сухих корней заливают 1 стаканом кипятка и после охлаждения пьют по 1/4 стакана 3—4 раза в день перед едой.

Желчегонное средство

10 г измельченных корней заливают 200 мл кипящей воды, закрывают крышкой и нагревают в кипящей водяной бане (в другой, большей по размеру кастрюле) 15 минут, затем охлаждают при комнатной температуре, отвар процеживают, отжимают корни и доводят кипяченой водой до 200 мл. Рекомендуется пить отвар теплым 3—4 раза в день по 1/3 стакана перед едой.

Установлено также, что настой из корней одуванчика обладает потогонным и жаропонижающим действием. Сок листьев одуванчика применяют при желтухе и болезнях мочевого пузыря. Млечным соком из свежих стеблей и корней выводят мозоли, бородавки, пигментные пятна. Из сушеных корней получают порошки для выведения вредных веществ из организма, пилюльные массы и экстракты, которые находят широкое применение в медицине.

П и щ е в о е п р и м е н е н и е. Корни одуванчика — ценный питательный продукт. В них содержится до 40% полисахарида инулина, 20% сахаров, 15% белков (в пересчете на сухое вещество), а также горькое вещество таракацин, органические кислоты, смолы, придающие специфический вкус. Зеленые листья накапливают до 50 мг% витамина С, и витамины B_1, B_2, каротин, из минеральных веществ содержатся соли железа, кальция, фосфора, марганца.

Съедобны все части растения. Молодые, но вполне развившиеся листья используют для приготовления витаминных салатов. Для удаления горечи их опускают на полчаса в подсоленную воду. Из молодых листьев готовят приправу к мясным и рыбным блюдам, варят супы и щи.

Корни одуванчика также можно использовать в пищу. Для удаления горечи их отваривают в подсоленной воде 6—8 минут, затем подсушивают, измельчают и употребляют как заменитель кофе. Корни одуванчика относятся к экспортному товару.

Особую ценность представляют цветочные почки, которые можно заготовить впрок, мариновать и солить. Из них готовят варенье и другие сладости.

Готовят также жареные розетки одуванчика, отваренные в 5%-ном соленом рассоле, их подают с вареным мелко нарезанным мясом.

Заготовка и сушка. Для лекарственных целей корни одуванчика заготавливают осенью в период увядания листьев, когда растение накопило максимальное количество питательных веществ. Выкапывают корни лопатой с глубины 15—25 см, очищают от земли и зачищают остатки корней и листьев. Летняя заготовка дает дряблые корни и не допускается. Необходимо помнить, что собирать одуванчики вблизи дорог и в черте города не следует, так как они усваивают и накапливают свинец и другие канцерогенные вещества из выхлопных газов автомашин.

Хорошо промытые корни сначала раскладывают на ткани для проветривания и сушат под навесом, на открытом воздухе в течение 3—4 дней до прекращения выделения млечного сока при надрезе, после чего досушивают в сушилке или духовке с приоткрытой дверцей при температуре не выше 40—50°С.

Высушенные корни должны быть продолговато-морщинистые, иногда спирально перекрученные, длиной до 12 см, снаружи бурой или темно-бурой окраски, на изломе серовато-белые или чисто-белые с желтой или желто-бурой древесиной в центре, без запаха; при изгибе они должны легко с треском ломаться; вкус горьковатый со сладким привкусом. Выход сухого корня 33—35% от массы сырья.

Хранят корни одуванчика в мешках, в сухих хорошо проветриваемых помещениях на стеллажах.

Срок хранения — до 5 лет.

Кулинарные рецепты

Салаты

Первый способ:

100 г листьев одуванчика, 50 г зеленого лука, 25 г петрушки, 15 г растительного масла, соль, уксус, перец, укроп. Листья одуванчика выдерживают в холодной воде 30 минут, затем откидывают на дуршлаг и измельчают. Измельченную зелень петрушки и лука перемешивают с листьями одуванчика, заправляют растительным маслом, солью, уксусом, перцем, укропом.

Второй способ:

100 г листьев одуванчика, 25 г зеленого лука, 50 г квашеной капусты, 1/2 яйца, 20 г сметаны, соль.

Листья одуванчика и зеленый лук измельчают, добавляют квашеную капусту, рубленые вареные яйца, солят, перемешивают и заправляют сметаной.

Жареные розетки

250 г розеток одуванчика, 50 г толченых сухарей, 75 г жира, 500 г говяжьего мяса.

Отваренные в 5%-ном соленом растворе розетки посыпают толчеными сухарями, обжаривают и соединяют с мелко нарезанными кусочками жареного мяса.

Цветочные почки одуванчика в маринаде

500 г цветочных почек, 0,5 л маринада.

Промытые и перебранные цветочные почки укладывают в эмалированную кастрюлю, заливают горячим маринадом, доводят до кипения и выдерживают на слабом огне 5—10 минут.

Маринад готовят так: в 1 л 6%-ного уксуса добавляют 50 г

сахара, 5 г соли, лавровый лист, перец горошком. Смесь доводят до кипения и охлаждают.

Маринованные цветочные почки используют в качестве закуски перед подачей на стол горячих блюд.

Соленые розетки одуванчика

Заготавливают прикорневые розетки ранней весной, когда листья поднимаются над землей на 2—5 см. Для этого корень подрезают на 2—3 см ниже листьев. Полученные таким образом розетки тщательно промывают, затем вымачивают в соленой воде 1—2 часа, воду сливают и заливают розетки 10%-ным раствором поваренной соли (100 г соли на 1 л воды). Продукт помещают в холодное место на зимнее хранение.

Кофе из корней одуванчика

Корни тщательно промывают, подсушивают на воздухе, затем помещают в духовку и сушат до побурения. Полностью высушенные корни измельчают на кофемолке.

Заваривают перед подачей на стол как обычно: 1 ч. л. на 1 стакан воды.

Пастушья сумка

Б о т а н и ч е с к а я х а р а к т е р и с т и к а. Пастушья сумка — травянистое однолетнее растение семейства крестоцветных.

Отличительные признаки: с т е б е л ь — прямостоящий, округлый, простой или ветвистый, высотой от 10 до 50 см; л и с т ь я — прикорневые, собранные в розетку, продолговато-ланцетные, перисто-раздельные с продолговатыми зубцами или долями, суженные и переходящие в черешок, стеблевые — более мелкие, стреловидные, сидячие; ц в е т к и — мелкие, белые с четырьмя крестообразно расположенными лепестками, объединенные в длинную кисть на верхушке стебля; п л о д — обратнотреугольный стручок шириной 5—8 мм с выемкой наверху (напоминающей сумку, которую носят пастухи, — отсюда и название). Цветение и плодоношение — с весны до поздней осени, растение в течение одного вегетационного периода дает 2—3 поколения.

Место распространения: пастушья сумка распространена по всему земному шару. Широко произрастает в Европейской части нашей страны, за исключением районов Крайнего Севера. Растение часто можно встретить на полях и огородах как вновь появившийся сорняк, вдоль дорог, на насыпях и дамбах, вблизи жилищ. Некоторые любители выращивают дома, посеяв семена пастушьей сумки в ящик и пользуясь зеленью в течение всей зимы.

Лечебные свойства. Исследования показали, что в пастушьей сумке содержится много биологически активных веществ: витамины С, А, В, К, фитонциды, гликозиды, органические кислоты, холин, дубильные вещества и другие. В семенах — до 28% жирного масла.

Настои и отвары пастушьей сумки широко используются в народной медицине. Фармацевты из вытяжек травы готовят препараты кровоостанавливающего действия, особенно при печеночных, почечных и маточных кровоизлияниях, при нарушении обмена веществ, вялой перистальтике кишечника и патологическом климаксе. В китайской медицине пастушья сумка считается наилучшим средством от рвоты.

Знахари и травники Руси относили траву пастушьей сумки к наипервейшему зелью для лечения болезней печени, почек, мочевого пузыря, лихорадочных состояний, свежим соком травы лечили желудочно-кишечные расстройства, ревматизм, а наружно — раны и язвы.

Отвар

20 г травы (в 1 ст. л. 5 г сухой травы) залить 1 стаканом кипятка, прокипятить 5 минут, настоять, процедить. Принимать по 2—3 ст. л. 3—4 раза в день после еды при всех видах вышеуказанных заболеваний.

Беременным женщинам отвар противопоказан!

Настой

10 г сухой измельченной травы залить стаканом кипятка, настаивать 30 минут. Принимать по 1 ст. л. 4—5 раз в день после еды при внутренних кровотечениях.

П и щ е в о е п р и м е н е н и е. В пищу используют молодые неогрубевшие листья с весны до поздней осени. Их добавляют в салаты, супы. Из травы, пропустив через мясорубку, получают пюре, которым заправляют борщи, используют в качестве начинки для пирожков.

Семена пастушьей сумки в размолотом виде имеют специфический вкус, их добавляют в блюда вместо горчицы и перца.

Зелень пастушьей сумки заготавливают впрок — солят и сушат.

З а г о т о в к а и с у ш к а. Сбор растений обычно проводят дважды — весной и осенью. Ранней весной розетки листьев можно собирать почти сразу после таяния снега, как только они обнажатся, а в августе — сентябре срезают цветущие побеги длиной не более 10—15 см. Нельзя заготавливать грубые, искривленные стебли, листья, покрытые белым налетом мучнистой росы.

Сушат траву, расстелив тонким слоем на бумажную или тканевую подстилку на чердаках под крышей, можно сушить в хорошую погоду и на солнце или досушивают в духовке при открытой дверце. После сушки листья измельчают в порошок, расфасовывают в банки или пакеты. Хранят как обычное лекарственное и пищевое сырье.

Кулинарные рецепты

Салат из пастушьей сумки с огурцами и помидорами

100 г пастушьей сумки, по 60 г огурцов и помидоров, 1 яйцо, 40 г сметаны, соль — по вкусу.

Листья пастушьей сумки промыть, мелко нашинковать и смешать с нарезанными ломтиками свежими огурцами и помидорами. Сверху салат украсить кружочками вареного яйца и полить сметаной.

Л. Ф. Путинцева

Суп с пастушьей сумкой

100 г листьев пастушьей сумки, 200 г картофеля, 0,6 л мясного бульона, 1 луковица, жир, соль, сметана — по вкусу.

Подготовленный картофель сварить в мясном бульоне, добавить мелко нарезанные листья пастушьей сумки, поджаренные с луком, и довести суп до готовности. Перед подачей на стол суп заправить сметаной.

Пюре из пастушьей сумки

Вымытые листья пастушьей сумки обсушить на воздухе и пропустить через мясорубку, добавить соль и перец по вкусу. Использовать для заправок супов, вареных мясных блюд, в качестве начинки для пирожков. Хранить пюре в холодном месте.

Бутербродная масса из пастушьей сумки

50 г свежих молодых листьев пастушьей сумки, 50 г сливочного масла, соль и перец — по вкусу.

Подготовить пюре как в предыдущем рецепте, растереть со сливочным маслом, добавив соль и красный молотый перец.

Массу можно сделать более острой и ароматной, добавив к ней 1 ч. л. готовой столовой горчицы. Хорошо сочетается с пастушьей сумкой зелень сельдерея — 30 г зелени пропустить вместе с листьями пастушьей сумки через мясорубку.

Пижма

Ботаническая характеристика. Пижма обыкновенная — многолетнее травянистое растение с коротким горизонтальным корневищем семейства сложноцветных (местные названия: дикая рябинка, рябинка желтая, глистник, ломовая трава).

Отличительные признаки: с т е б е л ь — прямостоячий, бороздчатый, голый, реже опушенный, высотой до 200 см, обычно вырастает несколько стеблей из одного корневища; л и с т ь я — очередные, нижние крупные, собраны в прикорневую розетку, которая к середине лета отмирает, черешковые, перисто-рассеченные с ланцетовидными пильчато-зубчатыми долями, стеблевые — короткочерешковые или сидячие, сверху темно-зеленые, снизу — серо-зеленые, при растирании пальцами издают приятный запах; ц в е т ы — оранжево-желтого цвета, трубчатые, полушаровидные корзинки (пуговки), диаметром 6—8 мм собраны в щитовидные соцветия по 10—100 штук, сидят на голом цветоложе, окруженные буровато-зелеными листиками обертки; цветение начинается в июне, массовое — в июле, отдельных растений — до сентября; в первый год обычно образуются только розеточные прикорневые листья, а цветение — на второй год; п л о д ы — мелкие семянки обратнояйцевидной формы, созревают в сентябре.

М е с т о р а с п р о с т р а н е н и я: пижму можно встретить в смешанном лесу, на опушках, полянах, прогалинах, но не так часто, зато она обильно растет вдоль рек и водоемов, по обочинам дорог, железнодорожным насыпям, вблизи жилья иногда образует целые заросли.

Л е ч е б н ы е с в о й с т в а. Пижма — ценное лекарственное сырье. В соцветиях содержится до 2% эфирных масел, в состав которых входят камфара, ядовитое вещество туйон, горькое вещество танацетин, а также смолы, камедь, алкалоиды, флавоноиды, дубильные и другие биологически активные вещества.

Пижма издавна применяется в народной медицине как глистогонное средство (отсюда название «глистник»). Настои цветков пьют при желтухе, заболеваниях желудка и кишечника, расстройстве менструаций, от ломоты в суставах (отсюда «ломовая трава»), а также для возбуждения аппетита и улучшения пищеварения. Пить настой необходимо малыми дозами, не забывая, что при избытке он может оказать отравляющее действие.

Настой пижмы

1/2 ч. л. сухих цветочных корзинок заливают 1 стаканом кипятка, настаивают 2 часа, процеживают и пьют по 1 ст. л. 3—4 раза в день за 20 минут до еды.

Наружно настои применяют в виде компрессов или добавок в ванны при ревматическом и подагрическом поражении суставов, вывихах, ушибах, для омовения и примочек застарелых язв и гнойных ран.

Использование препаратов пижмы противопоказано беременным женщинам и детям. Прием, и особенно дозировка, лекарства из пижмы должны проводиться с разрешения и под наблюдением врача.

В официальной медицине соцветия пижмы используются как желчегонное, противоглистное (при круглых глистах) и вяжущее средство. Настои соцветий применяют при болезнях печени, кишечных заболеваниях — колитах, гастритах, дизентерии, а также при язвенной болезни желудка и двенадцатиперстной кишки.

Летучие вещества пижмы считаются сильными инсектицидами, в домах растение разбрасывают по комнатам для борьбы с мухами, блохами и другими насекомыми.

П и щ е в о е   п р и м е н е н и е. В кондитерской и винодельческой промышленности пижма используется как ароматизатор; улучшает вкусовые качества многих продуктов; заменяет корицу, мускатный орех, в пивоварении — хмельные шишки. Пряно-вкусовые качества пижмы и ее применение в пищевых целях требует дальнейшего изучения.

З а г о т о в к а   и   с у ш к а. Для лекарственных целей собирают цветочные корзинки в период их полного цветения: обрывают руками или срезают секаторами соцветия с цветоносными стеблями длиной не более 2 см. Сушат в тени под навесом или в хорошо проветриваемом помещении при температуре не более 30°С. Пижму нельзя пересушивать, так как «пуговки» цветков легко осыпаются.

Высушенное сырье должно состоять из отдельных полушаровидных цветочных корзинок и частей сложного щитковидного соцветия с общим цветоносом длиной не более 4 см (от верхних корзинок). Корзинки диаметром 6—8 мм, цветы желтые, обертки буровато-зеленые, запах своеобразный, вкус пряный, горький.

Сухую пижму в тканевых мешках или картонных коробках хранят в сухом, хорошо проветриваемом помещении до 3 лет.

Кулинарные рецепты

Квас с пижмой

1 л кваса, 5 г сухих цветочных корзинок пижмы, 10 г сахара.

Сухие цветочные корзинки пижмы помещают в марлевый мешочек и опускают в квас на 12—24 часа. Затем мешочек с пижмой удаляют, добавляют сахар, перемешивают и оставляют еще на 2 часа.

Порошок из пижмы

Цветочные корзинки сушат при температуре не выше 30—40°С, затем измельчают в ступе или мешочке и просеивают через сито. Используют для ароматизации первых и вторых блюд.

Порошок из пижмы с добавлением 1 ч. л. красного перца (на 1 стакан порошка) применяют для ароматизации мясных блюд и соусов.

Ароматическая смесь с пижмой

100 г цветов и листьев пижмы, по 25 г душицы и коры дуба, измельченной размером 1х1,2 см, 1 л воды.

Цветы и листья пижмы и душицы сушат в тени при комнатной температуре, измельчают, соединяют с корой дуба, перемешивают, заливают водой, доводят до кипения и оставляют на слабом огне на 10—15 минут. Отвар охлаждают, настаивают 5—6 часов, затем процеживают. Используют для ароматизации салатов, мясных блюд из дичи, добавляют в тесто.

Подорожник

Б о т а н и ч е с к а я х а р а к т е р и с т и к а. Подорожник большой обыкновенный — мелкое травянистое растение семейства подорожниковых. Другие виды — подорожник средний, максимальный, ланцетовидный, степной — также весьма распространены.

Отличительные признаки: к о р н е в и щ е — короткое, вертикальное; к о р н и — мочковатые, нитевидные, стебля как такового нет; л и с т ь я — широкие, яйцевидные, с 3—9 продольными прожилками, резко суженные в плоский черешок, собраны в прикорневую розетку, из центра которой вырастают прямостоячие цветоносы — стрелки; ц в е т ы — мелкие, двугнездные коробочки с многочисленными семенами, коричневыми, блестящими; цветет с июня до сентября.

М е с т о р а с п р о с т р а н е н и я: повсюду вдоль дорог, на полях, около жилищ, на пойменных и суходольных лугах, на осушенных болотах и торфяниках.

Л е ч е б н ы е с в о й с т в а. Химический состав подорожника представляет большой интерес. Листья содержат гликозид аукубин, витамины С, К, каротин, холин, лимонную кислоту, соли калия, флавоноиды, следы алкалоидов, горечи, в семенах найдены жирные масла, белковые и дубильные вещества, соланин, слизи.

Подорожник, особенно большой и ланцетовидный, широко применяются в народной и научной медицине. Свежие листья известны как болеутоляющее и антисептическое средство. Их прикладывают к фурункулам, язвам, ожогам, кровоточащим ранам. Порошок из семян подорожника применяют при хронических поносах, катарах кишок, дизентерии. Это хорошо вяжущее средство. Сок свежеистолченных листьев успокаивающе действует на укусы пчел и ос.

Препарат водного экстракта листьев подорожника назначают при гастрите, язвенной болезни желудка и двенадцатиперстной кишки в случаях с нормальной или пониженной кислотностью в период обострения или профилактики рецидивов.

В то же время надо знать, что этот препарат противопоказан при язвенной болезни с повышенной кислотностью.

Из листьев подорожника получают препарат, называемый плантаглюцидом, его заживляющее на эпителиальную ткань действие известно давно. Рекомендуется 0,5 г препарата развести в 1/4 стакана теплой кипяченой воды и употреблять 2—3 раза в день за 20—40 минут до еды. Об использовании препарата нужно посоветоваться с врачом.

Для лечения желудочно-кишечных заболеваний, хронических колитов и энтеритов используют сок из свежих листьев подорожника. Этот сок рекомендуется принимать по 1 ст. л. 2 раза в день. При колитах и гастритах можно применять настой сушеных листьев и цветоносных стрелок подорожника: 1 ч. л. травы заливают 1 стаканом кипятка, выдерживают 15 минут и пьют по 1 ст. л. 3 раза в день за 15—20 минут до еды.

Сок подорожника назначается как горечь для возбуждения аппетита. Сухие листья заваривают и пьют как отхаркивающее средство при кашле, коклюше. Клинически установлено положительное действие препаратов подорожника при неврастении, атеросклерозе, болезнях дыхательных путей, туберкулезе легких и хронических нефритах.

Семена подорожника действуют как слабительное: в целом или истолченном виде по 1 ст. л. принимать на ночь или утром до еды с чаем или киселем. Перед приемом семена обдают кипятком и воду быстро сливают. Действие наступает через 5—12 часов.

Для заживления нарывов, порезов, ушибов, воспалений кожи, удаления мозолей в народе давно применяется простое средство: свежие листья, тщательно промытые кипяченой водой, пропускают через мясорубку и полученную кашицу отжимают через двойной слой марли, соком пропитывают салфетки и накладывают на больные места. В сок можно добавить спирт и хранить его в холодильнике.

Для этой же лечебной цели можно приготовить мазь со свежим соком подорожника: сок смешать с равным количеством вазелина или ланолина. Мазь наносят тонким слоем на пораженные участки кожи (порезы, раны, нарывы и т. п.).

Пищевое применение. Как пищевое растение подорожник не популярен. Однако его зеленые нежные листья съедобны и в течение всего лета могут быть использованы для приготовления салатов, а также в качестве добавки в состав каш, запеканок, котлет, омлетов. Из зелени подорожника готовят бутербродную массу и другие блюда, листья добавляют в начинку для пирожков. На Кавказе листья подорожника добавляют в супы. Суповые заправки готовят впрок.

Заготовка и сушка. Подорожник можно заготавливать в течение всего лета, срезая листовую розетку вместе с соцветием. Сушат его на открытом воздухе в хорошо проветриваемом помещении или в тени под навесом. Высушенный подорожник в плотно закрытой таре хранится до 2 лет. Для маринования и соления листья подорожника не пригодны.

Кулинарные рецепты

Салат с подорожником

120 г молодых листьев подорожника, по 90 г листьев крапивы и тертого хрена, 80 г репчатого лука, 1 яйцо, 40 г сметаны, уксус, соль.

Листья подорожника и крапивы промывают в холодной воде, затем опускают на 1 минуту в кипяток и после стекания воды измельчают, добавляют лук, хрен, соль, уксус, заправляют сметаной.

Щи с подорожником

150 г листьев подорожника, 50 г щавеля, по 5 г моркови и петрушки, 15 г зеленого лука, 15 г сметаны (для белого соуса — 5 г пшеничной муки, 10 г сливочного масла, пол-яйца).

Промытые листья опускают в кипящую воду на 3 минуты, затем откидывают на сито, пропускают через мясорубку и тушат с жиром 10—15 минут. В кипящий бульон или воду кладут подорожник, пассерованный репчатый лук, петрушку, морковь, нарезанный зеленый лук и варят 20—25 минут. За 10 минут до готовности добавляют щавель, специи и белый соус. Заправляют сметаной.

Полынь

Ботаническая характеристика. Полынь обыкновенная (другое название: чернобыльник) — многолетнее травянистое растение с цилиндрическим пушистым корнем и наземной частью, достигающей высоты 1,5—2 м. Для лекарственных целей в основном используется полынь горькая, а также и другие виды полыни — метельчатая, холодная, каменная, Сиверса, Гмелина, эстрагон — все они имеют широкое применение в медицине и относятся к семейству сложноцветных.

Отличительные признаки (полыни обыкновенной): с т е - б е л ь — прямой, ветвистый, очень жесткий, с южной стороны красноватый; л и с т ь я — крупные, обильно облепливающие стебли, нижние — черешковые, средние и верхние — сидячие, дваждыперисторазделенные с ланцетовидными долями, имеющими заостренные верхушки и загнутые книзу края, сверху — темно-зеленые, снизу — беловато-войлочные; ц в е - т ы — мелкие, светло-зеленой окраски, образующие длинную густую метелку, п л о д ы — мелкие семянки без хохолка; цветет с июня до сентября.

Полынь горькая отличается от чернобыльника тем, что покрыта серебристо-серыми волосками и имеет не зеленую (в том числе и листья), а сероватую окраску; листья по форме несколько иной конфигурации, в очертании более округлые, цветы желтые.

Место распространения: чернобыльник и полынь растут почти по всей территории страны как сорняк, нередко образуя большие заросли. В некоторых местностях встречается в смешанных и березовых лесах, на лугах и по берегам рек, иногда в садах и огородах, около жилья.

Лечебные свойства. Полынь — высоковитаминная трава, в ее листьях находится до 175 мг% витамина С и до 12 мг% каротина (провитамина А); кроме того в стеблях и корнях имеются эфирные масла, смолистые и дубильные вещества, слизи, сахара, инулин, следы алкалоидов.

Водные настои разновидности полыни — эстрагона в разведении 1:20 пьют от цинги и водянки.

Настои чернобыльника употребляют при хронических нервных болезнях, желудочных болях, расстройстве менструаций, бронхиальной астме, как общеукрепляющее и глистогонное средство.

Настой чернобыльника

1 ч. л. измельченных сухих корней и травы на 1 стакан кипятка, пить по 1/3 стакана 3 раза в день.

Отвары чернобыльника пьют при эпилепсии, судорогах и круглых глистах. Выпаренный спиртовой настой принимают как противоопухолевое средство при раке желудка; растение считается перспективным для изучения научной медициной как лекарственное средство против опухолей. В гомеопатии чернобыльник применяют для лечения туберкулезного менингита, эпилепсии и гинекологических заболеваний. Полынь горькую используют для возбуждения аппетита и усиления пищеварения; даже при её разведении 1 части в 10-тысячном количестве воды остается горький вкус.

Полынь не только вызывает аппетит и улучшает пищеварение, но и повышает кислотность желудочного сока, усиливает выделение желчи, уменьшает воспалительные процессы, рассасывает припухлость, заживляет раны. Принимают препараты полыни также как противогнилостное, антисептическое, противомалярийное средство и даже как легкое снотворное. В народной медицине Германии настои полыни считаются важнейшим лекарством при гастритах, спазмах, малокровии, болезнях печени.

Рецепт народных лекарей Карачаево-Черкесии

1 ч. л. на 2 стакана кипятка, настаивать 1 час, процедить и принимать по 1—2 ст. л. 3 раза в день за 30 минут до еды. Курс лечения — 1 неделя, при ревматизме.

Однако следует знать, что препараты полыни нельзя принимать длительное время, так как это может повлиять отрицательно на здоровье, вызвать психические расстройства и галлюцинации.

Наружно водные настои полыни используют для полоскания рта, омовений, примочек и компрессов при гнойных ранах, язвах, ушибах.

Пищевое применение. Для пищевых целей используют молодые зеленые листья, цветки и стебли чернобыльника, добавка которых в ликеро-водочные напитки, а также в кулинарные мясные блюда и соусы придает им своеобразный полынный вкус с приятной горечью. Полынь горькая — обязательный компонент при ароматизации вермутов («вермут» в переводе с итальянского языка означает «полынь»).

Среди разных видов полыни особое место занимает эстрагон, который широко культивируется, особенно в южных районах, но с успехом может выращиваться и в средней полосе страны. Своим приятным анисовым ароматом эстрагон обязан высокому содержанию эфирных масел (0,4%); кроме того, он содержит до 172 мг% Р-активных флавоноидов, до 70 мг% витамина С, до 15 мг% каротина, что относит его к группе высоковитаминных культур. Эстрагон широко используется при солении и мариновании овощей, значительно улучшает их вкусовые качества, в летне-весеннее время листья эстрагона добавляют в салаты, мясные и рыбные блюда. Особенно любима полынь-эстрагон народами Закавказья, где засолка огурцов, помидоров, изготовление маринадов обязательно предусматривают использование этого ароматного растения; добавляют эстрагон в сыры, горчицу, уксус, им ароматизируют настойки и напитки, а молодые листая подают к столу как обычную овощную пряную зелень.

Заготовка и сушка. Чернобыльник как наиболее распространенный вид полыни собирают, начиная с июня и до конца лета во время цветения, корни — осенью, когда они еще не одеревенели. Ножом срезают только верхушечную цветущую часть, не длиннее 35 см; толщина стебля должна быть не более 5 м. Перед сушкой листья отделяют от стеблей и сушат отдельно на открытом воздухе, в тени под навесом, на чердаках, в хорошо проветриваемом помещении. Досушить можно в нежаркой духовке или печи.

Высушенные листья должны быть натурального цвета — сверху темно-зелеными, снизу — сероватыми, а многочисленные цветочные корзинки верхушек стеблей иметь горьковатый вкус и приятный полынный запах. После сушки листья можно измельчить в порошок, просеять через сито и хранить в плотно закрытой посуде. Зимой душистый порошок послужит ароматной приправой ко многим блюдам. Срок хранения — до 3 лет.

Корни чернобыльника сушат обычным способом, не обмывая, а обрабатывают перед употреблением.

В печати появился новый вид заготовки полыни обыкновенной (чернобыльника) в виде масляного настоя. Высушенные листья, стебли с цветками рекомендуется опустить в прокипяченное подсолнечное масло и дать настояться 1 месяц в теплом месте. Масло особо полезно при свинке, набухании желез, гланд. При воспалении и набухании любых желез нужно смазать маслом больные места.

Для уничтожения болезнетворных микробов в помещении, где лежит больной, моют пол водой, в которую добавляют несколько капель полынного масла.

Кулинарные рецепты

Порошок из полыни

Молодые листья и цветки верхушечных частей слегка промывают в проточной воде, встряхивают, обсушивают от влаги и сушат в хорошо проветриваемом месте в тени. Сухую траву измельчают в ступке, просеивают через сито и укупоривают в плотно закрывающиеся банки.

Используют для добавления в салаты и жаркое.

Мясо, маринованное полынью

0,5 л маринада, 1 ст. л. листьев полыни и 0,5 кг мяса.

В подготовленную маринадную заправку перед закладкой мяса опускают марлевый мешочек с полынью. Мясо выдерживают в маринаде 3—5 часов, затем жарят или тушат.

Мясо жареное, ароматизированное полынью

Мясо жарят обычным способом, за 1—2 минуты до готовности посыпают порошком полыни (на кончике ножа).

Напиток с полынью

5 г сушеной полыни, по 25 г меда и сока клюквы, 1 л воды.

Полынь отваривают в части воды (0,2 л), отвар охлаждают, процеживают, растворяют в нем мед, добавляют сок клюквы, оставшуюся воду перемешивают и оставляют для настоя на 2 часа. Подают к столу в охлажденном состоянии.

Настойка полынная

2 г сушеной полыни, 0,5 л водки, 10 г сахара.

В водку добавляют сушеную полынь, настаивают 2 недели, затем процеживают, добавляют сахар, растворенный в небольшом количестве воды.

Аппетитный чай с полынью

По 2 части сушеной травы полыни и тысячелистника, 1 часть корня одуванчика.

1 ст. л. смеси заливают 1 стаканом кипятка, настаивают 20 минут, процеживают через марлю. Принимать по 1 ст. л. 3—4 раза в день за 20 минут до еды.

Можно приготовить такой же аппетитный чай, смешав 4 части травы полыни с 1 частью тысячелистника. Приготовление и употребление как в предыдущем рецепте.

Свербига

Ботаническая характеристика. Свербига восточная — двулетнее травянистое растение семейства крестоцветных (другие названия: редька дикая, редька луговая).

Отличительные признаки: **стебель** — прямой, стоячий, вначале почти неразветвленный, нежный, сочный, с короткими мягкими бородавочками, по мере роста грубеет, становится ребристым, бородавочки переходят в грубые желваки; **листья** — прикорневые длинно-черешковые, струговидно-перисто-разделенные, стеблевые ланцетовидные, выемчато-зубчатые; **цветы** — желтые, мелкие, состоящие из 4 раздельных лепестков, в середине цветка 6 тычинок, 2 из них короче остальных, цветки собраны в многоцветное метельчатое соцветие; **плоды** — удлиненные нераскрывшиеся орешки длиной 3—5 мм, грушевидной неравносторонней формы, с заострением наверху в виде тупого, слегка согнутого клюва, зеленовато-серого цвета; цветет в июне — июле.

Место распространения: как светолюбивое растение свербигу можно встретить на открытых солнцу лесных полянах, лугах, полях, межах, около дорог как сорняк. В начале лета метельчатые соцветия свербиги весьма привлекательны и выделяются на окружающем фоне своей ярко-желтой окраской.

В Англии свербигу культивируют как овощное салатное растение, она пользуется большим спросом у народов Закавказья, Эстонии (о. Эзель), ее называют русской капустой.

Лечебные свойства. По химическому составу свербигу можно отнести к биологически ценным растениям. В свежей зелени содержится 58 мг% витамина С, микроэлементы — железо, медь, марганец, бор, молибден, титан, а также белки, безазотистые экстрактивные вещества, эфирные масла.

В народной медицине свербигу применяют как антицинготное и противоглистное средство.

Пищевое применение. Из свербиги готовят множество блюд, слегка жгучий вкус напоминает редис. Молодые весенние побеги едят сырыми, очистив стебли от кожицы, добавляют в салаты и винегреты вместо редиса. Молодыми стеблями и листьями заправляют супы, из них готовят ароматную приправу к мясным и рыбным блюдам.

Из корней свербиги готовят закуски и бутербродные массы с добавкой к измельченной массе сливочного масла, сметаны или майонеза, а также пюре и пасты, пропустив сырье через мясорубку; свербигу, подготовленную таким способом, добавляют в мясные и овощные котлетные массы. Из протертой свербиги и овощей готовят икру.

Заготовка и сушка. Зеленую надземную массу собирают до цветения; молодые, первого года жизни корни также можно заготовлять, потом они деревенеют и становятся непригодными. При сушке корни теряют горечь и могут быть использованы для приправ и соусов. Промытые корни измельчают на мясорубке, высушивают в духовке, затем толкут в ступе в порошок.

Зеленые листья сушат обычным способом, зимой их в виде порошка добавляют в различные блюда.

Кулинарные рецепты

Порошок из корней свербиги

Промытые корни измельчают на мясорубке, высушивают в духовке, затем толкут в ступе и просеивают через сито.

Порошок используют для заправки крупяных и мясных супов, а также в качестве приправы ко вторым блюдам (после размягчения в течение 2—3 часов) из расчета 1 ст. л. на порцию.

Приправа из свербиги

Стебли и листья пропускают через мясорубку, добавляют соль, перец, уксус по вкусу.

Паста из свербиги

1 кг листьев свербиги, 10 г лаврового листа, 5 г душистого перца, 50 г соли, 5 г порошка горчицы.

Листья пропускают через мясорубку, добавляют измельченный лавровый лист, перец, соль, горчицу, все перемешивают, нагревают до 90° С и раскладывают в прокипяченные стеклянные банки емкостью 0,5 л, накрывают прокипяченными крышками. Хранят в прохладном месте.

Салат из свербиги

150 г свежей свербиги, 100 г картофеля, 15 г растительного масла, соль, перец.

Молодые стебли очищают, мелко нарезают вместе с листьями. В салатник укладывают брусочки вареного картофеля, измельченную свербигу, солят, перчат, заправляют маслом.

Закуска из корней свербиги

Промытые корни пропускают через мясорубку, добавляют сахарный песок, соль, уксус, перемешивают и ставят в холодильник на 2—3 дня.

Подают к мясным и рыбным блюдам, используют для салатов и как самостоятельное блюдо, заправленное сметаной или майонезом.

Бутерброды с массой свербиги

100 г закуски из корней свербиги, 100 г сливочного масла.

Закуску из корней свербиги тщательно перемешивают со сливочным маслом. Полученную массу намазывают на ломтики хлеба.

Суп картофельный со свербигой

140 г картофеля, 80 г свербиги, 40 г репчатого лука, по 20 г моркови, сливочного масла и сметаны, соль.

В кипящий бульон закладывают нарезанный картофель, пассерованный репчатый лук и морковь и варят 15 минут, затем кладут промытые и нарезанные стебли свербиги вместе с листьями, солят и варят до готовности. Перед подачей на стол в тарелку с супом кладут яйцо и сметану.

Суп картофельный с сухой свербигой

70 г картофеля, 10 г моркови, 20 г репчатого лука, 2,5 г сухой свербиги, 1 ст. л. сливочного масла, 0,5 л воды, соль.

В кипящую воду кладут пассерованный лук и морковь, сухую свербигу, дают закипеть, добавляют нарезанный брусочками картофель и варят 15—20 минут на медленном огне. Перед подачей на стол заправляют сливочным маслом.

Пюре из свербиги с луком

40 г пасты свербиги, 80 г репчатого лука, 80 г сливочного масла, 40 г пшеничной муки.

Пасту из свербиги перемешивают с нарезанным луком и мукой, обжаривают в масле в течение 5—10 минут. Пюре подают на гарнир или дополнением ко второму блюду.

Картофельные котлеты с пастой из свербиги

500 г картофеля, 100 г репчатого лука, 1 яйцо, 25 г пасты из свербиги, 1 ст. л. масла, соль.

Очищенный картофель варят до готовности и толкут в пюре. В охлажденное пюре вливают взбитое сырое яйцо, солят, добавляют нарезанный репчатый лук, пасту из свербиги и тщательно перемешивают. Из полученной массы формуют котлеты, обваливают их в молотых пшеничных сухарях и обжаривают на разогретой с маслом сковороде до образования с обеих сторон румяной корочки.

Котлеты натуральные с сухой свербигой

300 г мяса, 50 г репчатого лука, 4 г сухой свербиги, 2 ст. л. муки, 2 ст. л. масла, соль.

Мясо отделяют от костей и грубых сухожилий, нарезают кусочками и пропускают через мясорубку вместе с луком. В фарш добавляют соль, сухую свербигу и тщательно перемешивают. Из полученной массы формуют котлеты, обваливают их в муке. Сковороду с жиром хорошо разогревают и поджаривают котлеты с обеих сторон до образования румяной корочки, затем убавляют огонь и продолжают жарить до готовности.

На гарнир можно подать картофельное пюре, жареный картофель или отварные овощи (морковь, капусту, зеленый горошек).

Зразы мясные с яйцом и сухой свербигой

250 г мяса, 3 яйца, 20 г репчатого лука, 1—2 г сухой свербиги, 1 ст. л. муки, 2 ст. л. масла, соль.

Мясо отделяют от костей и сухожилий, нарезают кусочками и пропускают через мясорубку. В фарш добавляют соль и сырые яйца, все тщательно перемешивают и формуют круглые лепешки. Репчатый лук и сваренное вкрутую яйцо измельчают, добавляют в них сухую свербигу, все перемешивают.

На приготовленные из мясного фарша лепешки кладут начинку, соединяют края, защипывают, придают овальную форму, обваливают в муке. Хорошо разогревают сковороду с жиром и жарят зразы на медленном огне 20—25 минут.

Икра из свербиги с овощами

150 г свербиги, 10 г щавеля, 10 г репчатого лука, 50 г свеклы, 10 г томатной пасты, 10 г растительного масла, 5 г чеснока, соль.

Вымытую свербигу, очищенную и нарезанную свеклу пропускают через мясорубку, затем тушат в закрытой посуде 15—20 минут. К тушеной массе добавляют пюре из щавеля, растительное масло, пассерованный репчатый лук и томат-пасту, перемешивают и доводят до кипения. За 3—5 минут до готовности добавляют мелко нарезанный чеснок, перемешивают и дают закипеть. Охлажденную икру используют в качестве приправы или как самостоятельное блюдо.

Икра из свербиги с хреном

200 г свербиги, 50 г хрена, 20 г сметаны, соль.

Промытые стебли свербиги пропускают через мясорубку, добавляют тертый хрен, солят, перед подачей на стол заправляют сметаной.

Сныть

Ботаническая характеристика. Сныть обыкновенная — многолетнее травянистое растение семейства зонтичных, славилась на Руси как одно из самых распространенных дикорастущих съедобных растений.

Отличительные признаки: с т е б е л ь — прямой, трубчатый, высотой 50—100 см, л и с т ь я — тройчатые, яйцевидные, с заостренной верхушкой и зубчатыми краями, с тыльной стороны опушенные, нижние — длинно-черешковые, с более выраженными рассеченными пластинками, верхние — мельче, с более короткими черешками, расширенными во влагалище; ц в е т ы — мелкие, белые, собранные в многолучевые зонтики, цветут в июне — июле; п л о д ы — продолговатые, слегка сплюснутые с боков, темно-коричневой окраски.

Место распространения: сныть растет в негустых широколиственных лесах, среди кустарников, по опушкам, вырубкам, вдоль оврагов, заборов, садов, иногда образуя густые заросли.

Лечебные свойства. Современные исследования показали, что сныть представляет собой биологически ценное растение. В ней содержится 65—100 мг% витамина С, 16,6 мг%, железа 20 мг% меди, 1,13 мг% марганца, бор, титан.

Используется в народной медицине для лечения подагры и ревматизма. Измельченные свежие листья снижают воспалительные процессы и обезболивают — ими присыпают больные места. На листьях готовят настои, которые употребляют при кишечных заболеваниях, расстройстве желудка, болезнях почек и мочевого пузыря (3—4 ч. л. травы заливают 2 стаканами кипятка, выдерживают 2 часа и пьют 3 раза в день за полчаса до еды).

Пищевое применение. В пищу употребляют молодые стебли и листья в свежем и переработанном виде. В годы неурожая и войн сныть являлась заметной добавкой к повседневному рациону питания. Из этого растения можно приготовить незатейливые блюда в походных условиях. В сыром виде сныть можно есть, очистив молодые стебли от кожицы. Чтобы удалить специфичный запах, свежие листья ошпаривают кипятком и используют как заменитель капусты в салатах, ботвиньях, супах, а также в качестве гарнира ко вторым блюдам. Из черешков можно приготовить икру.

Заготовка и сушка. Собранную траву сушат обычным способом, перетирают в порошок и хранят, как все съедобные травы.

Кулинарные рецепты

Салат из сныти

150 г листьев сныти, соль, хрен и сметана — по вкусу.

Молодые листья промывают холодной водой, заливают кипятком и выдерживают 10 минут. Воду сливают, листья отжимают и мелко режут ножом. К измельченной массе добавляют тертый хрен и соль по вкусу, все перемешивают и заправляют сметаной.

Щи из сныти

Молодые листья промывают в холодной воде и нарезают ножом. Измельченную массу заливают холодной водой, выдерживают полчаса и затем отжимают. Используют для заправки щей вместо капусты. Перед подачей на стол заправляют сметаной, сдабривают молоком или добавляют взбитое сырое яйцо по вкусу.

Сныть маринованная

Для маринадной заливки — на 1 кг стеблей сныти — 0,5 л 3%-ного уксуса, 40 г соли.

Стебли отделяют от листьев, промывают в холодной воде, откидывают на сито. Из воды, соли и уксуса готовят маринадную заливку, опускают в нее промытые стебли, доводят до кипения, добавляют по вкусу перец, дают еще прокипеть и затем охлаждают. Стебли перекладывают в трехлитровые банки или другую посуду и заливают этим же уксусным раствором, в котором варилась сныть, затем накрывают марлей и плотно прижимают деревянным кругом или грузом, чтобы раствор выступал поверх круга.

Тмин

Б о т а н и ч е с к а я х а р а к т е р и с т и к а . Тмин обыкновенный (другое название: дикий анис) — многолетнее, иногда двулетнее растение семейства зонтичных, со стержневым веретенообразным корнем.

Отличительные признаки: с т е б е л ь — прямой, бороздчатый, длиной 30—80 см, л и с т ь я — очередные, рассеченные, дважды-, триждыперистые, нижние на длинных черешках, средние и верхние — сидячие, доля листа начинается у самого влагалища; ц в е т ы — мелкие, белые или розовые, собраны в 8—16-лучевые, зонтики, без обертки у основания, цветут с мая до половины лета; п л о д ы — яйцевидной формы коричневые продолговатые семечки длиной 3—7 мм, распадающиеся на два полуплодия, отличаются сильным ароматом и пряным горьким вкусом.

Место распространения: в разреженных хвойных и березовых лесах, на кочках, на холмах и возвышенных лугах, около дорог и жилья.

В Западной Европе и некоторых районах нашей страны тмин культивируют для промышленного использования. Растение является хорошим медоносом. В Белоруссии, на Украине тмин выращивается для медицинской промышленности.

Лечебные свойства. Основную ценность представляют семена прежде всего благодаря тминному эфирному маслу, содержащему до 70% душистого вещества — карвона, кроме того в них имеется до 14—22% жирного масла, пигменты, смолы, дубильные и другие вещества. Тминное масло извлекали из семян уже в XVI веке путем отгонки с водяным паром. В нашей стране семена тмина составляют часть экспортной продукции.

В народной медицине семена тмина используют от кашля и удушья, при воспалении легких и бронхов, расстройствах кишечника и болезни мочевого пузыря. Известно, что тмин способствует возбуждению аппетита, для чего следует принять щепотку измельченного порошка семян за 20—30 минут до еды (или за 1 час до еды разжевать несколько семян). Тмин улучшает пищеварение, особенно при атонии и болях в кишечнике, ослабляет процессы гниения и брожения в желудке. Семена входят в состав сбора трав, имеющих успокаивающее и слабительное действие.

Настой семян тмина

При бронхитах и расстройствах желудка, болезнях желчного пузыря 1—2 ч. л. семян тмина заливают 1 стаканом кипятка и настаивают 2 часа. Пьют по 1/4 стакана 3 раза в день за 20 минут до еды (дети — по 1 ч. л.).

Кормящим матерям настой тмина рекомендуется для усиления выделения молока.

Настой для увеличения лактации

(1—2 ч. л. измельченных семян заливают 1 стаканом кипятка, настаивают полчаса и пьют в течение суток). С этой же целью в рацион питания кормящих матерей вводят хлеб с тмином, а также сметану с небольшим количеством семян, прокипятив ее в течение 5 минут.

В отваре травы и семян тмина купают детей.

Настои и отвары семян тмина оказывают сосудорасширяющее действие, расслабляют гладкую мускулатуру, усиливают диурез (отделение мочи) и способствуют также отделению слизи и мокроты. Их применяют при желудочных и кишечных коликах, вздутии живота, при воспалительных явлениях в кишечнике, нарушении пищеварения, особенно у детей.

Настой при кишечных коликах

1 ст. л. семян залить 1 стаканом кипятка, настаивать 30 минут или прокипятить 5 минут, после чего настоять 2 часа. Процеженный настой пьют по 1 ст. л. 2—4 раза в день, детям по 1 ч. л. 2 раза в день. Можно приготовить и более крепкий настой: 2 ст. л. семян на 200 мл воды; рекомендуется от удушья и кашля.

Еще одно эффективное средство: смесь щепотки тминного порошка со сливочным маслом — при поносе, дизентерии и других расстройствах кишечника. Для укрепления слабых детей рекомендуются тминные ванны.

П и щ е в о е   п р и м е н е н и е. Тмин с древних времен известен высокими пряно-вкусовыми качествами. В пищу могут употребляться почти все части растения. Деревенские ребятишки очищают молодые стебли от кожицы и едят сырыми, из них варят щи, готовят приправу к мясным и рыбным блюдам. Пригодны и молодые корни первого года произрастания, их промывают, измельчают и используют для заправки блюд, а также варят с медом и сахаром, маринуют с уксусом.

В годы войны из тмина готовили постные супы. На Украине в некоторых семьях до сих пор устраивают тминный день, который считается праздником. Все блюда готовят с тмином. В супы перед окончанием варки также добавляют тмин. Пекли с тмином хлеб, калачи, пряники. Подавали к столу квашеную капусту с тмином, пили квас, настоянный на тмине.

Семена тмина широко используются в производстве многих продуктов. В хлебопечении тмин добавляется в улучшенные сорта хлеба — «Бородинский», «Ржаной», хлебцы и булочки. Кладут тмин для улучшения вкуса и запаха в молочные продукты. Целые или измельченные в порошок семена входят в состав некоторых видов сухого печенья. Тмин используют для ароматизации сыров, напитков, многих кулинарных изделий типа пудингов, запеканок, соусов. Включают в набор специй при солении и мариновании овощей. При этом не только улучшаются вкусовые качества, но и благодаря антимикробным свойствам эфирных масел усиливается консервирующее действие пряностей и удлиняются сроки хранения готового продукта.

З а г о т о в к а и с у ш к а. Заготовку тмина производят, когда семена еще не созрели (иначе они осыпаются), по росе, утром или вечером, по той же причине сбор ведут в июле — августе, в фазе, когда созревают плоды в центре зонтика, а по краям его еще не созрели. Растения срезают с помощью косы или серпа, связывают в небольшие пучки, затем подвешивают или раскладывают на тканевой подкладке в хорошо вентилируемом помещении, на чердаке. После сушки семена отделяют и упаковывают в банки с плотно прикрытыми крышками. Хранят в сухом месте.

Кулинарные рецепты

Салаты

П е р в ы й с п о с о б:
500 г моркови, 3 ст. л. сахара, по 2 ст. л. лимонного сока и орехов, 2 яблока, 1 ч. л. тмина.

Подготовленную морковь натирают на терке, перемешивают с сахаром, лимонным соком, толчеными орехами и тмином, добавляют натертое яблоко, все перемешивают.

Второй способ:

400 г тыквы, 2 маринованных огурца, 1 головка репчатого лука, 4 помидора, 2 ст. л. рубленой зелени тмина, 3 ст. л. растительного масла, уксус, перец, соль.

Тыкву очищают от кожуры, нарезают кубиками мякоть и отваривают в небольшом количестве подсоленной воды; маринованные огурцы нарезают кубиками, помидоры — дольками, лук измельчают. Все овощи перемешивают, поливают уксусом и растительным маслом, добавляют перец, посыпают рубленой зеленью тмина.

Суп с тмином

На 6 порций овощного супа — 1 ст. л. семян и 2 ст. л. корней тмина.

К овощному супу за 10 минут до готовности добавляют семена и корни тмина.

Суповая заправка

Промытые корни тмина измельчают на мясорубке и добавляют в суп за 5—10 минут до готовности.

Суповая заправка из тмина и сныти

Берут в равных пропорциях толченый тмин и порошок из сушеных листьев сныти, тщательно перемешивают, ссыпают в стеклянные банки, плотно закрывают крышками и хранят в сухом прохладном месте. Заправляют супы за 10 минут до готовности.

Морковь тушеная с тмином

500 г моркови, 2 головки репчатого лука, 30 г сливочного масла, 30 г листьев тмина, соль.

Нашинкованную морковь вместе с мелко нарезанным репчатым луком слегка обваривают с жиром в небольшом количестве воды. В готовую морковь добавляют измельченные листья тмина.

Картофель вареный с тмином и луком

1 кг картофеля, 2 головки репчатого лука, 30 г сливочного масла, 1 ч. л. семян тмина, соль.

Картофель варят в подсоленной воде. За 10 минут до готовности добавляют 1 ч. л. семян тмина, в конце — жареный лук.

Картофель можно приготовить очищенным или в мундире. В последнем случае тмин добавляют в воду после закипания и варят до готовности. Жареный лук можно добавить, посыпав очищенные клубни сверху или в картофельное пюре.

Треска жареная с тмином

300 г трески, 1 головка репчатого лука, пол-яйца, сухари, тмин толченый, растительное масло.

Филе рыбы без кожи слегка отбивают, на середину каждого куска кладут вареный лук, накрывают другим куском рыбы, придают овальную форму, обваливают в смеси муки и тмина. Подготовленную таким образом рыбу смачивают в сыром яйце, обваливают в сухарях и поджаривают на растительном масле.

Хек с тмином, жаренный в тесте

400 г филе хека, 1,5 стакана муки, 2 стакана молока, 1 яйцо, сливочное масло, перец, тмин, соль.

Для приготовления теста холодное молоко солят, добавляют растертый желток, замешивают тесто, в конце добавляют взбитый белок.

Кусочки хека посыпают солью, перцем, толченым тмином, окунают в тесто и обжаривают в большом количестве разогретого сливочного масла.

Подают рыбу с жареным картофелем, украсив блюдо ломтиками лимона или соленого огурца и посыпав зеленью.

Соус с тмином

2 ст. л. семян тмина, по 2 ст. л. сахара и винного уксуса, 4 ст. л. воды.

Семена тмина толкут в ступке, посыпают сахаром, заливают винным уксусом и водой.

Квас с тмином

1 кг ржаного хлеба, 500 г сахара, 25 г дрожжей, 40 г тмина, 10 л воды.

Ржаной хлеб режут ломтиками, подсушивают, заливают водой, оставляют на 3—4 часа, затем настой процеживают, добавляют дрожжи, сахар, тмин и оставляют в темном месте для брожения. Через 2—3 дня готовый квас процеживают.

Простокваша с тмином

1 л молока, 1 ч. л. тмина, сахар.

В молоко, поставленное для сквашивания, добавляют тмин. При подаче на стол посыпают сахаром.

Лепешки из песочного теста с тмином

300 г муки, 200 г сливочного масла, 3 желтка, 1 ч. л. тмина, 200 г тертого сыра.

Сливочное масло рубят с мукой до крошки, добавляют тертый сыр, солят, перемешивают, добавляют яичные желтки и замешивают тесто. Комок теста помещают в холодильник на 10 минут, затем раскатывают в пласт толщиной 1 см, смазывают взбитым желтком и посыпают тмином. Из пласта нарезают печенье диаметром 2,5 см и выпекают на листе, не давая сильно зарумяниться.

Л. Ф. Путинцева

Тысячелистник

Ботаническая характеристика. Тысячелистник обыкновенный (местные названия: кровавник, кровавец, маточник, серпорез, порезная трава, грудная трава) — многолетнее травянистое растение с длинным подземным корневищем, относится к семейству сложноцветных.

Отличительные признаки: с т е б е л ь — прямой, ребристый, жесткий, серо-зеленого цвета, высотой 10—80 см; л и с т ь я — в общем очертании ланцетовидные, рассеченные на мельчайшие многочисленные доли с заостренными концами (отсюда и название «тысячелистник»), нижние — длинно-черешковые; многократно перисто-рассеченные, собраны в прикорневую розетку, стеблевые и верхние — сидячие, очередные; ц в е т ы — мелкие, белые, иногда розовые с фиолетовым оттенком, язычковые и трубчатые, собранные в корзинки, образующие на конце стебля плотный щиток, имеют обертки из удлиненно-яйцевидных сероватых листочков с выдающейся средней жилкой, цветут в июле, иногда повторно до сентября; п л о д ы — мелкие, удлиненные семянки бурого цвета.

М е с т о р а с п р о с т р а н е н и я: по краям дорог, полей, на межах, залежах и пустырях, среди кустарников, на суходольных и пойменных лугах, в разреженных лесах; иногда образует заросли площадью в несколько гектаров.

Тысячелистник обращает на себя внимание своеобразным сильным запахом, безупречной правильностью мелких листочков и жесткостью стебля. Он похож на сорняк, неприхотлив к условиям произрастания, устойчив к вытаптыванию.

Л е ч е б н ы е с в о й с т в а. Тысячелистник является ценным лекарственным сырьем. Он широко используется как кровоостанавливающее средство. Особенно эффектны жидкие экстракты и настои при маточных кровотечениях на почве воспалительных процессов, фибриоме и обильных менструациях, наружно их применяют при кровотечении из носа и десен. Свертыванию крови способствует большое содержание витамина К, но этим лечебные свойства тысячелистника далеко не исчерпываются.

В химический состав входит много других биологически активных веществ: алкалоид ахиллеин, эфирные мосла, гликозиды аниленин и лютеомин, горькие и дубильные вещества, витамин С, каротин, холин; набор микроэлементов представлен железом, медью, алюминием, хромом, марганцем. Эфирные масла растения содержат хамазулен, пинен, борнеол и туйон, вместе с дубильными веществами они обусловливают противовоспалительное, бактерицидное, антиаллергическое и ранозаживляющее действие.

Препараты тысячелистника в виде настоев и экстрактов применяют как горечь, возбуждающую аппетит и улучшающую пищеварение, особенно они эффективны при пониженной кислотности желудочного сока, при язвенной болезни желудка и двенадцатиперстной кишки. Листья и соцветия тысячелистника входят в состав аппетитных, желудочных и желчегонных чаев. Приводим несколько рецептов приготовления лечебных препаратов тысячелистника в домашних условиях.

Рецепт № 1

2 ст. л. травы тысячелистника залить 1 стаканом кипятка, прокипятить 5 минут, настаивать 3 часа, процедить. Принимать при внутренних (кишечных, легочных, геморроидальных и маточных) кровотечениях по 1 ст. л. 3 раза в день.

Рецепт № 2 (для детей)

1 ч. л. измельченной травы на 200 мл кипятка, настаивать 1 час, процедить. Детям до 3 лет дают по 1 ч. л., 4—5 лет — по 1 дес.л., 8—14 лет по 1 ст. л. 3 раза в день за 30 минут до еды в течение 3 недель.

Рецепт № 3

Настойка из травы тысячелистника — 30 г травы на 300 мл спирта — принимать по 50 капель 3 раза в день при геморрое. От этого же недуга рекомендуется пить свежий сок травы по 2 ст. л. в день, желательно с медом.

При появлении крови в моче настой тысячелистника готовят и пьют как чай.

Рецепт № 4

1 ст. л. сухой травы залить 1 стаканом кипятка, настоять, укутав полотенцем (или в термосе), через 1 час процедить. Принимать по 1 ст. л. 3—4 раза в день при функциональных расстройствах нервной системы, ревматизме.

Используют тысячелистник и наружно. Вымытую кипяченой водой траву с соцветиями пропускают через мясорубку, и измельченную массу прикладывают к послеоперационным ранам для ускорения их заживления.

Помогают в лечении ванны с тысячелистником (50 г травы на ведро воды) при ночном недержании мочи, поллюциях (непроизвольном извержении семенной жидкости во время сна у мужчин). Наряду с ванной пьют отвар при упадке аппетита, бессоннице, язвенной болезни, поносах. Наружно используют настои и экстракты тысячелистника в косметических целях — кожа становится нежно-матовой и бархатистой.

Настоями тысячелистника опрыскивают деревья и кустарники от щитовки, паутинного клеща и других вредителей.

Пищевое применение. В пищу используют молодые, неогрубевшие листья, побеги, цветы. Свежую зелень добавляют в салаты, винегреты, щи, супы, к мясным и рыбным блюдам, отвары травы — в компоты и тесто. Полезен напиток из тысячелистника, он имеет особенно пикантный вкус в сочетании с клюквенным соком и медом.

Высушенные листья и цветы тысячелистника используют для ароматизации вермутов, ликеров, вин, настоек, квасов, безалкогольных напитков, желе и муссов.

Заготовка и сушка. Сбор проводят в июле, в период массового цветения, в сухую, ясную погоду. Верхушки цветущих растений срезают ножницами или обрывают руками отдельные цветочные корзинки. Сушат сразу после сбора на открытом воздухе под навесом, на чердаке или в хорошо вентилируемом помещении, если промедлить с сушкой, то сырье быстро темнеет.

Высушенная трава тысячелистника должна состоять из цветочных верхушек с остатком стебля длиной не более 15 см, стебли опушенные, серо-зеленые, корзинки мелкие собраны в густые щитки, краевые цветки язычковые, беловатые, обертка цветков зеленоватая; запах ароматный; вкус горьковатый. Упаковывают высушенную траву в тканевые мешки, картонные коробки. Хранят, как обычное сухое сырье сроком до 2 лет.

Кулинарные рецепты

Суп мясной с тысячелистником

В обычный мясной бульон или суп за 5—10 минут до готовности добавляют порошок тысячелистника по вкусу. Порошок готовят из хорошо высушенной травы, измельченной в ступе и просеянной через сито.

Жаркое с тысячелистником

На 3—4 порции жаркого — 1 ч. л. порошка тысячелистника.

Жаркое готовят обычным способом, за 5—10 минут до готовности мясо посыпают порошком из сухих листьев тысячелистника.

Напиток из тысячелистника

20 г сушеных листьев и цветков тысячелистника, 2 стакана клюквенного сока, 1 стакан меда, 3 л воды.

Сушеные листья и цветки тысячелистника опускают в кипящую воду, варят 5—10 минут, затем настаивают 2—3 часа, настой процеживают, добавляют клюквенный сок и мед, все перемешивают и разливают в бутылки.

Салат с тысячелистником

150 г квашеной капусты, 25 г зеленого лука, 5 г листьев тысячелистника, 10 г растительного масла.

Шинкованную или рубленую квашеную капусту смешивают с измельченным луком, молотые листья тысячелистника выдерживают в кипятке 1 минуту, отжимают, добавляют к капусте с луком, заправляют растительным маслом.

Хвощ

Ботаническая характеристика. Хвощ полевой (местные названия: сосенка полевая, хвойка, пестышки, толкачики) — многолетнее травянистое растение семейства хвощевых с черно-бурым ползучим ветвистым корневищем.

Отличительные признаки: с т е б е л ь — двух видов — спороносный (бесхлорофилловый) и вегетативный (бесплодный), ранней весной появляются спороносные стебли — короткие, толстые, неветвящиеся, сочные, красноватые или светло-бурые с колокольчатыми влагалищами в нижней части, беловато-зеленого, а в верхней — бурoватого цвета, на верхушке расположен спороносный колосок овально-цилиндрической формы, в середине лета спороносные стебли отмирают, и из них вырастают зеленые ветвистые стебли, расчлененные междоузлиями, полые внутри, от них отрастают боковые побеги, расположенные мутовками, тоже ребристые и расчлененные; л и с т ь я — в обычном понимании отсутствуют, представляя собой цилиндрические влагалища стеблей с треугольно-ланцетными, обычно сросшимися 2—3 зубцами черно-бурой окраски, влагалища веточек-побегов имеют 4—5 буроватых зубчиков.

Место распространения: в пойменных лесах, кустарниках, по полям, пустырям, оврагам, посевам, песчаным лугам, на откосах шоссейных и железных дорог.

Лечебные свойства. Хвощ полевой нашел широкое применение в медицине. В зеленых частях растения обнаружено много физиологически активных веществ; сапонин, эквизетонин, алкалоиды, флавоноиды, дубильные, смольные и горькие вещества, каротин, витамин С, яблочная, щавелевая и кремневая кислоты, а также углеводы, белки, жиры, жирное масло.

Отвары и жидкие экстракты зеленых частей хвоща применяют как мочегонное средство при воспалениях мочевого пузыря и мочевыводящих путей, как кровоостанавливающее средство при геморрое и маточных кровотечениях, а также при ревматизме и сердечных заболеваниях, сопровождающихся застойными явлениями. В связи с большим содержанием кремнистых соединений хвощ полевой оказывает положительное действие при атеросклерозе сосудов сердца и головного мозга, воспалительных заболеваниях почек, поражениях капиллярных сосудов, туберкулезе легких и кожи. Обычно отвары и настои хвоща полевого назначаются лицам преклонного возраста. Все курсы лечения должны проводиться под врачебным наблюдением. Хвощ противопоказан при нефритах, так как может вызвать раздражение почек и неврозы.

В домашних условиях с лечебной целью народные лекари рекомендовали принимать отвар хвоща полевого для улучшения обмена веществ и очищения организма.

Отвар хвоща полевого

Рецепт 1

Нарезанную траву заваривать как чай и пить по 1/3 стакана 3 раза в день.

Рецепт 2

При геморроидальных болях и маточных кровотечениях русские знахари предлагали другой рецепт: 2 ч. л. измельченной травы залить 1 стаканом кипятка, настаивать 1—2 часа, процедить и пить глотками в течение дня. По 1 ст. л. пить этот настой при подагре и ревматизме.

Рецепт 3

30 г травы (6 ст. л.) залить 300 мл кипятка, прокипятить 5 минут, настоять 2 часа, процедить. Принимать по 2—3 ст. л. в качестве мочегонного при отеках на почве недостаточности кровооб-

ращения, плевритах с большим выделением экссудата (жидкости, выпотевающей при воспалении из мелких сосудов в ткани или полости тела), а также при воспалениях мочевого пузыря.

Хвощ полевой применяют наружно для ванн и компрессов при трудно заживляемых ранах и фурункулах, для полоскания рта и горла при воспалительных явлениях. Лечение необходимо проводить под наблюдением врача. В аптеках хвощ полевой продается в виде сушеной травы, жидких экстрактов и брикетов. Пользоваться самостоятельно заготовками хвоща не рекомендуется, совет врача обязателен.

Пищевое применение. В пишу хвощ полевой употребляется реже других съедобных дикорастущих растений, но раньше он был весьма популярен. Растение ценно тем, что готово к употреблению сразу после таяния снега, когда другой витаминной зелени еще нет. В пищу используют нежные, сочные колоски-пестики и стебли фиолетово-розовой окраски.

Исследования показали, что в бесхлорофилловых колосках и стеблях содержится до 14% углеводов; 8% азотистых веществ, 100 мг% витамина С. Из хвоща готовят разнообразные супы, запеканки, омлеты, начинки для пирожков. Даже в вареном виде в нем сохраняется до 37 мг% витамина С, а это немало. Зеленые побеги годятся к употреблению только в начале лета, позднее они грубеют.

Заготовка и сушка. При сборе хвоща полевого надо быть особенно внимательным к распознаванию его отличительных признаков, чтобы не спутать с другими видами хвоща, не обладающими лечебными свойствами. К последним относится хвощ лесной — отличается дугообразно отогнутыми вниз (а не вверх!) вторично ветвящимися ветками; хвощ луговой — имеет сосочки в верхней части стеблей; хвощ болотный — зубцы стеблевых влагалищ спаяны, имеют широкую белую кайму (стебель толстый с длинными боковыми побегами); хвощ топяной — отличается толстым (0,5 см) полым стеблем и мало развитыми боковыми побегами влагалища с множеством черно-бурых зубцов с узкой белой каймой.

Хвощ топяной ядовит!

Заготовляют траву хвоща полевого в середине лета только в сухую погоду. Стебли срезают или скашивают на расстоянии 5—10 см от поверхности почвы. Скошенную траву рыхло тонким слоем расстилают на тканевую подстилку в хорошо проветриваемом месте или на чердаке с железной крышей, периодически ворошат.

После сушки хвощ полевой должен состоять из бороздчатых членистых стеблей серо-зеленого цвета длиной до 30 см с веточками, вкус их слегка кисловатый, запах слабый.

Сухую траву хранят в мешках и коробках в чистом, сухом, хорошо проветриваемом помещении сроком до 4 лет.

Кулинарные рецепты

Суп из хвоща полевого

300 г пестиков хвоща полевого, 300 г картофеля, 40 г сметаны, соль.

Нарезанный брусочками картофель отваривают в воде до готовности, а в конце варки добавляют измельченные пестики хвоща, доводят до кипения. Перед подачей на стол заправляют сметаной.

Окрошка весенняя с пестиками хвоща полевого

1 стакан пестиков хвоща полевого, 5—10 листиков щавеля, 2 вареных клубня картофеля, 1 ст. л. тертого хрена, 1 яйцо, 1 ч. л. сахарного песка, 60 г вареного мяса или колбасы, 2 ст. л. сметаны, горчица и соль.

Листья щавеля и пестики хвоща моют и измельчают ножом, мелко нарезают сваренные вкрутую яйца, очищают и нарезают брусочками отварной картофель в мундире, натирают на терке хрен, мелко нарезают вареное мясо или колбасу. Все смешивают, заливают квасом, добавляют соль, сахар, горчицу, заправляют сметаной.

Л. Ф. Путинцева

Запеканка из хвоща полевого

100 г пестиков хвоща полевого, 100 г картофеля, 1 стакан молока, 1 яйцо, 10 г масла, соль.

Подготовленные пестики хвоща нарезают ножом, одновременно готовят картофельное пюре и смесь яйца с молоком, все перемешивают, солят, массу укладывают в низкую, смазанную маслом кастрюлю или глубокую сковороду и запекают в духовке.

Биточки из пестиков хвоща полевого

200 г пестиков хвоща полевого, 40 г манной крупы, 1 стакан молока, по 20 г панировочных сухарей и жира, соль.

Подготовленные пестики измельчают ножом или сечкой, смешивают с манной кашей, сваренной на молоке, до однородной массы, затем формуют биточки, обваливают их в толченых сухарях и запекают в духовке.

Пестики хвоща полевого, жаренные в сметане

150 г пестиков хвоща полевого, 50 г сметаны, панировочные сухари, соль по вкусу.

Отобранные и промытые пестики хвоща полевого обваливают в толченых сухарях, перекладывают на сковороду и жарят, залив сметаной.

Хвощ полевой с молоком

1 стакан пестиков хвоща полевого, 1 стакан молока и 1 ст. л. сахара.

Пестики очищают от кожицы, моют, мелко нарезают ножом, заливают молоком, добавляют сахар, перемешивают, перед употреблением выдерживают 5—10 минут.

Омлет из пестиков хвоща полевого

2 стакана пестиков хвоща полевого, 1 яйцо, 1 стакан молока, 15 г сливочного масла. В омлет можно добавить тертый сыр (30 г).

Сырые яйца смешивают с молоком, добавляют рубленые пестики хвоща полевого, тщательно перемешивают, смесь выливают на разогретую с маслом сковороду, закрывают крышкой и запекают в духовке.

Начинка из хвоща полевого для пирожков

200 г хвоща полевого, 500 г репчатого лука, 1 яйцо, 4 ст. л. сметаны, соль.

Очищенные от кожицы и вымытые пестики хвоща полевого нарезают, смешивают с рубленым вареным яйцом, добавляют пассерованный репчатый лук, сметану, соль, все перемешивают и используют как начинку для пирожков, ватрушек.

Хмель

Ботаническая характеристика. Хмель обыкновенный — многолетнее травянистое растение семейства тутовых.

Отличительные признаки: с т е б е л ь — четырехгранный, шершавый, ветвящийся и вьющийся, длиной 4—6 м, цепляющийся шипами за стволы деревьев и кустарников; л и с т ь я — длинно-черешковые, в очертании овальной или овально-яйцевидной формы с сердцевидным основанием, трех-, пятилепестковые, с зубчатыми краями, супротивные, в верхней части — очередные, сверху гладкие, снизу шероховатые; ц в е т ы — мелкие, делятся на женские и мужские, которые располагаются на разных растениях, женские — зеленые с пленчатыми чешуйками — листочками, собранными в соцветия-колосья, по мере созревания вырастают в соплодия — шишки желтовато-зеленоватого цвета, мужские — поникшие в виде висячих метелок на тонких цветоножках; цветет хмель в июле — августе; п л о д ы — мелкие орешки, созревают с июля по сентябрь.

М е с т о р а с п р о с т р а н е н и я: растет повсеместно, в диком виде встречается в сыроватых лесах, по опушкам среди кустарников, в зарослях ивняка, по берегам рек и склонам оврагов.

Хмель является декоративным растением, он вьется, как лиана, вдоль стен домов, веранд, беседок, культивируется на приусадебных участках. Введен в культуру и выращивается на больших площадях как обязательный компонент сырья для пивоваренной промышленности, используется также в парфюмерно-косметической промышленности.

Л е ч е б н ы е с в о й с т в а. Как лекарственное растение хмель хорошо освоен народной и научной медициной. Сельские жители издавна употребляют настои шишек как мочегонное средство, при катаре желудка и заболеваниях мочевого пузыря; наружно настои применяют в виде припарок как болеутоляющее. Из шишек готовят мази, которыми пользуются при ушибах, нарывах, подагре и ревматизме, а также раке кожи. Настой корней снижает болезненные ощущения. Отваром шишек моют голову для укрепления волос.

Хорошо изучен химический состав хмеля. Созревшие шишки содержат горьковатые вещества — лупулин и смолы, эфирные масла — гумулен, мирцен и фарнезен, обеспечивающие специфичный хмельной вкус и запах. Кроме того, в составе шишек найдены алкалоид хумулин, хлорогеновая, валериановая и хмеледубильные кислоты, флавоноидные гликозиды, кумарины, пигменты, витамины B_1, B_3, B_6, PP, C.

Исследования показали, что горькое вещество лупулин успокаивающе действует на нервную систему при бессоннице, половой возбудимости, поллюциях. Врачи назначают водные настои соцветий хмеля для улучшения аппетита и пищеварения, особенно при гастритах, заболеваниях мочевого пузыря и печени. В научной гомеопатии шишки хмеля используют совместно с другими лекарственными травами для лечения мочевыводящих путей и почек, в качестве противовоспалительного и регулирующего минеральный обмен средства.

Последние данные фармакологии свидетельствуют о том, что биологически активным веществам, входящим в состав водных экстрактов из хмельных шишек, — витаминам, флавоноидам, гормонам присуще противовоспалительные, капилляроукрепляющие и болеутоляющие свойства, что используется при лечении заболеваний кожи и слизистых оболочек, сопровождающихся воспалительными поражениями, аллергическими проявлениями и зудом. Фармакологи включают хмельные шишки в состав сборов лекарственных растений, рекомендуемых как успокоительное средство при сердечно-сосудистых заболеваниях. Установлено, что галеновые препараты (водные вытяжки) хмеля оказывают положительное действие на обменные процессы в организме человека, особенно на регуляцию водного, минерального и жирового обмена.

Экстракты из шишек хмеля широко применяются для производства косметических лекарственных кремов и растворов, предназначенных для укрепления волос, против перхоти, лечения угрей и дерматитов. Широко используются шампуни с экстрактом хмеля.

Пищевое применение. Пряно-вкусовая ценность хмеля заключена в соплодиях-шишках, но в разное время для пищевых целей можно использовать почти все части растения.

Как уже отмечалось, хмельные шишки — обязательный компонент рецептуры различных сортов пива, тут ему нет равных.

В домашнем потреблении находит место использование молодых мясистых побегов, их едят сырыми и вареными, из них готовят салаты, отваривают в подсоленной воде; снимают кожицу и, обваляв в сухарях, жарят в масле. Представляют высокую ценность и свежие листья, в них накапливается до 170 мг% витамина С (в шишках — 90 мг%), который хорошо сохраняется в квашеном продукте. На Кавказе молодые листья рубят и квасят, как капусту, используют для первых блюд.

Из корневищ хмеля варят супы или отваривают в подсоленной воде и подают на гарнир к мясу и рыбе вместо спаржи; отваренные корни жарят на масле в качестве самостоятельного блюда. Из измельченных корней варят кашу на молоке; в супе корни хмеля хорошо сочетаются со щавелем.

Заготовка и сушка. Для лекарственных целей шишки хмеля собирают в середине августа, когда они только начинают созревать. Лучшими считаются молодые соплодия желтовато-зеленоватого цвета. Шишки обрывают руками вместе с ножками и сразу же сушат на открытом воздухе или в хорошо проветриваемом помещении. Высушенные соплодия должны иметь естественную зелено-желтую окраску, шишки — быть целыми, не распадаться, с остатком ножки длиной 1,5—3 мм, с приятным хмельным запахом.

Хранят высушенные хмельные шишки в закрытой таре в сухом прохладном месте.

Кулинарные рецепты

Суп из корней хмеля

160 г корней хмеля, по 40 г щавеля, овсяной крупы и сметаны, 3 стакана воды, соль, перец.

Овсяную крупу варят в течение 10—15 минут, затем добавляют нарезанные корни хмеля и зелень щавеля, солят и варят еще 15—20 минут, заправляют сметаной и специями.

Корни хмеля отварные

Промытые и нарезанные корни хмеля отваривают в подсоленной воде. Подают в качестве гарнира к мясным и рыбным блюдам.

Корни хмеля жареные

200 г корней хмеля, 40 г жира, головка репчатого лука, 6 г соли.

Отваренные в подсоленной воде корни подваривают в жире, смешивают с пассерованным луком и продолжают жарить еще 3—5 минут. Подают как самостоятельное блюдо или на гарнир.

Каша из корней хмеля

100 г корней хмеля, 200 мл молока, 0,1 л воды, соль.

Промытые и измельченные корни варят в воде 20—30 минут, солят, добавляют молоко и доваривают еще 10 минут.

Соус из хмеля с грибами

300 г томатного соуса, 100 г репчатого лука, 150 г свежих грибов (или 30 г сушеных), 10 г маргарина, 10 г сливочного масла, 10 г хмеля, 100 г воды, 50 г сухого вина, соль, перец.

Репчатый лук мелко нарезают и пассеруют с жиром, добавляют измельченные грибы (сухие, предварительно замоченные) и продолжают жарить еще 5 минут, затем вводят томатный соус и жарят 15 минут. Шишки хмеля отваривают в воде, полученный отвар сливают в грибной соус, добавляют вино и заправляют сливочным маслом. Соус подают к мясным блюдам.

Хрен

Родиной дикорастущего хрена считается Юго-Запад Европы. Культивироваться хрен начал в Германии еще в Средние века и в настоящее время встречается во многих странах мира.

Ботаническая характеристика. Хрен обыкновенный — многолетнее травянистое растение семейства крестоцветных, имеющее утолщенное мясистое корневище с тонкими боковыми корешками, представляющее основную пищевую и лечебную ценность.

Отличительные признаки: с т е б е л ь — прямой, ветвистый, высотой 40—120 см, л и с т ь я — по размеру и форме на равных уровнях стебля неодинаковые: нижние — очень крупные, достигающие длиной 40 см, перисто-разделенные, по краю волнистые (городчатые), ближе к вершине — продолговато-ланцетные или линейные, поменьше; ц в е т ы — белые, в виде многоцветковой кисти, расположенной на верхушке стебля, лепестки длинные, вдвое длиннее чашелистиков, сетчато-жилковатые, цветут в мае — июне, но часто растение остается без цветков, с одними прикорневыми листьями; п л о д ы — м а л е н ь к и е с т р у ч о ч к и.

М е с т о р а с п р о с т р а н е н и я: дикорастущий хрен хорошо обживает увлажненные луга, берега и поймы рек, ручьев, встречается среди зарослей кустарника, ивняка; может осваивать огороды и земельные участки около жилья как сорняк. Распространен в средней полосе России, в Западной Сибири.

Потребительские качества хрена зависят от почвы: наиболее благоприятны черноземы и влажные суглинки, а на тяжелых почвах корневище деревенеет, приобретает неприятный вкус. Без соответствующего ухода культурные сорта дичают и иногда самосевом засоряют большие земельные участки.

Л е ч е б н ы е с в о й с т в а. По химическое составу дикий и культурный хрен весьма сходны. Основную пряно-вкусовую ценность растению придают эфирные и горчичные масла, обладающие сильным фитонцидным действием, и алиловое горчичное масло, способствующее выделению желудочного сока, улучшающее пищеварение.

О популярности хрена в России, его значении как лечебного овоща против недугов говорят такие народные пословицы: «Хрен да капуста лиха не пустят», «Ешь хрен едуч и будешь живуч». В отечественном овощеводстве выращиваются такие культурные сорта, как Атлант, Валковский, Марине и др.

Целебные свойства хрена использовались с древности. В лечебниках XVII века хрен упоминается как противораковое средство. В XVIII столетии ему приписываются самые разные свойства лечебного действия: противоцинготное, противовоспалительное, кроворегулирующее и кровоочищающее, глистогонное и мочегонное.

Из сока свежего хрена выделено вещество белковой природы — лизоцин, подавляющее развитие микроорганизмов. Эти свойства взяты на вооружение при консервировании и хранении пищевых продуктов. Установлено также, что лизоцин повышает сопротивляемость к инфекционным болезням, губительно действуя на многие вирусы.

В корневище хрена содержится 55—250 мг% витамина С, в зеленых листьях — 350 мг%, который хорошо сохраняется. После 5—6 месяцев хранения остается этого витамина до 100 мг%. Если же корни очистить и измельчить, содержание витамина С резко снижается — в тертом хрене уже через несколько часов появляются следы аскорбиновой кислоты в результате усиленного окисления этого вещества. Поэтому измельченную массу следует сразу же залить уксусным раствором — витамин С более устойчив в кислой среде.

Листья хрена богаты каротином, витаминами B_1, B_2 и РР. Разнообразен минеральный состав; в 100 г корней содержится 579 мг солей калия, 140 мг — натрия, 119 мг — кальция, 130 мг — фосфора, 36 мг магния; из микроэлементов — медь, железо, марганец. Можно смело сказать, что этот «неприятный» овощ является настоящим кладезем биологически активных веществ.

Наружно хрен применяется вместо горчичников при простуде, радикулите и поясничных болях, им смазывают ткань и обматывают больное место, при этом жгучие вещества выполняют роль отвлекающего и раздражающего средства. Подобные «пластыри» прикладывают к стопам и голеням, а при образовании шпор опускают ноги в ванну с тертым хреном. Водные настои и сок свежего хрена применяют для промывания ран и язв, закладывают в уши при воспалениях, настоями полощут горло.

Водные и спиртовые настои хрена можно употреблять в косметических целях, протирая ими лицо для устранения веснушек и пигментных пятен.

В западноевропейских странах хрен давно используется при подагре, ревматизме, водянке, камнях в мочевом пузыре, катарных воспалениях дыхательных путей.

Однако при некоторых заболеваниях хрен противопоказан. Так, его применение при сердечно-сосудистых болезнях вызывает усиленное сердцебиение, при язве желудка и двенадцатиперстной кишки — воспаление слизистых оболочек желудочно-кишечного тракта и возможное обострение.

Для здорового организма хрен является хорошим общеукрепляющим средством, которое, однако, следует употреблять в умеренных количествах. Возбуждая аппетит, он усиливает деятельность желудочной секреции, особенно полезен в профилактических целях при умственных и физических нагрузках.

П и щ е в о е   п р и м е н е н и е. В рационе питания хрен не знает себе равных, является незаменимым в качестве острой приправы к холодным пресным закускам. Столовый хрен подают к ветчине, студню, заливной рыбе, некоторым мясным блюдам.

Свежие молодые листья добавляют в супы, щи, из них готовят различные овощные салаты. Наряду с корнями их добавляют при солении и мариновании огурцов, помидоров, капусты, грибов. Многие хозяйки недооценивают одно из важных свойств хрена; фитонциды его листьев и корней губительно действуют на микробы. Листья хрена можно использовать не только при переработке, но и для продления сроков хранения скоропортящихся продуктов. Ими перекладывают куски мяса, рыбы в закрытой посуде. Описаны случаи, когда свежая рыба сохранялась в стеклянных банках несколько дней при комнатной температуре благодаря добавлению хрена.

Выделяемые хреном летучие вещества могут значительно продлить срок хранения плодов и ягод. Опыты в лабораторных условиях показали, что если на дно эксикатора положить немного хрена, а сверху на прокладку поместить скоропортящиеся плоды и ягоды (груши, сливы, вишни, виноград), то продолжительность их хранения увеличивается до нескольких месяцев.

Молодые листья хрена квасят, как капусту, и используют для варки щей. Из мелко тертого хрена, смешанного со сливочным маслом, делают вкусные бутерброды, а то и просто перед едой можно принять 1 ч. л. тертого хрена для возбуждения аппетита, жгучий вкус можно смягчить, добавив мед или сахарный песок (из этой смеси также делают бутерброды). Любой бутерброд можно украсить листочком хрена — будет красиво и полезно. Так что старая пословица: «Хрен редьки не слаще» — годится разве что в переносном смысле.

В 20-е годы XX века в Пермской области сухой порошок хрена использовали (вместо нашатыря), приводя в чувство ослабленных голодом детей. Пусть некоторым читателям покажется такое воспоминание отступлением от текста, но то, что пережито, — нельзя забыть.

Заготовка, хранение, сушка. Для пищевых и лечебных целей хрен заготовляют осенью или ранней весной. Корневища выкапывают лопатой, очищают от земли, обрезают наземные части и мелкие корешки, червивые и трухлявые отбраковывают. При заготовке корней для хранения в свежем виде, нужно стараться не повредить верхушку корневища. Длинные корневища можно нарезать на кусочки длиной до 25 см, связать в пучки, укладывать в деревянные ящики или лотки и пересыпать чистым песком или торфом, слегка увлажненными. Хорошо сохраняются толстомясистые корневища диаметром до 6 см, мелкие же корни весной можно использовать для посадки.

Хранят свежие корни хрена так же, как и корнеплоды моркови, — при температуре 0—2°С и относительной влажности воздуха хранилища 80—85%.

Часть заготовленных корней можно высушить. Для этого после выкапывания, очистки от земли, обрезки стеблей и листьев корневища хорошо промывают водой, очищают от боковых тонких корешков и подвяливают на воздухе, затем мелко-мелко режут на кружочки или пластинки и сушат в духовке при открытой дверце или в печи, не допуская подгорания.

Мелко нарезанные корни хорошо просушиваются на отопительной батарее, разостланные тонким слоем на бумаге или металлическом противне. Если пластинки не ломаются, их можно досушить в духовке.

Высушенный хрен лучше всего размолоть на кофейной мельнице, расфасовать в стеклянные банки с плотно прилегающими крышками, хранить в прохладном месте. Порошок используют как приправу к различным блюдам.

Л. Ф. Путинцева

Кулинарные рецепты

Приправа из свежего хрена

1 кг очищенных корней хрена, 100 г сахара, 40 г уксусной эссенции и 0,1 л воды.

Очищенные и промытые корни пропускают через мясорубку или натирают на терке, к измельченной массе добавляют сахар, соль, уксус и воду, тщательно перемешивают, расфасовывают в стеклянные банки, закрывают крышками и дают настояться. Хранят в холодном месте.

Хрен столовый (улучшенный)

Первый способ.

К натертой массе хрена добавляют 2—3 раза больше сахара, чем указано в предыдущем рецепте, разводят водой, кладут 2—3 ложки лимонной цедры, подкисляют соком, отжатым от лимона.

Второй способ.

Вместо воды можно использовать свекольный сок, а для подкисления развести лимонную кислоту и смешать с тертым хреном. Чтобы приправа получилась сочной, объем раствора должен быть немного больше, чем масса натертого хрена. Смесь хранят с заливкой в закрытой посуде около 1 часа, после чего приправа готова к подаче на стол.

Салаты с хреном

Первый способ:
50 г корней хрена, по 10 г сахара и растительного масла, уксус, соль, укроп, петрушка.

Тертый хрен заливают 2 ст. л. кипятка, добавляют соль, уксус, растительное масло. Все перемешивают и посыпают укропом или петрушкой.

Второй способ:
50 г хрена, 1 яйцо, 20 г сметаны, сахар, соль, уксус.

Тертый хрен смешивают с вареным измельченным яйцом, добавляют сметану, соль, уксус и перемешивают.

Третий способ:
60 г хрена, 50 г яблок, 20 г сахара, 10 г моркови, 20 г сметаны, соль.

Хрен, морковь и яблоки трут на терке, добавляют сахар, соль, заправляют сметаной, все перемешивают.

Четвертый способ:
150 г свеклы, 30 г хрена и 1 яйцо.

Варят в подсоленной воде свеклу до готовности, очищают от кожицы и нарезают соломкой. Тертый хрен перемешивают со свеклой и посыпают рубленым яйцом.

Соус с хреном

100 г хрена, 200 г столового уксуса, 100 г сметаны, соль.

Тертый хрен заливают уксусом, кипятят 20 минут, процеживают, добавляют сметану и перемешивают.

Бутербродная масса с хреном

200 г хрена, 100 г сливочного масла, 20 г сахара, соль, уксус.

Тертый хрен заправляют уксусом, солью и сахаром, выдерживают 2 часа, затем добавляют сливочное масло и тщательно перемешивают. Полученную бутербродную массу намазывают тонким слоем на ломтик хлеба.

Квас с хреном

1 л кваса, 2 ст. л. тертого хрена.

Подготовленные корни пропускают через мясорубку, заливают квасом и оставляют на 10 часов, затем процеживают, разливают в бутылки и охлаждают.

Напиток с хреном

200 г хрена, 0,5 л рассола и 1 л воды.

Натертый хрен заливают кипяченой охлажденной водой, дают настояться 2 часа, затем добавляют капустный рассол и перемешивают. Употребляют в охлажденном виде.

Напиток «Бодрость»
(предлагает наш современник, москвич В.М. Зубченко)

0,5 кг корней хрена, 0,5 кг меда, 1,5 л холодной кипяченой воды

0,5 кг подготовленных корней хрена пропустить через мясорубку, после чего залить 1,5 л холодной кипяченой воды и настаивать в течение недели, настой процедить, смешать с медом, смесь выдержать еще неделю в прохладном месте.

Прием такого напитка перед едой по 1 ст. л., по утверждению автора, возбуждает аппетит и повышает работоспособность.

Цикорий

Ботаническая характеристика. Цикорий обыкновенный (народные названия: придорожная трава, синий цветок, петровы батоги) — многолетнее травянистое растение семейства сложноцветных.

Отличительные признаки: с т е б е л ь — жесткий, прямостоящий, ветвящийся, шероховатый, высотой 30—120 см, боковые веточки также жесткие, отходящие от стебля почти под прямым углом, л и с т ь я — нижние собраны в прикорневую розетку, стеблевые — очередные, сидячие, по форме яйцевидные, острозубчатые по краям, как и стебель, покрыты шероховатыми волосками; ц в е т ы — голубые или синие с розовым оттенком, язычковые, собраны в виде корзинки диаметром 3—5 см, сидящее по одному или несколько в пазухах листьев (иногда на корнях ветвей), листочки обертки зеленые, наружные — яйцевидно-ланцетовидные, острые, внутренние — линейные, тупые, цветут в июле — августе; п л о д ы — мелкие, яйцевидные семянки; к о р е н ь — стержневой, длинный, веретенообразный, прочно и глубоко сидящий в земле.

М е с т о   р а с п р о с т р а н е н и я: цикорий можно встретить повсюду — на опушках, сухих лугах, вдоль канав, дорог и меж, на окраинах полей, возле жилья. В отличие от многих сорняков он не образует сплошных зарослей, растет разреженно, но всегда издали заметен своими яркими цветками.

Л е ч е б н ы е   с в о й с т в а. Корни цикория с давних пор признаны в качестве лечебного средства. Настои корней рекомендуются при малокровии, малярии, цинге, экземе, опухоли селезенки, болезни печени и почек. Особенно ценится растение при излечении желтухи, водянке (циррозе печени). При отеках в результате болезни сердца помогает крепкий отвар корней (1 ст. л. цикория на 1 стакан кипятка, принимать по 1 ст. л. 3 раза в день).

Современная медицина рекомендует настои и экстракты корней для возбуждения аппетита и улучшения пищеварения; выявлены антибактериальные и вяжущие свойства цикория, обладает он также мочегонным и слабительным действием.

Отвар цикория

20 г измельченных корней заливают 300 мл кипятка, кипятят 20 минут, настаивают 2—3 часа, процеживают.
Принимать по 2 ст. л. 3—4 раза в день перед едой.

Рецепт от простуды

Корень цикория и пустырник в равных пропорциях (1:1) заливают крутым кипятком, как чай, дают настояться 20—30 минут. Принимать по 1/2 стакана 3 раза в день.

Наружно настои цикория применяют при кожных сыпях и фурункулах в виде компрессов и примочек.

В цикории содержится много биологически активных веществ: каротин, витамины B_1, B_2, PP и C (10 мг%), из минеральных элементов — натрий, калий, кальций, марганец, фосфор, железо. В цветках обнаружен гликозид, цикорин, в семенах — инулин и протокатехиновый альдегид. В листьях содержится цикориевая кислота, горькое вещество ликтулин, витамин С и другие соединения. Все эти вещества не оказывают отрицательного действия на организм.

Пищевое применение. Кроме перечисленных выше биологически активных веществ в цикории содержатся белки, сахара, пектин, дубильные и смолистые вещества, представляющие вкусовую и питательную ценность корней растения.

Выведены культурные сорта цикория с повышенным содержанием инулина, корни которых можно использовать для производства фруктозы и спирта, кроме того созданы салатные сорта, отличающиеся сочной зеленью, особенно полезные при диабете. Листья цикория с возрастом грубеют, салатные же сорта дают нежную по консистенции зелень.

Благодаря своим вкусовым свойствам цикорий применяется для производства суррогата натурального кофе. Для приготовления кофе корни режут на дольки размером не более 1 см, раскладывают на противень или металлическую сетку и сушат в духовке при температуре 100—120°С в течение 10—12 часов, затем поджаривают до цвета натурального кофе и измельчают в порошок на кофемолке. Цикорий можно использовать без добавок, но чаще всего его смешивают с молотыми зернами овса, ячменя, ржи. Во избежание резкого цикорного вкуса лучше взять 1 часть цикория на 2 части зернового кофе, вкус также улучшится при добавлении натурального кофе (10—30%). В пищевой промышленности так и делают, а рецептуру кофейных напитков, кроме зерна, разнообразят добавкой желудей, шиповника, ореховой муки, плодовых косточек. Цикорий (10%) придает любому сорту кофейного напитка приятную горечь.

Из зеленой наземной части растения готовят салаты, заправки, пюре; молодую зелень тушат, варят, запекают в тесте.

Заготовка и сушка. Корни дикорастущего цикория заготовляют в сентябре — октябре или весной, в осеннюю пору — обязательно до наступления заморозков, но когда надземные части уже отмерли. Лучше всего наметить сбор после дождя — из увлажненной почвы растение легко выдернуть руками. Корни очищают от мелких корешков и остатков стеблей, моют в холодной воде, разрезают на дольки и сразу же сушат в сушилках или печах.

Высушенные корни должны иметь вид цилиндрических долек с морщинистой поверхностью, снаружи буроватые, внутри — белые, горького вкуса, без запаха. Некоторые народные целители собирают для лекарственных целей надземную часть растения — побеги с листьями и цветками, употребляют их для настоев и отваров.

Лекарственное сырье упаковывают в картонные коробки, жестяные и стеклянные банки, пакеты и хранят в сухом прохладном месте.

Молотый кофейный порошок из корней цикория хранится так же, как натуральный кофе.

Кулинарные рецепты

Салат из зелени цикория

200 г зелени травы цикория, 10 г маргарина, соль.

Молодую траву цикория моют, режут (на кусочки по 2—3 см), солят и тушат с маргарином в течение 20 минут, затем охлаждают и при подаче на стол посыпают измельченной зеленью петрушки.

Салат из корней цикория

100 г корней цикория, 100 г картофеля, 15 г растительного масла, соль.

Корни моют, отваривают в подсоленной воде, режут на дольки. Одновременно отваривают картофель, очищают от кожицы, режут брусочками, перемешивают с цикорием, солят и заправляют растительным маслом.

Суповая заправка из цикория

Молодые листья моют, обсушивают на воздухе, затем пропускают через мясорубку и перемешивают с солью. Используют для заправки супов (1 ст. л. на порцию).

Пюре из цикория с яблоками

100 г листьев и стеблей цикория, 300 г яблок, 10 г жира, соль и сахар.

Промытые листья цикория пропускают через мясорубку, к измельченной массе добавляют жир и слегка обжаривают на сковороде. Яблоки тушат, протирают через сито до пюреобразной массы и перемешивают с цикорием. При желании добавляют сахар. Подают в качестве гарнира к крупяным блюдам (2—3 ст. л. на порцию).

Кофе из корней цикория

Промытые и нарезанные дольками корни сушат, затем поджаривают до коричневого цвета в духовке и измельчают на кофейной мельнице.

Заваривают 1/2—1 ч. л. на 1 стакан кипятка, как кофе натуральный, доводят до кипения. Сахар и молоко добавляют по вкусу.

Чабрец

Ботаническая характеристика. Чабрец ползучий, или тимьян ползучий (местные названия: чебрис или цебрик, чебарка, чабрец боровой, колотовочки, богородская трава), — низкий ветвистый полукустарничек, высотой 10—15 см, относится к семейству губоцветных.

Отличительные признаки: с т е б е л ь — стелющийся, местами укоренившийся, сильно ветвистый, веточки тонкие, опушенные прямостоячие или приподнимающиеся на высоту 2—

10 см, красновато-бурого цвета; л и с т ь я — мелкие, супротивные, продолговато-овальные, суженные в короткий черешок, голые или слабоопушенные с резко выступающими жилками и многочисленными железками; ц в е т ы — розово-лиловые, яркие, собранные в рыхлые головчатые соцветия, венчик двугубый, длиной 5—8 мм, тычинок 4, чашечка узкоколокольчатая, двугубая, обычно окрашенная, длиной до 4 мм, с зубцами, покрытыми по краю реснитчатыми волосками, цветет в июле; п л о д ы — 4 темно-бурых мелких орешка, заключенных в чашечке, созревают в августе — сентябре.

М е с т о р а с п р о с т р а н е н и я : растет в разреженных смешанных лесах, сухих песчаных местах, на полянах и опушках, в молодых посадках, любит песчаные пригорки, склоны, кустарники как соседствующие растительные сообщества.

Л е ч е б н ы е с в о й с т в а . В народной медицине настои и отвары чабреца издавна считаются хорошим глистогонным средством для выведения солитера и власоглава, употребляют их также при катарах желудка с пониженной кислотностью, вздутиях живота и коликах, как мочегонное и слабое снотворное средство. Водные настои всей надземной части растения (стебли, листья, цветки) с успехом применяют в качестве отхаркивающего средства, а также при болезнях сердца и нервных заболеваниях, малокровии, сахарном диабете.

Настой чабреца

15 г травы чабреца залить 1 стаканом кипятка, настаивать 30 минут и принимать по 1 ст. л. 3 раза в день. Для детей готовится более «мягкий» настой из 5 г травы на 200 мл кипятка, доза от 5 до 15 мл 4—5 раз в сутки.

При болях в суставах и радикулите пьют настойку травы на спирту. При этих же заболеваниях полезны ванны с чабрецом, для чего 50 г травы заваривают в ведре кипятком, ведро плотно закрывают и настаивают в течение 1 часа, затем настой процеживают и добавляют в ванну.

Отвары и настои принимают наружно. Полощут рот при

стоматитах, ангинах, для удаления неприятного запаха, моют голову для удаления перхоти. Примочки из отвара прикладывают к ранам, нарывам, язвам, лечат ими и воспаление век.

В современной официальной медицине применение препаратов чабреца также разнообразно, как и в практике народных лекарей. Установлено, что настои и отвары травы чабреца эффектны не только при лечении воспалительных процессов слизистых оболочек, полости рта и верхних дыхательных путей, но они вызывают усиленное выделение мокроты и ускоряют эвакуацию продуктов воспаления и слизистых масс.

В Болгарии чабрецу приписывают противосудорожное действие. В нашей стране из растения вырабатывают препарат пертуссин, которым лечат детей при сильном кашле, коклюше, катаре верхних дыхательных путей.

Смесь трав чабреца, полыни и золототысячника рекомендуют при алкоголизме (настой смеси травы из расчета 15 г на 1 стакан воды, пить по 1 ст. л. 3 раза в день).

Пищевое применение. Сильный приятный аромат растения обусловливается эфирными маслами (0,6%), в состав которых входят тимол, карварол, а также цимол, борнеол, терпинеол и другие терпеновые соединения. Тимол обладает жгучим вкусом и антимикробным действием. Содержатся дубильные и горькие вещества, которые также влияют на пряно-вкусовые качества, кроме того, в чабреце имеются органические кислоты, минеральные соли, каротин, витамин С.

Чабрец издавна ценится как пряно-вкусовое растение, вызывающее аппетит и улучшающее усвоение пищи. Свежую молотую траву кладут в квасы, напитки, используют при солении и мариновании овощей; ароматизируют уксус, коктейли, сыры. В смеси со зверобоем и брусникой чабрец используется как заварка для чая, придавая напитку приятный своеобразный аромат.

Запах чабреца гармонично сочетается с мясными и рыбными продуктами, свежую траву или сухой порошок добавляют к блюдам из дичи, в вареные колбасы, соусы, подливки, салаты, супы (особенно в гороховые и фасолевые) и другие овощные блюда. Продукты при добавлении чабреца не только улучшают вкус, но и лучше сохраняются. Однако имеются высказывания, что длительное употребление чабреца может привести к гипофункции, то есть понижению деятельности щитовидной железы.

Заготовка и сушка. Для лекарственных целей чабрец заготовляют в период цветения, срезая секатором или ножницами верхнюю часть побегов без грубых одеревеневших оснований. Растение легко выдергивается из земли, поэтому при сборе необходимо соблюдать осторожность — восстанавливается и растет чабрец медленно.

Сушат траву в тени под навесом, на чердаках, в хорошо проветриваемых помещениях, затем обмолачивают или обрывают руками, отделяя и отбрасывая грубые стебли, после чего просеивают на решетах или проволочных ситах. Выход сухого сырья — 32—35%.

Готовое лекарственное сырье представляет смесь цветков и листьев, получаемых после обмолота срезанных цветущих побегов, размер листьев около 15 мм длиной и 7 мм шириной, с примесью незначительного количества стеблей. Листья должны быть зеленые, чашечка цветков буро-красная, венчик синевато-пурпурный. Вкус горьковато-пряный, слегка жгучий, запах сильный. Упаковывают и хранят высушенное сырье, как обычно, в плотно закупоренной таре. Срок хранения — до 2 лет.

Кулинарные рецепты

Порошок из чабреца

Листья сушат, размалывают в порошок или толкут в ступке, затем просеивают. Хранят в закрытой посуде. Используют для ароматизации супов (1 ч. л. порошка на 3—4 порции), жареного мяса (посыпать перед концом жарения), теста (1 ч. л. на 1 кг теста).

Чай с чабрецом

100 г листьев чабреца, 100 г травы зверобоя, 20 г листьев брусники.

Высушенные листья чабреца, брусники и зверобоя перемешивают и используют как заварку.

Квас с чабрецом

20 г чабреца, 1 л хлебного кваса, 50 г сахара.

Высушенные листья отваривают в небольшом количестве кваса, отвар вливают в остальной квас, добавляют сахар, перемешивают и настаивают 10—12 часов, после чего процеживают, разливают в бутылки и охлаждают.

Напиток с чабрецом

20 г чабреца, 50 г меда, 1 л воды.

Высушенный чабрец и зверобой заливают водой, кипятят 10 минут, настаивают 2—3 часа, затем отвар процеживают, добавляют в него мед и охлаждают.

Напиток чабреца и калины с медом

50 г чабреца, 3 стакана сока калины, 1 стакан меда, 3 л воды.

Высушенный чабрец заливают кипятком, кипятят 5 минут, процеживают, добавляют сок калины, мед, перемешивают и разливают в бутылки, охлаждают.

Щавель

В записях немецкого путешественника, посетившего Москву в 1633 г., отмечается, что местные жители смеялись над иностранцами, поедающими зеленую траву — кислицу. В те времена знахари России использовали щавель как закрепляющее средство при расстройствах желудка, а также при лечении желтухи и других болезней.

Теперь щавель широко возделывается в культуре и высоко ценится за свои вкусовые и питательные свойства. Культивируется в основном пять ботанических сортов: Широколистный, Бельвильский, Ментковский, Одесский-17, Шпинатный. Сорт Широколистный районирован в большинстве районов России.

Сорт Шпинатный интродуцирован из Франции, он отличается повышенной кислотностью, превосходит остальные сорта содержанием витаминов, по своему же вкусовому достоинству и питательной ценности относится к диетическим продуктам.

Однако надо помнить, что растение содержит около 1% щавелевой кислоты; чем старее листья, тем больше в них накапливается щавелевых кислых солей, а избыточное их потребление может привести к осаждению жизненно важного элемента крови — кальция и камнеобразованию в почках.

Ботаническая характеристика. Щавель обыкновенный или кислый (другие названия: кислица, кислушка, кислятка) — многолетнее травянистое растение семейства гречишных. Лечебное и пищевое значение имеют еще 5 видов щавеля: конский, воробьиный, домашний, пирамидальный, курчавый.

Отличительные признаки: с т е б е л ь — прямой, высокий, переходящий в подземной части в толстое корневище, высота колеблется от 30 до 100 см; л и с т ь я — нежные, интенсивно-зеленой окраски, нижние на длинных черешках, трехлопастные и стреловидные, расположены в виде розетки, верхние — стеблевые, сидячие, яйцевидной формы, ц в е т ы — мелкие, невзрачные, зеленовато-коричневые или красноватые, собраны в метелку, у мужских цветов доли околоцветника продолговато-овальные, у женских наружные доли отогнуты вниз, цветут в мае — июле; п л о д ы — темно-коричневые блестящие трехгранные семечки.

М е с т о р а с п р о с т р а н е н и я: почти на всей территории страны, растет в разряженных лесах, на опушках, сырых лугах, среди кустарников, в поймах рек и озер. В России долгое время считался сорняком. Щавель является морозостойким и зимостойким растением. Рост листвы идет до глубокой осени и прекращается только с наступлением заморозков, так что дикорастущую кислушку в течение лета и осени может заменить выращенный под рукой на грядке щавель. При этом нужно помнить, что на одном месте щавель можно выращивать 3—4 года, после чего он стареет, а участок зарастает сорняками.

Лечебные свойства. По химическому составу щавель выделяется как ценный источник минеральных веществ. В нем найдено 579 мг% калия, то есть в 4 раза больше, чем в огурцах, в 3 раза больше, чем в белокочанной капусте и в 2 раза — чем в моркови, 2 мг% железа. Содержание витамина С в листьях зависит от условий произрастания, возраста, сорта и может варьировать от 26 до 150 мг%, каротина — 1,4—2,8 мг%, витамина Р — 20 мг%, B_1 — 0,25 мг%.

В фармакологии корни, листья и цветы щавеля используются для получения Р-витаминного вещества — рутина.

В домашних условиях сок листьев применяют для лечения цинги, ревматизма, лихорадки, чесотки, при желтухе и заживлении ран. 1—2 ч. л. сока отжимают из свежих листьев, разводят в стакане подслащенной воды и принимают по 2—3 раза в день. Целебными свойствами обладают и семена, особенно ценятся корни и корневища конского щавеля. Семена и корни в виде настоев и отваров используют как кровоостанавливающее средство. При расстройстве желудка отвары корней оказывают вяжущее действие, снижают гнилостное брожение в кишечнике и в целом укрепляют организм, улучшая обмен веществ.

Отвар щавеля

20 г корня щавеля на 1 стакан воды, принимать по 2 ст. л. 3—4 раза в день до еды. Самолечение щавелем недопустимо, необходим совет врача.

Пищевое применение. Кроме перечисленных выше биологически активных веществ, в щавеле содержится до 2,9% белков, около 3% углеводов, 1—1,7% органических кислот (в пересчете на яблочную кислоту), общее содержание сухих веществ — до 9,6%.

Вкусовые достоинства щавеля определяются наличием органических кислот, в основном щавелевой кислоты. В молодых листьях преобладают более «мягкие» кислоты — яблочная, лимонная, в старых листьях — больше щавелевой. Щавелевая кислота небезопасна для лиц, страдающих и склонных к камнеобразованию в почках, поэтому потребление щавеля им противопоказано. Следует ограничить потребление щавеля и для детей.

При кулинарной обработке можно снизить содержание щавелевой кислоты, добавляя в бульон мел или используя жесткую воду, — при этом кальций, взаимодействуя со щавелевой кислотой, образует нейтральную соль.

Щавель относится к овощной зелени, из которой варят супы, зеленые щи, готовят пюре, приправу к мясным блюдам, начинку для пирогов. Едят щавель и в сыром виде — он хорошо утоляет жажду. Хорош щавель и как самостоятельное блюдо, отваренный в подсоленной воде и прогретый со сливочным маслом, или как гарнир к жареному мясу, оладьям.

Любопытный факт: в животноводстве отмечено, что при обильном кормлении коров травой щавеля, молоко быстро скисает.

Заготовка и сушка. Для пищевых целей щавель консервируют, заквашивают, засахаривают в стеклянных банках, и эти заготовки впрок используют в любое время года. Самая простая заготовка — отваренные 1—2 минуты листья щавеля укупоривают герметически в стерильные стеклянные банки со стерильными крышками. Листья заливаются в банках тем же отваром. Банки надо подбирать по объему из расчета на 1 кастрюлю (0,2—0,5 л), их содержимое можно использовать для приготовления щей почти как свежий зеленый щавель.

Для лечебных целей заготовляют корни конского щавеля

осенью, после отмирания наземной части, в сентябре — октябре. Толстые корневища разрезают на половинки и четвертинки. Сушат при сильном проветривании под навесом, на чердаках и воздушно-солнечных сушилках. Высушенные корневища должны быть морщинистые, длиной 2—10 см, снаружи бурой, внутри — желто-оранжевой окраски, горьковато-терпкого вкуса, со слабым специфичным запахом. Высушенные корни упаковывают в пакеты, банки с плотной укупоркой хранят в сухом прохладном месте.

Кулинарные рецепты

Суп со щавелем

Первый способ:
Рецептура супа и количество щавеля подбирается по вкусу.

В готовый мясной бульон добавляют измельченный щавель, вареный лук, варят 10 минут. В готовый суп добавляют мелко нарезанную зелень петрушки и укропа.

Второй способ:
Щавель, свекольная ботва и остальные продукты — по вкусу.

Молодые листья свеклы и щавеля измельчают, заливают горячей водой и варят 10 минут. В готовый суп добавляют зелень укропа, вареное яйцо, измельченный зеленый лук, соль и сметану.

Щи зеленые

Первый способ:
100 г щавеля, 100 г крапивы, 1—2 картофелины, 2 яйца, соль.

В подсоленной воде варят очищенный и нарезанный брусочками картофель, добавляют зелень щавеля и крапивы и варят 15 минут. Затем добавляют пшеничную муку (из расчета 1 ст. л. на порцию) и доводят до кипения. Перед подачей на стол в тарелку кладут вареное яйцо, разрезав его на половинки или дольки.

Второй способ:

200 г щавеля, 40 г репчатого лука, 50 г моркови, 2 яйца, соль, специи. Молоко или сметана — по вкусу.

Щавель пропускают через мясорубку, варят с обжаренным луком и морковью 15—20 минут, соль и специи добавляют в конце. Перед подачей на стол заправляют молоком, гренками и яйцами.

Щавель с маслом

500 г щавеля, 15 г сливочного масла, соль.

Щавель варят в подсоленной воде в открытой посуде, затем воду сливают, листья измельчают, добавляют сливочное масло, нагревают до полного распускания масла и подают в горячем виде в качестве гарнира к вареному мясу и оладьям.

Запеканка со щавелем

1,5 кг щавеля, 3 ст. л. тертого сыра, 50 г сливочного масла (для белого соуса — 1 ч. л. пшеничной муки, 6 ломтиков хлеба, 2 ст. л. топленого масла, соль).

Щавель обваривают, пропускают через мясорубку, добавляют тёртый сыр, сливочное масло и соль. На дно формы укладывают ломтики обжаренного хлеба, затем щавель, посыпают сверху толчеными сухарями, смешанными с соусом. Форму ставят в духовку, температуру регулируют так, чтобы щавель не кипел, а только подрумянился.

Щавель с яйцом

1 кг щавеля, 2 яйца, 15 г сливочного масла, 1 ст. л. пшеничной муки, 1/2 стакана воды, соль.

Щавель пропускают через мясорубку, тушат в сливочном масле, посыпают мукой, разводят водой, затем добавляют сметану и взбитое яйцо, доводят до кипения, следя за тем, чтобы яичная масса полностью равномерно распределилась и сварилась.

Л. Ф. Путинцева

Начинка для пирожков

200 г щавеля, 120 г репчатого лука, 2 яйца, соль, специи.

Щавель измельчают, добавляют обжаренный лук, крупно порубленные яйца, специи и перемешивают.

Пирожки со щавелем

Нарезанные ножом листья щавеля посыпают сахаром и перетирают руками, затем начиняют этой массой пирожки. Тесто может быть дрожжевое и пресное. Сахар добавляют по вкусу.

Заправка из сушеного щавеля

Листья щавеля обвяливают на воздухе и сушат обычным способом. Высушенную траву измельчают в порошок и зимой используют для заправки щей, борщей, соусов.

ЦЕЛЕБНЫЕ ЛИСТЬЯ ПЛОДОВО-ЯГОДНЫХ КУСТАРНИКОВ И ДЕРЕВЬЕВ

Мы обращаем внимание читателя к листьям плодово-ягодных кустарников и деревьев неслучайно, хотя с травами их может объединить только зеленая листва ветвей. Кустарники малины, ежевики, смородины имеются почти на каждом садовом участке; земляника, клубника растут по балкам и склонам оврагов. Листья всегда можно собрать и высушить, таким образом запастись ценным лекарственным сырьем и ароматными чайными заварками.

Особенно выделяются своим лечебным эффектом листья березы и брусники, они исстари использовались как лучшее народное средство от разных хворей, особенно радикулитов, подагры, простудных болезней.

Целебными являются листья хвойных деревьев. Сосна, пихта, ель содержат 300—350 мг% витамина С, в хвое есть и другие биоактивные вещества. Настои хвои незаменимы в экстремальных условиях в лесу, при путешествиях, недостатке овощей и фруктов. Люди, кроме отваров и настоев, готовили квас из хвои сосны как прекрасный напиток для укрепления здоровья. С можжевеловым веником северяне и сибиряки парились в бане 1—2 раза в неделю, горячим паром с запахом хвои лечили воспаления в полости носа, горла. Издавна сельские жители отваром листьев черемухи лечили чахотку, листьями рябины — воспаления аденоидов, ангину, настоем яблочного листа полоскали воспаленное горло, принимали внутрь по полстакана с интервалами через 2 часа и через сутки возвращался голос, а в запущенных случаях через 3 дня. Собранные в июне листья орешника сушили и заваривали как чай и пили от варикозного расширения вен. Таких примеров много.

Эти бесплатные дары природы надо только не полениться вовремя собрать, высушить в тени на ветерке, вот вам и дополнительные лекарственные средства для домашней аптеки.

Листья березы

Береза — самое широко распространенное дерево в Российской Федерации, всего на территории нашей страны насчитывается до 50, а в мире — до 120 видов берез. Наиболее распространенными являются береза пониклая, или бородавчатая, и береза белая, или пушистая.

Л и с т ь я — некрупные, очередные, черешковые, слегка кожистые, зеленые сверху и тоном светлее — снизу, по форме овальные, яйцевидные или округлые, с клиновидным основанием на черешке, пильчатые по краю, двоякозубчатые; у молодых листьев по жилкам и зубчикам расположены бурые железки (отсюда и второе название березы пониклой — береза бородавчатая).

Л е ч е б н ы е с в о й с т в а. Береза испокон веков славилась как целебное дерево. В первых русских «Лечебниках» XVII—XVIII веков приведены многочисленные советы, как лечить внутренние и кожные болезни настоями из листьев и почек березы. Способов исцеления — великое множество. Народные лекарства изготовлялись в виде настоев, отваров или настоек на спирте (в домашних условиях обычно на водке), которые втирали в больные суставы, ссадины, раны, пролежни. Отварами и спиртовыми настойками лечили угри, сыпь, хронические экземы и другие кожные заболевания. Березовые почки считались весьма эффективным лечебным средством.

Лечебные препараты из листьев и почек березы рекомендуется принимать и внутрь при водянке, отеках, болезнях мочевого пузыря, атеросклерозе, как потогонное, моче- и желчегонное средство, оказывают настои и отвары также обезболивающее действие.

В чем же чудодейственная сила этих препаратов? Исследование химического состава листьев березы показало обширный состав биологически активных веществ: эфирные масла, сапонины, гликозиды, дубильные и минеральные вещества, флавоноиды, фитонциды, горечи, каротин, витамины С и никотиновую кислоту (В3) и другие.

Некоторые старинные народные способы лечения весьма любопытны. Так, при радикулите издавна березовые листья обдавали кипятком и прикладывали к больным местам толстым слоем, а сверху накрывали клеенкой. При суставном ревматизме, полиартрите лечились еще забавнее: в бочку насыпали свежие березовые листья, затем на некоторое время бочку чем-либо накрывали, дав листве согреться, после чего зарывались в эту «сухую ванну» по пояс (можно и по шею) и сидели так в течение часа. Ревматики излечивались по-другому: шили огромные мешки, вернее штаны, зашив внизу штанины, набивали их листьями и надевали на себя так, чтобы толстый слой листьев облегал поверхность ног и бедра со всех сторон. При этом в результате выделения тепла ноги прогреваются и потеют, мокрые листья сменяются свежими. Канительно, но несколько подобных процедур приводит к полному исчезновению отечности и затвердения суставов, болезнь отступает.

Много рецептов народной и официальной медицины из березовых почек, но на них мы заострять внимание не будем, так как их заготовка должна проводиться в специальных местах, отведенных лесничеством, обычно при прореживании леса и ранней весной. А вот несколько рецептов приготовления лекарственных препаратов из листьев березы.

Настой

20 г листьев заварить в 1 стакане кипятка, настаивать 6 часов. Принимать по 1/2 стакана 3—4 раза в день при отечности сердечно-сосудистого происхождения.

Отвар

6—8 г свежих листьев залить 0,5 л кипятка, прокипятить в течение 15—20 минут. Принимать так же, как и настой при атеросклерозе, заболеваниях почек, ревматизме, как мочегонное средство.

Витаминный напиток из листьев березы

Молодые листья измельчить, залить горячей водой и настаивать 4 часа, затем процедить через марлю. Принимать по 1 стакану 2—3 раза в день перед едой как антицинготное и общеукрепляющее средство.

Мягкий витаминный чай

6—8 г сухих листьев залить 0,5 л кипятка, кипятить на водяной бане 15—20 минут, затем настаивать 4—5 часов (в этом случае сам отвар хорошо прогревается, а кипятится вода в водяной бане). Прием по 1/2 стакана 3—4 раза в день. Чай можно подсластить сахаром или медом по своему усмотрению.

В быту березовые листья используют как средство от моли.

Отваром березовых листьев моют волосы при их выпадении, ополаскивание с настоями и отварами березовых листьев придает волосам блеск и красивый внешний вид.

Кому не известна на Руси целебность бани с березовым веником?! Народ стремился наломать веники на Троицу, когда молодые листья не огрубели и хорошо держатся на ветке. Парились обычно раз в неделю, чаще по субботам, захватывая в баню 2 веника.

Рецепт таков

Сухие веники положить в таз, обдать кипятком, накрыть другим тазом, дать распариться листьям 5—7 минут. Впервые достаточно попариться с веничком 5 минут, потом время подхлестывания можно наращивать до 15—20 минут за 2—3 захода в парилку. Подхлестывание веником в бане способствует выведению из суставов продуктов распада, особенно хорошо лечатся веничком прострелы в пояснице при радикулите, ишиасе с болями в ягодицах, бедрах и голенях ног как следствие остеохондроза межпозвоночных дисков. Сибирские знахари рекомендовали таким больным ходить в баню 2 раза в неделю и сильно парить березовым веником больные места.

Кстати отметим, что в народе существует давняя традиция использования и дубовых веников, особенно для лечения гипертоников. Пользоваться дубовым веником нужно более осторожно, так как его листья более кожистые, грубые и крупные. В деревнях раньше дубовые ветки и веники развешивали над кроватью, а когда они высыхали, обдавали кипятком, распаривали листья до устойчивого дубового запаха.

Г.А. и А.В. Воронины сообщают, что через год-два такого лечения гипертония исчезает бесследно. Вдыхание дубового аромата как во время сна, так и в парилке оказывает на больных оздоровляющее действие.

П и щ е в о е п р и м е н е н и е. Всем известен целебный березовый сок, который собирают ранней весной во время сокодвижения по стволу дерева, но и эта процедура должна проводиться только с разрешения лесничества. О пищевом применении березовых листьев в наше относительно благополучное время говорить не приходится, но в старину, особенно при неурожае, лихолетье войны сухие измельченные листья добавляли в муку и пекли лепешки, сочные сладкие сережки цветков также перетирали в муку, добавляли в супы и похлебки.

З а г о т о в к а и с у ш к а. Для лекарственных целей молодые листья собирают в мае во время цветения или в июне — июле в фазе полного их развития, при более поздних сроках они теряют свои лечебные свойства. Обрывают листья руками вместе с черешками. Сушат под навесом или в хорошо проветриваемом помещении, в тени, раскладывая тонким слоем. После сушки березовый лист должен сохранить темно-зеленую окраску верхней и светло-зеленую нижней стороны. Пожелтевшие и потерявшие естественную окраску листья отбраковываются.

Березовые сухие листья хранят в ящиках, выстланных внутри чистой бумагой, в сухом помещении.

Л. Ф. Путинцева

Листья брусники

Брусника — многолетний вечнозеленый полукустарничек с ползучим корневищем и прямостоячими ветвистыми стеблями высотой до 20—25 см, с блестящими шаровидными яркокрасными ягодами.

Л и с т ь я — мелкие, грубоватые, блестящие, сверху темнозеленые, снизу слабо-зеленые с рассеянными бурыми точками (железками), расположены поочередно, короткочерешковые с неясными жилками, по форме овальные, обратнояйцевидные, реже округлые, длиной до 3 см, шириной 1,2 см, со слегка завернутыми внутрь краями.

Л е ч е б н ы е с в о й с т в а. Листья содержат гликозид арбутин, дубильные вещества, органические кислоты (яблочную, лимонную, бензойную и другие), каротин (провитамин А), витамин С, флавоноиды, эфирные масла и другие соединения. Из них главным действующим биологически активным веществом является арбутин, который в организме человека распадается на сахар и гидрохинон, обладающий высоким мочегонным и бактерицидным эффектом. Дубильные вещества листьев обладают способностью уменьшать проницаемость и ломкость кровеносных капилляров, их катехиновый комплекс — свойствами витамина Р.

Бензойная кислота, содержащаяся в листьях и плодах брусники, оказывает сильное антисептическое действие против заболеваний желудочно-кишечного тракта, при туберкулезе легких (кровохарканьи) и других болезнях. Неслучайно ягоды брусники сохраняются в течение всей зимы, так как при этом бензойная кислота является естественным консервантом.

Современной медициной широко используется разнообразный спектр действия биологически активных веществ брусничных листьев в виде чаев, настоев, отваров, применяемых как мочегонное, желчегонное средство, а также при лечении заболеваний печени, почек, мочевого пузыря, подагры, ревматических артритов, хронических запоров и гнилостных поносов. Но особенно ценятся лечебные препараты листьев брусники за оздоровительное воздействие на мочевыводящие пути.

Настой

1 ст. л. листьев брусники залить 1 стаканом кипящей волы, настаивать 30 минут, процедить. Принимать в охлажденном виде по 1—2 ст. л. 3—4 раза в день как мочегонное, при циститах, подагре, болезнях почек и поджелудочной железы.

Народный рецепт

Небольшая горстка сухих листьев брусники (20—30 г) заливается 3 стаканами кипятка, кипятится 10 минут, отвар процеживается. Принимать в течение дня в 3 приема.

Отвар (усиленного действия)

Смесь листьев и ягод брусники (20—30 г) с добавлением 2 ст. л. измельченной травы зверобоя заливается 3 стаканами кипятка, кипятится 10 минут, процеживается. Принимать по 1 стакану 3 раза в день, начиная со второй половины дня, последнюю порцию выпить на ночь. Рекомендуется при ночном недержании мочи.

Отвар (рецепт В.П. Махлаюка)

Взять листья и ягоды брусники и траву зверобоя в равных частях (1:1:1), залить 3 стаканами воды (не кипятка), поставить на огонь и кипятить 10 минут, затем настаивать 1 час и процедить. Принимать по 1/2 стакана 5 раз в день, начиная с 4 часов дня, при непроизвольном ночном мочеиспускании.

> Внимание! У некоторых людей брусничный чай вызывает резь при мочеиспускании (цистит). В этом случае брусничные листья лучше смешивать в равных частях с ромашкой и липовым цветом или листьями малины, пить не более 800 мл в день.

Одним из важных условий приготовления настоев, отваров и чаев из листьев брусники является требование готовить их в закрытой посуде и хранить в темном месте, чтобы предотвратить окисление и разрушение лечебного действия светочувствительного гликозина арбутина. Срок хранения водных лекарств должен быть не более 12 часов.

З а г о т о в к а и с у ш к а . Для лечебных целей листья брусники заготавливают равней весной, до цветения растения, или осенью, в сентябре — октябре, после созревания ягод. Листья обирают руками не более чем с 1/3 кустарничка, чтобы не повредить дальнейшее развитие растения, при этом нужно соблюдать осторожность, чтобы ненароком не вырвать корневище. После сбора листья тщательно сортируют, отбраковывая побуревшие, потемневшие, подгнившие, поврежденные и изъеденные насекомыми листики.

Сушат брусничные листья в темных, хорошо проветриваемых помещениях, раскладывая сырье тонким слоем на бумагу или чистую мешковину. Можно сушить лекарственное сырье и на чердаке, но соблюдать затенение так, чтобы солнечные лучи не попадали на подстилку с листьями. Листья считаются высушенными, когда при пересыпании они издают характерный шелестящий звук. Сухие листья должны сохранить естественную окраску — темно-зеленую сверху и светло-зеленую снизу.

Высушенные листья хранят в деревянных ящиках, высланных бумагой, или в мешках, размещая их на стеллажах в сухом, прохладном затемненном помещении. Срок хранения — до 5 лет.

> Внимание! Там, где заготовляют листья, конечно, собирают и ягоды брусники. При сборе ягод и листьев можно спутать бруснику с похожим на нее видом растения — толокнянкой обыкновенной, у которой плоды также красные, но имеют мучнистый вкус, а края листа не загнуты и без темных точек.

Листья ежевики

Ежевика — многолетний полукустарник с разветвленными стеблями длиной 60—150 см, сам кустарник — до 2—3 м высоты. Ветви и стебли покрыты твердыми многочисленными шипами, ягоды черные или черно-красные с сизым налетом, культурные сорта — черные, красные и желтые. По ботаническим признакам, пищевой и лечебной ценности ежевика во многом сходна с малиной; ботаники рассматривают ежевику как разновидность малины, называя ее «черная, или пурпурная малина».

Л и с т ь я — тройчатые на опушенных длинных черешках или пятилисточковые сложные (у культурных сортов ежевики), с верхней стороны пластинки листа зеленые, матовые или слегка блестящие, с нижней стороны — светло-зеленые с беловатым оттенком, опушенные с шипиками по крупным жилкам.

Л е ч е б н ы е с в о й с т в а. Ежевика как лекарственное растение известна с глубокой древности, о ней писал еще средневековый целитель Авиценна. В ряде стран Европы во время Первой мировой войны для нужд армии собирали листья ежевики, ими лечили кожные болезни, желудочно-кишечные расстройства, дизентерию. Верхушечные побеги растения собирали в начале цветения и использовали как вяжущее закрепляющее средство при пищевых интоксикациях, язвенной болезни желудка и двенадцатиперстной кишки.

Настои листьев ежевики применяют как противовоспалительное и ранозаживляющее средство благодаря наличию в них бактерицидных веществ и фитонцидов. Чаи из листьев пьют в качестве жаждоутоляющего напитка при лихорадочных состояниях, кровохарканье, гипертонической болезни, нервном расстройстве и как средство, регулирующее деятельность желудочно-кишечного тракта.

Водные настои и отвары листьев ежевики в народной медицине давно используются при заболеваниях сердца, суставных болях, поносах, желудочных кровотечениях и обильных менструациях, наружно — для полоскания полости рта при ангине.

Настой

25 г сухих листьев ежевики залить 0,5 л крутого кипятка, настаивать 1 час, процедить. Принимать как противовоспалительное, потогонное, мочегонное и тонизирующее средство по полстакана 3—4 раза в день. Полезны напитки листьев ежевики как жаждоутоляющие напитки, при расстройстве кишечника и вообще регулирующие деятельность пищеварительных путей.

Особенно популярны в народе ежевичные чаи (о них — в «Пищевом применении листьев ежевики»).

Листья ежевики широко применяются в дерматологии и косметике. Примочками из отвара листьев в народе издавна лечат лишаи, экземы, застарелые гнойные раны.

Маска из свежих измельченных листьев ежевики

Подготовленную кашицу из свежих листьев наложить на смазанную жирным кремом кожу лица на 10—15 минут, затем смыть теплой водой. Кожа становится мягкой, упругой, эластичной, маска успокаивающе действует на организм в целом.

Мазь

Из свежих листьев ежевики, тонко измельченных, отжать сок и сразу же смешать со сливочным маслом или вазелином в соотношении 1:4. Мазь использовать для удаления угрей и кожной сыпи.

Кроме использования мази угри, сыпи и дерматиты лечат концентрированными водными настоями листьев ежевики, взятых в соотношении 1:20.

Применяют листья ежевики в составе косметических сборов: по 4 части листьев ежевики, малины, березы, ромашки аптечной и 2 части листьев мяты перечной (травы мяты полевой).

В отечественной официальной медицине ежевика не применяется, но ею широко пользуются медики Болгарии, Польши, Германии и других западноевропейских стран. Кроме уже рассмотренного косметико-дерматологического применения, отвары из листьев ежевики используются для приготовления компрессов при кожных заболеваниях, полосканий для укрепления волос и придания им красивого внешнего вида.

П и щ е в о е п р и м е н е н и е. Чай из листьев ежевики не менее вкусен, чем земляничный, но менее популярен в настоящее время. Вот что пишет известный немецкий ботаник Кунце: «Молодые листья ежевики имеют тот же вкус, как и чистый хороший китайский чай, и несравненно лучший, чем большая часть сортов чая, находящегося в торговле в Европе. Я пил в Восточной Азии много хорошего чая и покупал чайные листья прямо с куста... Я обещал угостить кружок ученых друзей в Берлине двумя сортами чая. Не объясняя, что я делаю, я предложил им сперва свой ежевичный чай, а потом настоящий чай и спросил их мнение. Все нашли, что первый лучше последнего — только тогда я рассказал своим друзьям, в чем дело».

В Болгарии и других европейских странах готовят ежевичный чай, подвергая листья ферментации, как при производстве китайского байхового чая.

Ежевичный чай

Листья ежевики свежего сбора помещают в эмалированную кастрюлю, накрывают крышкой и оставляют на 2—3 дня для увядания, при этом листья чернеют, бродят и выделяют приятный запах лепестков розы, затем листья быстро сушат.

Упрощенный способ приготовления ежевичного чая

Молотые листья подвяливают на открытом воздухе в тени, затем досушивают в духовке при температуре 40°C, после чего мелко нарезают и поджаривают, как бы подрумянивают со всех сторон на сковороде.

Заваривают ежевичный чай из расчета 3 г (щепотка) на 1 стакан кипятка. Пить можно в горячем виде, как чай, или в холодном — как прохладительный налиток. По желанию добавляют сахар.

Хранят ежевичный чай, как и обычный байховый, в жестяных или стеклянных банках с плотно притертыми крышками.

Л. Ф. Путинцева

Листья земляники

Земляника лесная — многолетнее травянистое растение, очень давно введена в культуру, насчитывается много сортов, которые первоначально произошли от американских видов земляники. Землянику в быту часто путают с клубникой — растения схожи, но несколько отличаются по ботаническим признакам. В нашей стране преобладает садовая земляника, а сортов клубники немного, ягоды менее урожайны и мелкоплодны по сравнению с земляникой культурных сортов.

Л и с т ь я — тройчатые, крупнозубчатые, опушенные с нижней стороны тонкими серебристыми волосками, длинночерешковые; из пазух листьев отрастают длинные ползучие побеги — «усы».

Л е ч е б н ы е с в о й с т в а. О прекрасных вкусовых и диетических свойствах ягод земляники знают все, а листья как для лечебных целей, так и приготовления ароматных напитков, вполне заменяющих или дополняющих байховый чай, используются сравнительно редко. В то же время листья содержат много биологически ценных веществ, имеющихся в ягодах.

Одной из замечательных особенностей химического состава листьев является очень высокое содержание витамина С — до 300—400 мг%, в 5 раз и более чем в самих ягодах, отсюда можно предположить, какими же бесценными напитками являются чаи и настои листьев против заболевания цингой и в качестве общеукрепляющего свойства. Листья содержат дубильные вещества, флавоноиды Р-витаминного действия, фитонциды, каротин (провитамин А), следы алкалоидов.

Действие биологически активных веществ листьев земляники очень разнообразно. Народной медициной давно используются настои и чаи из листьев при лечении колитов, гастритов, бронхиальной астмы, желудочно-кишечных заболеваний, желтухи, почечно-каменной болезни, отеков, старых язв и сыпей. Наружно эти препараты применяют для полоскания полости рта при воспалительных нагноениях, зловонном запахе изо рта, для очищения зубов от камня.

Настой земляничный

20 г высушенных листьев земляники залить стаканом кипятка, кипятить 5 минут, настаивать 2 часа, процедить. Принимать по 1/3 стакана 3 раза в день перед едой. Отвар также можно применять наружно в виде припарок при геморрое, в виде компрессов — при мокнущих и кровоточащих ранах, для полоскания полости рта при дурном запахе.

Современной медициной установлено, что препараты из листьев земляники являются хорошим мочегонным средством, расширяют кровеносные сосуды, замедляют ритм и усиливают амплитуду сердечной деятельности, усиливают сокращение матки. Оказывают положительное действие настоя и отвары листьев для снижения ночной потливости организма.

Отвар

1 ст. л. измельченных сухих листьев земляники залить 1 стаканом кипятка, кипятить 15 минут, процедить. Принимать по 1/3 стакана 3 раза в день при колитах, желтухе, почечно-каменной болезни, отеках, сыпях, язвах, маточных кровотечениях, дизентерии, для полосканий при ангинах.

Свежие листья земляники обладают сильным фитонцидным действием, их можно прикладывать к гнойным, долго незаживающим ранам и язвам. Распаренные листья ускоряют их заживление, улучшают общее состояние кожного покрова, помогают этому процессу примочки и компрессы из отваров свежих и сухих листьев земляники. Припарки и компрессы из свежих и сушеных листьев ослабляют боли в печени, ревматические боли и зубную боль. Водные настои листьев в виде примочек применяют в косметике для удаления угрей и пигментных пятен на лице.

В народе издавна готовят из листьев земляники приятный витаминный чай, который применяют для лечения подагры, астмы, желчнокаменной болезни, при бессоннице и как хорошо успокаивающее средство. Особенно вкусен чай как напиток, заменяющий байховый (индийский, китайский) из листьев, подвергнутых специальной обработке.

Пищевое применение. В России с давних времен нарезанные листья земляники подмешивали к байховому чаю, такие чайные заварки особенно ценились в Польше. Известный травник Носаль М.А. в своей книге «Лекарственные растения и способы их применения в народе» писал: «Не умаляя достоинств чая как общепризнанного напитка, считаю, однако, что если бы прижился такой же напиток из листьев земляники, как чай, здоровье людей при этом только выиграло бы. Во многих домах я наблюдал обычай пить земляничный чай в смеси с черешками из вишневых ягод»... Черешки (длинные плодоножки от вишен) добавлялись для усиления терпкости и улучшения вкуса.

Вкусен и ароматен чай из свежих или быстро подсушенных листьев земляники, его часто пьют в летне-осенний период, но еще отменнее, если листья завялить, скрутить и подвергнуть ферментации, то есть брожению чайного сырья. Технология несложна, ее можно вполне применить в домашних условиях и таким образом заготовить земляничный чай впрок.

Земляничная заварка

Для приготовления земляничного чая отбирают самые лучшие, неповрежденные листья, черешки удаляют. Сначала листья завяливают в течение 3—5 часов, чтобы часть влаги испарилась, а сами листья потеряли упругость и стали подвяленными.

Закрутку листьев делают между ладонями или на столе до тех пор, пока из них не выделится сок с листа, станут мягкими, как бы сырыми и липкими наощупь. Скрученные листья складывают в картонный ящик, сверху накрывают влажной тканью и оставляют для ферментации на 7—9 часов в комнате при обычной температуре. При этом усиленно под действием ферментов происходят окисление дубильных веществ, что способствует улучшению вкуса, аромата и насыщенного интенсивного цвета готового напитка.

После ферментации чай сушат до состояния обычно сухого продукта, измельчают, расфасовывают в чайницы или картонные коробки (можно из-под байхового чая). Такую заварку можно использовать всю зиму.

Земляничный чай не только прекрасный жаждоутоляющий напиток, но и весьма целебный, его готовят как обычный чай. Норма: щепотка (3 г) ферментированного готового чая на заварочный чайник.

Земляничные листья в травяных чаях хорошо сочетаются с листьями малины, ежевики, с добавлением цветков липы и травы зверобоя. Эти чаи обладают общеукрепляющим, кроветворным, противосклеротическим действием и улучшают обмен веществ, а по вкусу и аромату не уступают байховому китайскому чаю.

Напиток из земляничного листа и мяты

На 1 л напитка — по 40 г листьев земляники и мяты, 75 г сахарного песка, 1,1 л воды.

Сушеные листья земляники и мяты залить кипятком и настоять под крышкой в течение 10—20 минут. Настой процедить через ситечко, добавить сахар. На стол можно подавать в холодном и горячем виде.

З а г о т о в к а и с у ш к а. Для лечебных целей листья земляники заготавливают в период цветения растений, отбраковывая нездоровые и поврежденные листы. Сырье раскладывают тонким слоем (3 см) на чистую бумагу или тканевую подстилку, отделив от листьев черешки, и сушат в тени в хорошо проветриваемом помещении, периодически вороша. Можно длинные черешки, не отделяя их, связать вместе в небольшие пучки листьев и подвесить на чердаке или под навесом, не допуская попадания на них прямых солнечных лучей.

Высушенные листья должны иметь естественную зеленую окраску, легко ломаться при растирании пальцами, с приятным тонким запахом. Готовый продукт расфасовывают в картонные коробки, жестяные банки с притертыми крышками и хранят в сухом прохладном месте.

Для приготовления земляничного чая лучше подойдет осенний сбор листьев, по вкусу они будут более терпкие, с накоплением наибольшего количества дубильных веществ. Чай из листьев клубники вкуснее с побегов. Для чаев используют лесную и садовую землянику.

Листья клена

Клен среди российских деревьев стоит как бы особняком: он не встречается на каждом шагу, как береза, сосна или липа, но его любят все за живописную палитру листьев, особенно осенью, когда «в багрец и золото одетые леса» радуют глаз, да и конфигурация кленового листа весьма необычна, красива.

Л и с т ь я — черешковые, голые, темно-зеленые, пятилопастные, на концах лопастей острые, а между лопастями закругленные, форма кленового листа особенно привлекательна и ее не спутаешь с листом никаких других деревьев.

Л е ч е б н ы е   с в о й с т в а . Листья и побеги клена остролистного используются в народной медицине как желчегонное, антисептическое, ранозаживляющее, противовоспалительное и болеутоляющее средство. Настоями и отварами листьев лечат цингу, желтуху, почечно-каменную болезнь, их применяют также как мочегонное, противорвотное и тонизирующее средство. Свежие листья прикладывают к хронически гноящимся ранам.

Листья клена богаты витамином С, которого накапливается до 268 мг%, что значительно больше, чем в листве многих других деревьев. Поэтому настои листьев можно рассматривать как витаминные налитки, как противоцинготное и профилактическое средство против авитаминоза С. В листьях найдены алкалоиды, каротиноиды, дубильные и другие полезные вещества.

Настой

1 ст. л. свежих измельченных листьев настоять в стакане кипятка, процедить. Принимать по 2 ст. л. 4—5 раз в день за 20 минут до еды при почечных коликах, заболеваниях почек, мочевого пузыря, почечно-каменной болезни и как тонизирующее средство.

Отвар

Измельченные листья (10 г) заливают кипятком, кипятят 5 минут, процеживают. Вместе с листьями рекомендуется использовать и семена клена при воспалении верхних дыхательных путей, воспалении легких и острых респираторных заболеваниях. Принимать отвар по назначению врача (самолечение недопустимо). Следует отметить, что по сравнению с нежной листвой березы и других мелколистных пород деревьев употребление сравнительно грубых по структуре листьев клена ограниченно. Употреблять для лечебных целей можно только молодые листья, грубые и изменившие окраску должны отбраковываться.

Листья клена обладают удивительным свойством барометра, предсказывающего появление дождя. Дело в том, что с черешков листьев начинают стекать капельки влаги — в народе говорят «клен плачет» и появление этих «слез» находится в прямой зависимости от влажности воздуха. Когда воздух сухой, испарение влаги с поверхности листьев незаметно, и, наоборот, чем влажнее воздух, а это наблюдается с приближением дождя, тем испарение сильнее. Тогда и «плачет» клен, свидетельствуя о скором появлении дождя, ибо избыток влаги в листьях при повышенной влажности воздушной атмосферы не может незаметно испариться, и вода выделяется в виде капелек.

В народе давно подмечено, так же, как и специалистами, что даже при незначительном изменении влажности окружающего воздуха клен фиксирует эти изменения и начинает «плакать», а это значит, что скоро пойдет дождь.

Л. Ф. Путинцева

Листья малины

Малина — многолетний кустарник высотой до 2 м, широко распространена как в диком (до 600 видов), так и окультивированном состоянии. Плоды малины — сложные костянки с крупными семенами, легко отделяются от плодоложа, являются одним из лучших ягодных десертов и прекрасным сырьем для продуктов консервирования. Сортов малины великое число как отечественной, так и зарубежной селекции. Наряду с плодами высокую лечебную ценность представляют листья малины.

Л и с т ь я — очередные, черешковые, непарно-перистые, верхние — тройчатые, от 3 до 7 листочков на ветке, сверху зеленые, снизу зеленовато-войлочные.

Л е ч е б н ы е с в о й с т в а. Всем широко известны потогонные, жаропонижающие свойства сушеных ягод малины, при употреблении ее настоев и чаев вместе с потом и понижением температуры уходят из тела простудные хвори. Малина содержит богатый набор целебных веществ: витаминов, микроэлементов, каротина, катехинов, эфирных масел и других биологически активных соединений. Все эти действующие лечебные вещества присутствуют и в листьях растения.

Основное лечебное действие листьев малины — вяжущее, противовоспалительное, а преимущественное применение — при гриппе и простудных заболеваниях.

Настой

1 ст. л. измельченных листьев малины вместе с ветками (желательно красного цвета) залить 0,5 л кипятка, накрыть крышкой посуду, хорошо укутать, настаивать 2 часа, процедить. Принимать по 1/2 стакана 4—5 раз в день при простудном воспалении на губах (герпесе).

Отвар

Взять одногодичные стебли малины, поломать их на отрезки 4—5 см, залить кипятком из расчета 50 г стеблей на 1 л кипятка, кипятить 5 минут, процедить. Пить с медом или плодами самой малины при простудных заболеваниях.

Листья малины содержат много дубильных веществ, поэтому настои и чаи из них пьют при неукротимых поносах, колитах, желудочных кровотечениях, ангине и заболеваниях дыхательных путей, наружно — при кожных заболеваниях. В Германии и Болгарии широко применяют настои и отвары листьев малины при стоматитах и фарингитах, а также ангинах.

Настой от ангины

6 г сухих листьев малины (1 ст. л. — 1,1 г) залить 1 стаканом кипятка, настаивать 15 минут и процедить. Принимать по 1/2 стакана 3 раза в день. Настои в разбавленном виде хорошо принимать в виде полосканий горла при ангине.

Вяжущее и закрепляющее действие настоев и чаев на листьях малины оказывает скорый лечебный эффект при расстройствах желудка, особенно при поносах и дизентерии, но кроме того, вяжущим свойством при кровотечениях, воспалительных заболеваниях кишок, органов дыхания. Наряду с цветками и плодами листья малины обладают антисклеротическим действием.

Хорошее освежающее действие на кожу лица оказывает маска из измельченных свежих листьев малины, а также водные настои — для лечения угрей, сыпей и дерматитов. Для лечения этих кожных аномалий используют мазь, приготовленную так же, как из листьев ежевики.

В восточной и тибетской медицине против гриппа используют отвары веток кустов малины, причем прописывают их собирать и зимой, и летом.

Отвар веток от гриппа

1 ст. л. мелко нарезанных стеблей залить 1 стаканом кипятка, кипятить 10—20 минут, настаивать 2 часа, процедить. Пить небольшими глотками в течение дня, но часто.

Листья малины — незаменимый компонент для ароматизации сборных травянистых чаев (да и просто к байховому чаю), придавая напиткам более насыщенный, вяжущий вкус и тонкий аромат. Листья включают также во многие лечебные травяные сборы.

Сушат, упаковывают и хранят сухие листья малины, как и ежевичные.

Листья ольхи

Ольха — в растительном мире лугов и болот наряду с высокими зарослями крупных трав и мхов можно заметить возвышающееся над ними дерево ольхи. В лесной флоре ольха занимает скромное место, но зато весной зацветает раньше всех деревьев.

Л и с т ь я — (всего насчитывается до 9 видов ольхи, но более известны серая и черная ольха) у серой ольхи овальные или эллипсовидные со слабым заострением на верхушке, по краю двоякозубчатые, сверху гладкие, темно-зеленые, снизу опушенные и светло-зеленые. У черной ольхи листья незаостренные, а тупые, даже имеют на верхушке небольшую выемку, на нижней стороне характерные пучки волосков в уголках жилок. Листья ольхи держатся на ветках до поздней осени, не желтея, опадают зелеными.

Л е ч е б н ы е с в о й с т в а. Лечебную ценность представляют прежде всего одеревеневшие шишки — соплодия ольхи, в них содержится много дубильных веществ, благодаря чему они обладают сильным вяжущим и дезинфицирующим действием. Кроме того, в растении найдены гликозиды, алкалоиды, флавоноиды, органические кислоты. Настой и отвары шишек ольхи применяют при язве желудка и двенадцатиперстной кишки, остром хроническом воспалении толстой и тонкой кишок как быстродействующее вяжущее средство для прекращения поноса.

Отвар шишек ольхи

2 ст. л. шишек ольхи на стакан кипятка, кипятить 15 минут на медленном огне, охладить, процедить. Принимать при язве желудка и двенадцатиперстной кишки по 1/3 стакана 2—3 раза в день за 30 минут до еды.

Лечебными свойствами обладают и листья ольхи.

Настой из листьев

2 ст. л. измельченных листьев залить стаканом кипятка, нагреть на кипящей водяной бане 15 минут, охладить, процедить. Принимать по 1/3 стакана 2—3 раза в день за 30 минут до еды как легкое слабительное при запорах, а также при раке выходной части прямой кишки.

Способ 2

15 г измельченных листьев черной ольхи залить стаканом кипятка, настаивать 30 минут в закрытой посуде на кипящей водяной бане, охладить, процедить. Принимать внутрь по 1/3 стакана 2—3 раза в день за 30 минут до еды при раке молочной железы, выходящей части желудка и двенадцатиперстной кишки. Отвар также можно использовать наружно для компрессов, примочек и спринцеваний.

В медицинской практике противопоказаний препаратам ольхи не установлено, не оказывают они и побочного действия. Однако курс лечения в любом случае надо проходить под наблюдением врача. Соплодия ольхи входят в состав многих желудочных чаев, оказывающих вяжущее действие при расстройстве желудка, сопровождающегося изнурительными поносами.

Летом, после длительной ходьбы, полезно принять ванну с листьями ольхи для снятия усталости ног. В аптеках продаются препараты ольхи в виде настоев, экстрактов, для использования которых нужно посоветоваться с лечащим врачом.

Листья осины

Осина, или тополь дрожащий, — очень распространенное дерево в русских лесах, особенно в европейской части нашей страны.

Л и с т ь я — округлой формы, с крупными, тупозаостренными зубцами по краю. Лист прикреплен к длинному черешку, легко колеблется при движении воздуха, издавая характерный шелест. Окраска листьев серо-зеленая, в период роста слегка опушенная, позже голая.

Лечебные свойства. Осина издавна использовалась в народной медицине. В ее листьях обнаружено до 470 мг% витамина С, много каротина (провитамина А), горькие гликозиды, эфирное масло и другие биологически активные вещества. Особенно ценится молодая кора осины, которая, кроме перечисленных биоактивных веществ, содержит много дубильных, смолистых и пектиновых веществ. Настой коры помогает от цинги, лихорадки, застарелой простуды, пневмонии, при туберкулезе легких, зубной боли.

Настоями осиновой коры лечили болезни горла. Сухие почки осины или кора также обладают сильным лечебным эффектом как противопростудное и потогонное средство.

Отвар

1 ст. л. сухих почек, листьев или коры осины — на 1 стакан кипятка, кипятить в течение часа, процедить. Пить горячим по 1 ст. л. 3 раза в день.

Листьями осины лечат фурункулы, подагру, геморроидальные шишки, для этого свежие листья обваривают кипятком, измельчают и прикладывают к больным местам.

Лечебный чай

Молодые листья осины разложить на листе фанеры, сверху накрыть мокрой тканью и подвялить в течение 8—10 часов, затем листья сложить в кастрюлю и поставить томить при температуре 50—55°С, при этом листья утрачивают горечь, приобретают бальзамический запах, затем их сушат и измельчают.

Заваривают, как обычный чай, еще лучше, если к заварке добавить листья земляники, смородины, мяты.

Листья тополя

Тополь — красивое и могучее дерево, в России насчитывается до 50 его видов, наиболее распространенными являются тополь черный, или осокорь, тополь пирамидальный, тополь белый, встречается иногда тополь серебристый и другие.

Тополиные насаждения — целая фабрика кислорода! Они и «санитары», очищающие городскую атмосферу от углекислого газа. Подсчитано, что одно дерево тополя выделяет столько же кислорода, сколько 3 липы, 4 сосны или 7 елей. 1 тополь за вегетационный период освобождает от 20—30 кг сажи и пыли, находящихся в атмосфере воздуха во взвешенном состоянии.

В античной Греции тополями обсаживали центральные улицы и площади полисов, на которых проходили народные собрания. Из-за высокой способности поглощать углекислый газ и пыль тополь незаменим в зонах промышленных предприятий с вредными выбросами, вдоль автострад и железных дорог. Заботливые администраторы издавна сажают тополя в санаторных, пригородных зонах отдыха. Красивый декоративный вид ласкает взор, так что тополя уместны на любой жизненно важной территории.

За одни сутки дерево тополя может вырасти на 6 см, а к 7—8 годам уже дать поделочную древесину, в 15—20-летнем возрасте накапливает уже столько древесины, сколько дуб только к 100 годам своей жизни. Зато сам тополь живет не так уж долго — 80—100 лет.

Л и с т ь я у черного тополя треугольной или ромбической формы, гладкие, блестящие, к верхушке суженные, по краям пильчатые, сверху темно-зеленые, снизу более светлые; расположены на длинных черешках, легко колышутся и шумят на ветру, подобно листьям осины. Молодые листья выделяют душистую смолу.

Л е ч е б н ы е с в о й с т в а. Лекарственное значение имеет тополь черный, его почки продолговатой, яйцевидной формы содержат гликозиды пупулин, салицин и хризин, эфирное масло, горькие смолистые и дубильные вещества, яблочную и галловую кислоты, жирное масло. Из них вырабатывают препараты, которые используют в медицине как противовоспалительное, противоревматическое, жаропонижающее, отхаркивающее, мочегонное и вяжущее средства. Кроме того, из них готовят настой от подагры, геморроя, ожогов, для укрепления и роста волос.

Настой тополиных почек

20 г сухих почек на 1 стакан кипятка, процедить и после пить по 1 ст. л. 3 раза в день.

Почки тополя, смешанные с водкой в соотношении 1:10, применяют для втираний при ревматизме и подагре.

Мазь

3 ст. л. хорошо измельченных почек перемешать с 3 ложками несоленого сливочного масла.

Использовать при подагре, заболеваниях суставов, фурункулах, трещинах губ и сосков, а также при стафилококковых заболеваниях кожи. Поможет мазь и от грибка. Наконец, ознакомимся с простым народным средством лечения при отложении солей, артрите, суставном ревматизме с помощью ванн.

Ванна из настоя листьев и молодых побегов тополя

У подножия зрелого тополя собрать полведра отростков, залить их кипятком почти до верха края ведра и, плотно закрыв крышкой, оставить настояться на ночь. Настой утром слить, процедить. После мытья тела сделать ванну, вылив в нее настой и полежать в воде 5 минут, не вытирая тела, укутаться хорошо и лечь в постель.

Листья черники

Черника — многолетний дикорастущий низкий полукустарничек высотой до 50 см, с круглым прямостоячим бурым стеблем; сильно ветвистыми, островатым, тонкими зелеными ветками. Распространен в северной, средней зонах Европейской части России, а также местами в Западной Сибири, Забайкалье, в субальпийских и альпийских поясах, горах Сибири, Дальнего Востока и Кавказа. Плоды — ягоды шаровидной формы с верхушечной выемкой, черные с сизовато-синим налетом, мелкими яйцевидными семенами, приятной кисло-сладкой мякотью — представляют исключительно важную ценность в лечебном, диетическом питании и пищевом потреблении.

Листья — очередные, короткочерешковые, яйцевидные или продолговатые, слегка заостренные, длиной 1—2 см с мелкопильчатым краем, светло-зеленые, блестящие, снизу с сетчатыми жилками.

Лечебные свойства. В лечебных целях применяют не только ягоды, но и листья растения, в них находятся те же химические соединения, за исключением сахаров, органических кислот, пектиновых веществ, которые накапливаются уже в ходе созревания ягод.

Листья богаты дубильными веществами — 18—20%, содержат большой набор биологически активных веществ: витамины С, В, РР, каротин (провитамин А), Р-активные флавоноиды, микроэлементы, фитонциды, гликозиды арбутин, миртиллин, неомиртиллин, гидрохинон, пигменты кверцетин и изоквецетин глюкозидного строения, тритерпеновые и цериловые спирты и другие соединения. Отсюда и разностороннее лечебное действие листьев черники: желудочно-кишечное, особенно вяжущее, улучшающее обмен веществ, мочегонное, обезболивающее, противоспазматическое и противовоспалительное, улучшающее зрение. Водные чаи, настои и отвары листьев применяются при поносах, усилении брожения и газообразования в кишечнике, вздутии кишок, что особенно важно для лечения детей и людей пожилого возраста.

Исключительный лечебный эффект препараты листьев черники оказывают при сахарном диабете, простудных заболеваниях, подагре, ревматизме, почечно-каменной болезни и заболеваниях мочевого пузыря, наружно — при воспалениях десен, гортани, зева и слизистых оболочек полости рта, кожных заболеваниях, ожогах, геморрое.

Дубильные вещества листьев черники обладают целительным действием при перечисленных болезнях желудочно-кишечного тракта; гликозиды атрубин, мирталлин и неомирталлин обладают инсулиноподобным действием, что особенно важно для лиц, страдающих диабетом; арбутин также оказывает лечебное действие на почки и пиелонефриты.

В народной медицине отвары и настои листьев черники пьют и как слабительное, отвары листьев с ветками — при болезнях сердца, используют наружно. Приведем ряд рецептов.

Настой

1 ст. л. измельченных побегов и листьев черники залить 3 стаканами кипятка, настаивать 1—2 часа, процедить. Пить по 1 стакану 3 раза в день как средство, вяжущее при поносе, а также при сахарном диабете.

Профилактический чай

2—3 ст. л. сухих листьев черники на стакан кипятка, после заварки довести до состояния кипения, но не кипятить. Пить как чай при циститах, уретритах, диабете.

Отвар

1 ст. л. измельченных побегов и листьев черники залить 1—2 стаканами воды, кипятить на медленном огне 10 минут, охладить, процедить. Применять так же, как чай или настой при сахарном диабете. Для получения более мягкого водного настоя залитые кипятком листья выдержать на горячей плите. Эти водные препараты способствуют лечению ангины, воспалений в полости рта, горла, стоматита.

Экстракты

Настои и отвары листьев черники, полученные по вышеуказанным рецептам, уварить до уменьшения объема в 2—3 раза, в дальнейшем применять в разведенном состоянии наружно для полосканий, компрессов, примочек, клизм, при спринцеваниях и геморрое.

З а г о т о в к а и с у ш к а. Листья черники собирают в период цветения растения, в мае — июне. Для лекарственных целей обрывают руками только средние стеблевые листья, не затрагивая верхушек побегов, и нижние корневые листья, чтобы не повредить и не задержать дальнейший рост кустарника. Сушат листья в печи, раскладывая тонким слоем на бумагу или ткань в хорошо проветриваем месте. Быстро идет сушка листьев на чердаке под железной крышей, также в затемненном месте, время от времени листья нужно ворошить для предотвращения их побурения. Сухие листья должны иметь светло-зеленый цвет.

Готовое лекарственное сырье хранят в тканевых мешках, коробках, жестяных или стеклянных банках с притертыми крышками в сухом прохладном помещении.

Наряду с черничными можно заготавливать и листья голубики.

Г о л у б и к а — во многом схожа с черникой, но кустарник более крупный, высотой от 0,3 до 1,4 м, с более крупными (иногда в 2—3 раза) ягодами светлого голубого цвета с выраженным восковым налетом. Ягоды сладковатые, по вкусу почти пресные, с мелкими светло-коричневыми семенами, представляют ту же диетическую ценность, что и ягоды черники. Растение любит расти не только во влажных, сырых лесах, но и торфяных болотах, иногда в зарослях кустарников.

Л и с т ь я — схожие по форме с листьями черники, обратнояйцевидные, но не с зубчатыми, а цельными краями, загнутыми внутрь, сверху темно-зеленые, снизу сизые, как и у черники, на зиму опадают.

Листья и ягоды голубики содержат много полезных веществ

аналогично чернике. Листья и побеги в виде отваров используют при сахарном диабете, болезнях сердца, в качестве слабительного средства.

> Внимание! Иногда сборщики голубики чувствуют головную боль, но это ощущение происходит от растущего рядом багульника, пыльца которого попадает на ягоды и листья голубики, само же растение никаких вредных веществ не содержит.

Листья черной смородины

Смородина черная — кустарник с прямостоячими ветвистыми стеблями, высотой 1,0—1,5 м; стволики и старые ветки часто искривленные, молодые побеги — опушенные, постепенно приобретают коричневую окраску, нижние ветки часто стелются по земле. Плоды — ягоды черные, шаровидные, с нежной мякотью и мелкими многочисленными семенами, приятного кисло-сладкого вкуса.

Листья — очередные, черешковые, трех- или пятилопастные, срединная доля листа немного крупнее боковых листиков, имеют сердцевидное основание, сверху темно-зеленые, тусклые, голые, снизу — опушенные, с янтарными железками, придающими специфичный черной смородине запах; край листа пильчатый и крупнозубчатый.

Лечебные свойства. Исключительно ценными в лечебном и пищевом значении являются ягоды черной смородины, но все биологически активные вещества в плодах присущи и листьям растения. В листьях содержится даже больше витамина С, чем в ягодах — 316—476 мг%, богатый набор микроэлементов — марганца, меди, цинка, серебра, магния, из макроэлементов — калия, кальция и серы. Содержатся фитонциды и эфирные масла, обладающие сильным антимикробным действием, каротин, флавоноиды и другие соединения. Наличие значительного количества дубильных веществ обусловливает вяжущие свойства и лечебное действие против многих желудочно-кишечных заболеваний, в том числе инфекционного происхождения.

Отвары листьев черной смородины издавна использовались в народной медицине при авитаминозах, малокровии (анемии), при ревматизме, подагре, болях в суставах, для детей — при диатезе. Листья черной смородины используют для ванн (хорошо при этом употреблять их отвары и настои внутрь) против кожных заболеваний, для детей — больных желтухой. С таким же успехом могут быть применены листья красной смородины как мочегонное, кровоостанавливающее средство, улучшающее обмен веществ при подагре и сахарном диабете.

Высоко ценятся витаминные чаи из листьев черной смородины, как антицинготные, общеукрепляющие напитки. Пьют их в разных дозах в виде горячего напитка при общих недомоганиях, простуде, болезнях мочевого пузыря и камнях в почках, как мочегонное и антиревматическое средство.

Настой листьев

1 ст. л. листьев черной смородины залить 2 стаканами кипятка, настаивать несколько часов, процедить. Принимать по 1/2 стакана 4—5 раз в день при ревматизме и подагре.

Настой

1 ч. л. измельченных листьев черной смородины настоять в 1 стакане кипятка, укутав посуду (чайник) или заварить в термосе на 3—4 часа. Принимать по 1/2 стакана 4—5 раз в день при гриппе, простудных заболеваниях.

Отвар

Щепотку листьев черной смородины (измельченных) залить 0,5 л кипятка, кипятить 5 минут. Принимать теплым по стакану 3—4 раза в день при тех же заболеваниях, что и настои.

Для более сильного действия отвар настаивать минут 30, затем процедить.

Настои и отвары по указанным выше рецептам по 1/2 стакана 4—5 раз в день рекомендуется принимать при водянке, камнях в мочевом пузыре, ревматизме, подагре, ночной и дневной задержке мочи.

В косметических целях широко применяются маски из измельченных свежих листьев черной смородины, они усиливают обменные процессы в коже, оказывают некоторый отбеливающий эффект при веснушках и пигментных пятнах. Настои и отвары листьев широко применяют для компрессов, ванн и ванночек против различных кожных заболеваний.

Маска

10—15 г измельченных листьев черной смородины залить 1/2 стакана кипятка, дать настояться 15—20 минут, настой процедить, добавить 1 ст. л. сока ягод черной смородины, перемешать. Смочить в настое марлю, сложить ее в несколько слоев, наложить на лицо на 20 минут. После снятия маски ополоснуть лицо водой комнатной температуры. Рекомендуется для нормальной кожи. Курс — 15—20 масок, 2 раза в неделю.

Компресс

100 г листьев черной смородины залить 400 мл кипятка, поставить на маленький огонь, подержать 5 минут, затем дать настояться 40 минут, процедить. Готовый отвар использовать для компрессов; на раздраженную, потрескавшуюся кожу рук и ног наложить распаренные листья, сверху накрыть салфеткой, смоченной в отваре и слегка отжатой, закрепить тканью или целлофаном.

Из отвара листьев можно приготовить лосьон, добавив к нему 1 ч. л. меда, им протирать кожу после гигиенических процедур. Хранить лосьон в холодильнике.

Ванночка для ног

Из 1 ч. л. измельченных листьев на 200 мл воды приготовить отвар (кипятить 10 минут), растворить в отваре 4 ст. л. поваренной соли или 20 мл уксуса и влить в ванночку с водой, подержать в тазике ноги 10 минут, затем насухо вытереть полотенцем, посыпать тальком или смазать любым кремом для ног. Такие ванночки снижают потливость и снимают усталость ног.

П и щ е в о е п р и м е н е н и е. Свежие и сухие листья черной смородины широко применяются для приготовления чая и напитков, обладающих высоким содержанием витаминов и особенно витамина С.

Листья черной смородины обладают специфичным ароматом, использование их при консервировании овощей придает готовому продукту не только пикантный запах, но способствует сохранению более плотной консистенции соленых огурцов, патиссонов и других овощей.

З а г о т о в к а и с у ш к а. Для лечебных целей собирают только здоровые, естественной окраски листья, сохранившие свой специфичный запах, без повреждений сельхозвредителями и болезнями. Собирают листья со средней части веток, верхушки и нижнюю часть не трогают. Сушат в тени, при хорошей вентиляции. После сушки листья должны сохранить темно-зеленую окраску, приятный запах.

Листья хвойных деревьев

До сих пор рассматривались лечебные свойства листьев лиственных пород, у которых лист в виде плоской пластинки с выраженным жилкованием его поверхности (береза, клен и другие). По состоянию листа они делятся на мелколиственные (береза, ива, ольха и т. д.) и широколиственные (дуб, клен, тополь и другие). К лиственным породам относятся также плодово-ягодные деревья и кустарники.

Хвойные породы от лиственных отличаются тем, что их листья — хвоинки имеют узкую игольчатую форму различных очертаний и размеров. Большинство деревьев, за исключением лиственницы, сохраняют хвою в течение всего года, а лиственница ее на зиму сбрасывает. Состав хвойных пород немногочислен — сосна, кедр, ель, лиственница, пихта, можжевельник, но именно они преобладают в лесных массивах Европейской части, Сибири и Дальнего Востока. В аспекте нашего повествования будут рассмотрены прежде всего лечебные свойства этих деревьев.

Сосна обыкновенная

Сосна — одно из самых древних деревьев на Земле, дерево высотой до 30—40 м, с диаметром ствола до 1,5 м, с широко раскидистой кроной, тонкой оранжевой корой.

Л и с т ь я — игольчатые хвоинки, расположенные попарно на коротких побегах, длиной 4—7 см, полуцилиндрической формы, ярко-зеленого цвета с сизоватым налетом. К осени крона сосны приобретает пеструю окраску, часть хвои, более старой по возрасту, темнеет и отмирает, более молодая остается зеленой.

Л е ч е б н ы е с в о й с т в а. Почему воздух соснового бора особенно чист и целебен? Древесная масса и крона деревьев поглощают вредный для здоровья углекислый газ и выделяют кислород, осуществляя извечный процесс фотосинтеза. Но что-то мы чувствуем еще, вдыхая воздух леса, ворсинки эпителия носа улавливают пряные летучие вещества — фитонциды. Фитонциды губительно действуют на патогенные микроорганизмы, вредные для организма человека. Стерилизующее действие фитонцидов особенно сильно воздействует на верхние дыхательные пути, предупреждая развитие ангины, гриппа, бронхита и других инфекционных заболеваний. Смолистый воздух хвойных насаждений прозрачно чист, наполнен ароматом сосны, в нем легко дышится.

При археологических раскопках на территории Шумерского царства были найдены глиняные таблички с лечебными рецептами: еще 5 тысяч лет назад шумеры использовали экстракты сосновой хвои в качестве компрессов и припарок. Сосна воистину лечебное дерево, ее кора, древесина, хвоя пропитаны пахучими летучими веществами, которые рассеиваются в атмосфере и обеззараживают воздух. При окислении эфирных масел сосны выделяется озон (трехатомный кислород), который также оздоровляет организм человека.

Наши предки славяне использовали сосну как лекарственное дерево: смолой, дегтем сводили лишаи и экзему, порошком высушенного сока хвои засыпали раны. Поморы Севера издавна употребляли ее хвойные лапки против скорбута как антицинготное средство, с этой же целью хвоя сосны использовалась моряками в длительных путешествиях.

Хвоя сосны, кроме уже упомянутых фитонцидов, содержит витамин С, каротин, дубильные и антоциановые соединения, алкалоиды, терпены и другие вещества. В современной фармакологии хвоя относится к ценному сырью медицинской промышленности, их нее готовят настои и экстракты для профилактики и лечения гипо- и авитаминоза, их используют как дезинфицирующее, отхаркивающее и мочегонное средство, для ингаляции при заболевании легких и верхних дыхательных путей, для общеукрепляющих ванн.

Следует отметить, что учеными советского периода было сделано много исследований и внедрений в производство отходов лесозаготовок, так называемого лапника, который служит отличным материалом для производства лечебных препаратов. Выявлено, что хвоя может накапливать до 300 мг% витамина С, к тому же она богата хлорофиллом, каротиноидами, витамином К, фитонцидами и другими биологически активными веществами. Во время блокады Ленинграда в Лесотехнической академии было налажено производство витаминного напитка для раненых в госпиталях и гражданского населения. Сотрудники этой же академии разработали производство хлорофилло-каротиновой пасты, имеющей высокий лечебный эффект в хирургии, стоматологии и других отраслях практической медицины. Эта паста, полученная по рецепту Ф.Т. Солодовского, используется как наружное средство при ожогах, различных кожных заболеваниях, назначается внутрь при язвенной болезни.

В наши дни популярен экстракт хвои сосны, который добавляют в лечебные ванны, назначаемые при нервных и сердечных заболеваниях.

Витаминный напиток из хвои сосны

Иглы хвои — 200 г, воды — 1 л, сахара — 40 г, ароматической эссенции — 7 г, лимонной кислоты — 5 г.

Свежие зеленые иглы хвои промыть холодной водой, затем опустить в кипящую воду с таким расчетом, чтобы не прекращалось кипение и варить 30—40 минут, накрыв кастрюлю крышкой. В отвар добавить сахар, ароматическую эссенцию и лимонную кислоту. Напиток процедить и охладить. Хранить в холодном месте не более 10 часов.

Для лечебных целей сосновую хвою можно собирать круглый год. Иногда можно сделать небольшие запасы хвои, срезая концы веток (лапки) длиной 15—20 см, хранить их на холоде не более двух месяцев. Наибольшее содержание витамина С установлено в осенней и весенней хвое двух-, трехлетнего возраста. В теплом помещении содержание витамина С снижается через 5—10 дней хранения.

Общеукрепляющий и успокаивающий сосновый бальзам

30 г молодых побегов сосны отварить в 1 л молока (время по своему усмотрению). Пить по 1 стакану 3 раза в день.

Хвойный экстракт

Хвою веток сосны промыть, измельчить, залить холодной водой, поставить на огонь, довести до кипения и кипятить 30 минут, затем настаивать в темном месте в течение 12 часов, процедить. Полученный экстракт должен быть коричневого цвета, с приятным хвойным запахом.

На одну ванну достаточно 1,5—2 л экстракта; температуру ванны рекомендуется поддерживать в пределах 37—38°С, с продолжительностью 10—15 минут. Ванну рекомендуется принимать 2—3 раза в неделю перед сном. Такая ванна вызывает успокаивающее действие на взрослых и детей с болезненной раздражительностью; такие же ванны продолжительностью 5—10 минут врачи советуют принимать при стойких параличах и парезах (ослабленной функции какого-то органа).

Сосна сибирская (кедр)

Кедр сибирский — высокое мощное дерево, достигающее до 40 м высоты, с толстым прямым стволом диаметром до 1,8 м, распространен в Сибири и на Дальнем Востоке.

Л и с т ь я — хвоя длинная, мягкая, трехгранная, по 5 игл в пучке, плотная, достигающих в длине до 13 см, по граням хвоинок расположены сизовато-голубоватые полоски.

Л е ч е б н ы е   с в о й с т в а. По антимикробным свойствам и санитарно-гигиеническому значению сибирский кедр превосходит сосну обыкновенную и является важнейшей породой для озеленения таежных городов. Лесоводами выведены скороспелые высокоурожайные формы кедра сибирского, для их разведения создаются специальные плантации. Кедр ценится еще и высокопитательными, вкусными орехами.

Лечебные свойства кедра обусловливаются тем же набором биологически активных веществ, что и у сосны обыкновенной, его хвоя издавна в Сибири считается одним из лучших средств против цинги. Особенно богаты витамином С, микроэлементами, эфирными маслами молодые верхушки побегов и хвоя.

Витаминный напиток

Хвою вымыть, залить кипятком, настаивать 2—3 часа и сразу же выпить. Порция — 1—2 стакана со вкусом, приятным для потребления.

Второй способ

Нарезанную хвою залить равным по объему количеством воды, слегка подкисленной лимонной кислотой. Настой поставить в теплое место на 2—3 суток, после чего он готов к употреблению.

На суточный прием для одного человека достаточно 50 г хвои, воду берут в пятикратном количестве к весу хвои.

Для более концентрированного настоя залитую хвою (50 г на 250 мл воды) можно прокипятить 20 минут, процедить и отстоять. Принимать равными порциями в течение дня.

Хвою отделить от веток, настричь мелко ножницами или растереть в ступе, смешать с холодной водой из расчета 2 стакана воды на 4 стакана подготовленной хвои, настоять в прохладном темном месте 2—3 дня, затем процедить. Для улучшения вкуса добавить немного сахара. Пить 1—2 стакана за день.

Ель обыкновенная

Ель обыкновенная — вечнозеленое хвойное дерево, достигающее высоты до 40—50 м, с диаметром ствола 1—2 м, с конусообразной или пирамидальной кроной с мутовчатым ветвлением, называется еще европейской[1].

Х в о я — колючая, жесткая, в нижней части кроны плоская, на возвышающихся в виде короткого черешка листовых подушечках. Хвоинки расположены поодиночке и короче, чем хвоя сосны. Хвоя темно-зеленая, блестящая, четырехгранная, 20—30 мм длиной и 3 мм шириной.

Один из декоративных видов — ель колючая, отличается строго ярусной формой кроны и серебристо-голубой окраской хвои. Голубые формы ели лучше всех других видов переносят загазованность, задымленность и сухость воздуха, поэтому их

---

[1] Ель обыкновенная широко распространена по всей Европе (отсюда и ее название); в европейской части России — основная древесная порода.

повсеместно используют для озеленения городов, украшения площадей, парков и скверов.

Следует отметить, что запасы дикорастущих и специально посаженных плантаций ели из года в год убывают, особенно в районах, где не применяются специальные меры для сохранения этого замечательного дерева, поэтому отношение к нему должно быть особенно бережное.

Л е ч е б н ы е с в о й с т в а. Как лекарственное дерево ель менее популярна, чем сосна, однако исследования показали, что в еловой хвое много витамина С (до 350 мг%), смолистых и дубильных веществ, эфирных масел, микроэлементы — железо, хром, марганец, алюминий, медь.

В народной медицине используют хвою, шишки и кору ели, особенно богата хвоя витамином С в зимний период.

Витаминный напиток

200 г еловой хвои, предварительно промыв, отварить в пятикратном количестве воды; зимой для экстракции полезных веществ нужно 20 минут, летом — 40. Вкус отвара можно улучшить добавкой сахара, морса, рассола (по вкусу). Дневную порцию выпить в 3 приема. Такой хвойный отвар является хорошим антицинготным и общеукрепляющим средством.

Отвар

Измельченные иглы залить водой (1:5), кипятить 10 минут. Процеженный настой принимать в течение дня по 2/3 стакана при астме, заболевании верхних дыхательных путей.

Отвар для ванн

100 г елового лапника (можно с шишками) отварить с солью в кипящей воде 30 минут, отстоять, процедить и добавить в ванну при болях в суставах различного происхождения.

Из свежесрубленных веток елового лапника можно приготовить ванночки, проварив 10 минут, настоять, остудить и, не разбавляя, погрузить в отвар руки или ноги на 30 минут, затем укутать их одеялом или еще чем-либо теплым и лечь в постель на 1 час. Ванночки лечат ревматический артрит, курс лечения 5—7 ванночек с повтором через 2 дня. Температура ванночки — 37—38°С.

Отвар

30 г молодых измельченных побегов ели отварить в 1 л молока, процедить. Отвар выпить в 3 приема в течение дня при цинге, перемежающейся с ломотой тела, и разных кожных сыпях, при водянке и для лечения воспалительных процессов органов дыхания.

Пихта

Пихта — вечнозеленое хвойное дерево высотой 30—60 м, диаметром ствола от 0,5 до 1,5 м, с густой мутовчатого строения кроной и многочисленными межмутовочными побегами. Кора ствола гладкая, с множеством вздутий, так называемых желвачков, в которых находится ароматная смола, кора с возрастом грубеет и растрескивается.

Листья — хвоя плоская, напоминающая скорее не иголки, а пластинки с закругленными концами и двумя белыми продольными полосками снизу (реже сверху).

Лечебные свойства. Пихта как лекарственное растение была известна в глубокой древности. В Сибири она считается важнейшим лечебным деревом. В народной медицине настои хвои используют для лечения ран, инфекционных язв, пихтовые шишки помогают от ревматизма, простудных поражений суставов ног. Для этого шишки заливают кипятком и на водяном пару прогревают ноги, покрыв их одеялом.

Отвары хвои пихты пьют как мочегонное и дезинфицирующее средство при заболевании почек и мочевого пузыря. Лучший лечебный эффект дают отвары хвои, собранной в конце июля, когда она накапливает наибольшее количество эфирных масел. Содержание же витамина С наиболее высоко в хвое зимой, в это время ее хорошо использовать для приготовления настоев и концентратов как лечебных антицинготных напитков. Пить настой надо сразу же после приготовления.

Хвоя пихты в виде водных настоев употребляется не только для профилактики и лечения цинги, но как мочегонное, кровоочистительное, а также обезболивающее средство при ревматической и простудной ломоте.

В настоящее время химический состав и лечебные свойства пихтовой хвои изучены довольно полно. В ней обнаружены спирт абненол, абиетиновая и неоабиетиновая кислоты, в эфирном масле — борнилацетат, борнеол, камфен, пинены, феллaндрен — сильно действующие физиологически активные вещества. Из борнилацетата и борнеола получают камфару, широко используемую в медицине как средство, возбуждающее нервную систему и усиливающее деятельность сердца. Камфорный спирт применяют для втираний при миозитах, невритах и суставном ревматизме.

Из хвои и молодых побегов пихты получают пихтовое масло, которое используют как дезинфицирующее, косметическое и лечебное средство с очень высокой биологической активностью.

При появлении сильного кашля закапать на корень языка 3—5 капель пихтового масла 2 раза в день утром и вечером.

При ангине нанести масло на гланды с помощью пипетки, ватного тампона или оросить их шприцем.

При гриппе, ОРЗ и других простудных заболеваниях рекомендуется втирать масло в воротниковую часть спины и грудь, после втирания обернуть больного компрессорной бумагой, делать массаж стоп ног, надеть теплые носки, уложить больного в постель и хорошо укутать одеялом.

При хронической ангине, кроме смазывания горла, полезно закапать 1—2 капли пихтового масла в нос, при этом появится жжение, чихание, слезотечение, выделение мокроты из носа, но через 15—20 минут неприятные ощущения пройдут.

При воспалении легких, бронхите хорошо сочетать втирание пихтового масла с ингаляцией, для чего посидеть над кастрюлей с кипятком и добавкой к нему 3—4 капель масла, укрывшись махровым полотенцем или легким одеялом. При этом орошение парами, насыщенными биологически активными веществами, будет обеспечено.

Чтобы успокоить зубную боль, лечить пародонтоз, воспаления в полости рта, ватный тампон, смоченный в пихтовом масле, приложить к больному зубу или воспаленной десне на 10—20 минут, если боль не утихнет, процедуру повторить через 1—2 часа. При пародонтозе сделать 15—20 аппликаций (прикладываний смоченной в масле ваты) на больные десны, с повторным курсом лечения через 6 месяцев. При этом не допускать ожога слизистой оболочки рта.

Полезно втирать пихтовое масло при радикулите, ишиасе, болях в ногах, коленном суставе, голеностопе. Курс лечения — 10—15 процедур. Эффект лечения усилится, если перед втиранием принять ванну. При ревматическом полиартрите, артрите простудного характера рекомендуется перед втиранием масла прогреть суставы компрессом из разогретой морской соли, а после втирания компресс повторить.

Пихтовое масло используют как противоожоговое и ранозаживляющее средство прикладыванием на больное место пропитанных маслом салфеток; порезы, царапины тоже можно смазать маслом, но на большой площади так обрабатывать нельзя.

Особую ценность как целительное средство имеет пихтовый бальзам. Его получают из живицы — выделенной из желвачков коры прозрачной жидкости с хвойным ароматом. Бальзам обладает сильным антисептическим действием. В наши дни бальзам, как и пихтовое масло, свободно продается в аптеках, однако пользоваться обоими препаратами следует, посоветовавшись с врачом.

Внимание! Имеются и противопоказания в использовании препаратов пихты: беременным женщинам их применять нельзя, так как недавно выявлена токсичность для эмбриона.

Пихтовое масло нельзя применять внутрь при язвенной болезни желудка и двенадцатиперстной кишки, при острых воспалениях печени (гепатитах) и почек (нефритах). Не рекомендуется использовать масло людям с сердечно-сосудистыми заболеваниями.

Хвойные экстракты пихты широко применяются для изготовления дезодорантов, при применении которых можно устранить неприятные запахи и ароматизировать воздух на кухне, ванной комнате, туалете. Даже ветки пихты, разложенные в амбаре, кладовой и других подсобных помещениях, выделяя эфирное масло и фитонциды, дезинфицируют и оздоровляют воздух.

Можжевельник обыкновенный

Можжевельник обыкновенный — кустарник 2—6 м высотой или небольшое дерево с конусовидной кроной, многочисленные стволы покрыты темно-серой корой, со слаботрехгранными побегами, вначале зелеными, а позднее коричневатыми.

Л и с т ь я — линейно-ланцетные, шиловидные, игольчатые, длиной от 0,7 до 1,5 см, собраны в пучки по 3 хвоинки, сверху желтоватые с белой полоской, снизу зеленые, блестящие.

Ученые исчисляют появление этого растения на Земле в 50 миллионов лет назад, в древности можжевеловые леса занимали все Северное полушарие планеты. В наши дни естественные насаждения в России очень сократились, большие заросли кустарников оскудели, поэтому это уникальное растение находится под бдительной охраной лесничеств. Самовольное использование древесины можжевельника недопустимо, а для мелких поделок разрешается срезать только сухие ветки.

Л е ч е б н ы е с в о й с т в а. Об оздоровительном действии можжевельника на организм люди знали с незапамятных времен. Древние греки считали можжевельник верным средством от укуса змеи. Авиценна рекомендовал порошок из шишкоягод можжевельника для заживления гноящихся ран. При открытии Америки европейцы узнали, что северо-американские индейцы поселяли в можжевеловые заросли больных чахоткой и не выпускали до тех пор, пока те не выздоравливали.

На Руси можжухой оберегались от всех напастей и хворей. Дымом от можжевельника окуривали избы, особенно помещения, где находились больные, а также амбары с пушниной, провизией, кладовые с одеждой. Ветки, освященные в церкви, клали за иконы, подвешивали к потолку, в хлеву, а в жаркое лето ими выгоняли из комнат мух, комаров, натирали полы. С веничком из можжухи парились в бане, использовали ветки для запаривания бочек при квашении капусты, засоле огурцов и грибов; дымом коптили окорока.

Научными исследованиями установлено, что по своему бактерицидному воздействию можжевельник превосходит лиственные деревья в 6 раз, а хвойные прочие породы — в 15 раз. Подсчитано, что 1 гектар насаждений можжевельника в сутки выделяет до 30 кг фитонцидов, способных очистить от бактерий воздух в большом городе.

Как лечебное сырье в основном используются шишко-ягоды — плоды можжевельника шаровидной формы, диаметром 7—9 мм, черные, с сизоватым восковым налетом. Ягоды имеют сладковатый вкус и своеобразный запах, в них содержится до 40% сахара, органические кислоты, эфирные масла, фитонциды, воски, витамин С и другие полезные вещества. Многими из них, особенно эфирными маслами и фитонцидами, богаты и листья-хвоинки можжевельника. Хвоя также содержит витамин С.

В народной медицине отвар плодов и веток с шишко-ягодами применяют как противоцинготное средство. Отвары и настои можжевельника рекомендуют при водянке, малярии, золотухе, ревматизме, нервных и женских заболеваниях. В качестве эффективного лекарственного средства целесообразно употреблять свежие шишкоягоды, начиная с 3—4 штук до 13, ежедневно увеличивая дозу на одну ягоду, а затем в обратном порядке. Действуют ягоды и как мочегонное, дезинфицирующее средство, а отвары и настои из них обладают отхаркивающим и слабым желчегонным действием, способствуют перистальтике кишечника и улучшению аппетита.

Однако следует отметить, что нельзя заниматься самолечением без консультации врача. Можжевельник иногда оказывает раздражающее действие на почечную ткань, длительное его применение может привести к разрушению здоровых почек, поэтому можжевельник обычно прописывают в комплексе с другими лекарственными растениями.

Часть вторая

ПРЯНО-ВКУСОВЫЕ ЗЕЛЕННЫЕ КУЛЬТУРЫ

Все культивированные виды растений произошли от дикорастущих сородичей. В результате многовековой селекции они приобретали новые, улучшенные свойства по внешним ботаническим признакам, содержанию питательных и лечебных веществ, превосходные вкусовые и ароматические качества. Важнейшими достоинствами пряно-вкусовых растений, выращенных в культуре, является высокая урожайность и у многих — лучшая сохранность отдельных свойств.

При рассмотрении отдельных видов дикорастущих трав в первой части книги уже приводились примеры культивирования многих их них, таких как мята, девясил, тмин, щавель и др. Но в овощеводческой практике наблюдается и противоположная особенность: многие виды культурных растений склонны дичать, их семена, разносимые ветром на большие расстояния, находят благоприятную почву на заливном лугу, лесной поляне или опушке и вскоре прорастают, а иногда встречаются в самых неожиданных местах.

Использование пряно-вкусовых растений в кулинарии, консервировании и переработке овощей, плодов и других продуктов для хозяйки удобно еще и тем, что на приусадебном участке они всегда под рукой на грядке огорода, поэтому их полезные пищевые и лечебные свойства в блюде сохраняются максимально, как органолептические (вкус, аромат, цвет и другие), так и лечебные (витамины, эфирные масла, гликозиды и др.).

Рассмотрим основные культурные пищевые пряно-вкусовые растения, которые используются в повседневном питании, а также ознакомимся и с малораспространенными овощными культурами, заслуживающими внимания и освоения огородниками-любителями.

Л. Ф. Путинцева

Анис

Ботаническая характеристика. Анис обыкновенный — однолетнее пряно-вкусовое растение семейства зонтичных.

Отличительные признаки: стебель — прямой, бороздчатый, высотой 50—60 см; листья — верхние — сидячие, перисто-рассеченные, нижние — длинночерешковые, округло-почковидные, цельные или лопастные; цветки — мелкие, белые, пятилепестковые, собраны в зонтичные соцветия; плоды — двусемянки яйцевидной или овально-грушевидной формы, сплюснутые с боков, с ребристой поверхностью, покрытой короткими волосками, зеленовато-серой окраски, с приятным специфичным запахом и сладковато-мятным вкусом. Плоды мелкие, длиной 3—5 мм, масса 1000 семян — 2,2—3,5 г.

Созревают плоды (семена) в августе, сбор урожая начинают, не допуская осыпания семян, в так называемой восковой спелости.

Места произрастания. Родиной аниса считается Восточное Средиземноморье, по другой версии — Малая Азия. В одичалом виде встречается в Европе, Азии, Северной Америке.

Анис культивируется во многих странах мира, в России распространен, главным образом, в областях Черноземного центра (Белгородской, Курской, Воронежской), а также в Башкирии. Анис может с успехом выращиваться в Нечерноземной полосе страны, перспективен как пряно-вкусовая культура на личных огородных участках. Наиболее распространен сорт Алексеевский.

Лечебные свойства. В плодах аниса содержатся сахара, органические кислоты, белковые вещества, минеральные соли, витамины и другие биологически активные соединения. Основным компонентом, обеспечивающим пряный вкус и аромат, являются эфирные масла (до 3% и более), в семенах содержится до 20% жирного масла. В состав эфирных масел входит вещество анетол, на долю которого приходится 80% от всего набора ароматических веществ, а также ацетальдегид, анисовый кетон, анисовый спирт, анисовая кислота и другие соединения.

Плоды аниса употребляли с лечебными целями с глубокой древности, особенно они пользовались спросом у кормящих матерей как молокогонное средство при недостатке молока, а также при желудочно-кишечных заболеваниях, простуде, туберкулезе легких.

В народной медицине семена аниса применяются в качестве противовоспалительного, спазматического и отхаркивающего средства, особенно они целебны в виде отваров и настоев при заболеваниях желудочно-кишечного тракта, они тормозят гнилостные и бродильные процессы в кишечнике, снимают спазмы в брюшной полости, препятствуют развитию вредной микрофлоры в почечных лоханках и мочевом пузыре.

Анисовые препараты на основе извлекаемого из плодов эфирного масла оказывают высокий терапевтический эффект для лечения органов дыхания. Рецепты изготовления лекарств просты.

Настой аниса

2 ч. л. семян аниса залить 1 стаканом кипятка, закрыть посуду крышкой, настоять в течение 1 часа, процедить, охладить. Принимать по 2 ст. л. 3—4 раза в дань за полчаса до еды при ларингите, бронхите, трахеите, бронхиальной астме.

Нашатырно-анисовые капли как отхаркивающее средство принимать взрослым по 5—10 капель за прием, детям да 1 года — 1—2 капли, 2—5 лет — 2—5 капель, 6—12 лет — 6—12 капель за прием. В аптеках также продается анисовое масло, которое рекомендуется к пользованию при катаре верхних дыхательных путей — от 1 до 5 капель за один прием.

Отвар с медом — наиболее эффективное средство для лечения горла, лекарство действует быстро, применяется профессиональными певцами.

Отвар

1/2 стакана семян аниса залить 1 стаканом воды, кипятить 15 минут, процедить. В отвар добавить 1/4 стакана меда, растворить, довести до кипения, влить 1 ст. л. коньяка. Принимать по 1 ст. л. через каждые 30 минут до снятия боли в горле.

При бронхиальной астме полезен отвар семян аниса (15 г семян на стакан кипятка). Принимать по 2 ст. л. 3 раза в день за полчаса до еды.

П и щ е в о е п р и м е н е н и е. Плоды аниса добавляют в качестве пряности в соления, плодоовощные маринады, печеные изделия. Анисовое эфирное масло и водные настои семян используют для ароматизации пудингов, тортов и пирожных, пряников.

В ликеро-водочной промышленности вырабатывается анисовая горькая настойка («Анисовка») с 40%-ным содержанием алкоголя и анисовый ликер крепостью 33% спирта и 35% сахара.

Листья, молодые побеги аниса содержат эфирные масла, плоды — витамин С, каротин (провитамин А) и другие биологически активные вещества. Добавка анисовой зелени в салаты, гарниры, супы, мясные блюда, соусы придает им пикантный вкус и запах, повышая аромат и усвоение всей пищи.

Из семян аниса выделяют эфирное масло и используют его для ароматизации различных продуктов питания. В домашних условиях можно приготовить приятные на вкус прохладительные напитки, отварив немного семян (7—10 г на 1 л воды), дополнив аромат другими пряными травами типа мяты, душицы и т.д. Добавка в напитки сахара, меда по своему усмотрению.

З а г о т о в к а и с у ш к а. Как уже отмечалось, плоды аниса следует заготовлять в восковой или технической стадии зрелости, когда семена уже созрели, но еще крепко держатся на растении и не осыпаются. Растения осторожно скашивают, не повреждая зонтики и раскладывают на просушку, можно стебли подвесить (рыхло), при этом происходит потеря влаги и дозревание семян, после чего семена обрушивают, просеивают от сорной примеси и упаковывают в банки с притертыми крышками. Хранят, как обычные пряные растения лекарственного и пищевого назначения.

Опытные травники часто разводят анис, а потом включают его плоды в состав грудных, потогонных и желудочных сборов и чаев.

Базилик

Родина старинного ароматического растения базилика — Южная Азия.

В Малой Азии и на Кавказе базилик имеет другие названия — реган, регон, рейган, райхон. Особенно ценятся фиолетовые — формы растения с более резким запахом.

В России базилик как лекарственное растение был известен лишь с XVII века; в царских садах Кремля разводился как горшочная культура. В Европу базилик проник на столетие раньше и сразу стал популярным не только как лекарственное растение, но по достоинству был оценен и кулинарами.

В субтропических и тропических районах Африки и Америки базилик часто встречается как дикорос. Древним грекам это растение известно под названием «окимон».

У нас лучшим культурным сортом считается довольно распространенный сорт Ереванский.

Ботаническая характеристика. Базилик (базилик огородный, душистый) — однолетнее пряно-вкусовое растение семейства губоцветных.

Отличительные признаки: стебель — четырехгранный, высотой 30—60 см, у основания голый, к верху сильно облиственный; листья — в зависимости от разновидности могут быть зеленые или фиолетовые, овально-яйцевидные с заостренной верхушкой и зубчиками по краям, у мелколистных форм маленькие, длиной 1—1,5 см, у крупнолистных длиной до 10—12 см, шириной 5—6 см; цветки — белые, розовые или светло-фиолетовые, собраны в верхушечные соцветия, период цветения растягивается с июня по август; плоды — темно-бурые или черные орешки, созревают в августе — сентябре.

Места произрастания. Базилик распространен в

Грузии, Армении, Узбекистане, выращивается как культурное растение не только на юге, но и в средней полосе европейской части и более северных районах страны преимущественно в теплицах или по крайней мере в начале рассадным способом. Селекционных сортов мало, используются в основном местные сортообразцы, преимущественно с фиолетовой окраской как более ароматные и привлекательные.

Базилик — свето- и теплолюбивое растение, совершенно не переносит заморозков, а при температуре воздуха в 12—15°С прекращает рост. Срезают молодые побеги целиком и сразу направляют на приготовление кулинарных блюд, украшение стола, переработку и сушку.

Л е ч е б н ы е с в о й с т в а. Базилик богат эфирными маслами сложного химического состава, отсюда и разнообразие ароматических оттенков, напоминающих душистый перец, анис, гвоздику и лимон. В листе базилика содержится до 62 мг% витамина С, 150 мг%, рутина (витамина Р), 3—8 мг%, каротина (провитамина А), а также витамины В2, РР, фитонциды с сильно выраженным антимикробным действием.

В России базилик как лекарственное сырье применяли при заболеваниях сердца, желудка, дыхательных органов, особенно при кашле и коклюше, а наружно — для заживления ран.

В медицинской практике выявлено, что эфирные масла в комплексе с другими биологически активными веществами базилика, вызывают аппетит, оказывают тонизирующее действие на центральную нервную систему, способствуют снижению воспалительных процессов при катаре желудка, снимают колики. Базилик прописывают при воспалении мочевого пузыря, чувстве жжения при мочеиспускании.

Народные рецепты

Настой базилика

1 ч. л. порошка базилика залить 2 стаканами кипятка (слабая доза) или 2 ч. л. — 1 стаканом кипятка (сильная доза), настоять немного времени, процедить, принимать в течение су-

ток равными порциями. Передозировка недопустима, так как может вызвать раздражение слизистой оболочки.

В Болгарии, где базилик очень популярен, врачи прописывают его в виде настоев против воспаления почек, при простуде, ангине, насморке и лихорадке.

Слегка подсоленный отвар травы базилика с уксусом рекомендуется при полоскании рта при зубной боли; сок из свежих листьев базилика — закапать при воспалении среднего уха.

П и щ е в о е   п р и м е н е н и е. Свежую зелень используют для ароматизации салатов, супов, мяса, рыбы, подливок и соусов. В салатах базилик хорошо сочетается с зелеными овощами, яичными и крабовыми блюдами, но только не с картофельными или бобовыми.

Базилик в свежем и сушеном виде, истолченным в порошок, вводят в колбасный фарш, добавляют в котлетные массы, к творожным блюдам, в соления из огурцов, патиссонов, грибов, томатный сок, овощные маринады, коктейли и другие напитки.

Порошок сушеного базилика в кулинарии применяют и как заменитель перца, в кавказской кухне его вводят во многие пряные смеси, едят с сырами типа сулугуни, а в Италии используют при приготовлении национальных блюд из спагетти; в США базилик — классическая приправа почти ко всем блюдцам.

З а г о т о в к а   и   с у ш к а. Для лекарственных целей и зимнего хранения базилик заготовляют в начале цветения, срезая облиственную часть. В Средней полосе при неблагоприятных погодных условиях растение может не зацвести, тогда срезают облиственные побеги.

Сушат траву базилика отдельно листья и стебли в тени на ветерке до тех пор, пока растение при истирании не будет превращаться в порошок, затем упаковывают в банки с плотно протертыми крышками. При герметической укупорке сухой порошок не теряет своих ароматических свойств до трех лет.

Л. Ф. Путинцева

Иссоп

Ботаническая характеристика. Иссоп — многолетнее травянистое растение семейства губоцветных.

Отличительные признаки: с т е б е л ь — четырехгранный, ветвистый, высотой 30—60 см; л и с т ь я — мелкие, сидячие, ланцетовидные, на коротких черешках; ц в е т к и — маленькие, белые, темно-голубые, розовые или красноватые, расположены в пазухах листьев по 3—7 штук в виде соцветий на концах стеблей.

Места произрастания. Родиной иссопа считается Южная Европа и Западная Азия, в диком виде растет на Кавказе, но больше культивируется как эфироносное растение. Эфирные масла содержатся в лекарственных формах (до 1%), сложного химического состава (входит до 50 соединений), со специфичным запахом камфары. Для пищевого применения выведен культурный сорт иссоп зеравшанский, который отличается более приятным ароматом.

На приусадебных участках как многолетнее растение с красивыми цветками и листьями иссоп разводят в декоративных целях, цветы держатся долго — с июля до поздней осени, красиво выглядят на цветочных клумбах посаженными в виде бордюра. Иссоп в нашей стране еще мало освоен, но заслуживает внимания садоводов-любителей, растение неприхотливо к условиям выращивания, а его зелень можно для пищевых целей срезать за сезон несколько раз.

Лечебные свойства. Иссоп относится к древним лекарственным растениям, в странах Средиземноморья его называли «священной травой». В народной медицине иссоп используется в виде настоев и отваров при заболевании верхних дыхательных путей и органов пищеварения, а также как противоглистное, отхаркивающее и успокаивающее средство. Из пряной зелени иссопа готовят настойки для лечения ревматизма, астмы, хронических катаров и других желудочно-кишечных болезней.

Иссоп способствует потоотделению, оказывает мочегонное действие, его лечебные свойства, не выраженные так сильно, усиливают обычно путем смешивания с другими травами подобного действия. Настои иссопа способствуют образованию слизи, что весьма важно при лечении старческого кашля, вызванного постоянной сухостью слизистых оболочек горла. Как пряность иссоп улучшает перистальтику кишечника и усвоение пищи, особенно для детей и взрослых пожилого возраста.

Народные лекари прописывают настои и отвары травы иссопа для полосканий при заболевании полости рта и горла, а также лечения некоторых кожных заболеваний.

Народные рецепты

Настой

1 ч. л. измельченной сухой травы иссопа залить 1 стаканом кипятка, настаивать 2 часа, процедить. Принимать по 1/2 стакана 3—4 раза в день до еды при заболевании легких, наружно для промывания глаз при конъюнктивите.

Настой — второй вариант

1,5 ст. л. травы иссопа залить в термосе 2 стаканами кипятка, настаивать 30—60 минут, процедить. Пить по 1/3—1/2 стакана 2—4 раза в день.

Отвар

3 ст. л. измельченной травы иссопа залить 1 стаканом воды, кипятить 5 минут под крышкой, охлаждать 10 минут. Использовать для полосканий, промываний, компрессов.

Пищевое применение. Листья и цветы иссопа, кроме эфирных масел, содержат много полезных для организма веществ: витамины, макро- и микроэлементы, гликозиды, флавоноиды и другие. Пряное растение добавляется к мясным и овощным блюдам, соусам, подливкам, для ароматизации уксуса, придавая специфичный аромат и легкую горчинку. Рыба при обработке иссопом также улучшает вкус, но при этом немного темнеет. Добавка к блюдам — в свежем и сушеном виде.

Иссоп применяется при консервировании огурцов и помидоров, при этом плоды не вздуваются во время посола и маринования. Однако пользоваться иссопом нужно осторожно, в меру (одной веточки на банку достаточно); особенно хорошо иссоп сочетается с зеленью петрушки и сельдерея. Небольшое количество зелени заметно улучшает вкус консервированных овощей.

В нашей стране иссоп как пряное растение еще только осваивается, а в Западной Европе это очень популярная культура, особенно в Италии, Испании, Франции. В число ароматизаторов знаменитого ликера «Шартрез» обязательно входит иссоп.

Заготовка и сушка. На лекарственное сырье собирают облиственные побеги в июле — августе, да и для пищевого применения эта трава самая нежная. Если же в каком-то сезоне погодные условия не очень благоприятны, растения иссопа могут и не зацвести, но все равно их срезать нужно и отправить на сушку.

Сушат зелень в тени, разложив оборванные листья и соцветия тонким слоем на бумаге или тканевой подстилке, еще лучше — на раме (ящике с натянутой сеткой). Так как само растение ветвистое, ветви располагаются рыхло, то, срезав его у основания, можно подвесить соцветиями вниз, в тени, но на ветерке или при хорошей вентиляции помещения. Высохшие тонкие части ветвей обмолотить руками, отделив от грубых стеблей и сора. Часть заготовки можно истолочь в порошок.

Упаковывают сушеный иссоп в жестяные или стеклянные банки с плотно притертыми крышками во избежание улетучивания эфирных масел. Хранят в сухом помещении при обычной комнатной температуре. Срок хранения — 2—3 года.

Календула

Ботаническая характеристика. Календула — однолетнее травянистое растение семейства сложноцветных.

Отличительные признаки: стебель — округлый, прямостоячий, покрыт маленькими волосками, ветвистый, высотой до

60 см; л и с т ь я — очередные, ланцетовидные; ц в е т к и — собраны в верхушечные корзинки, бело-желтого или ярко-оранжевого цвета с плоским цветоложем и зеленой оберткой, крайние лепестки язычковые, срединные трубчатые; п л о д ы — семянки, снаружи изогнутые в виде длинных крючков (отсюда и второе название растения — ноготки), внутри семена как бы с крылышками, то есть с кожистыми наростами по обе стороны семени. Цветение — в июле, августе, созревание — в августе — сентябре.

Р а с п р о с т р а н е н и е к а л е н д у л ы. Произрастает на всей территории европейской части, хорошо осваивается в любом месте, иногда самосевом на следующий год появляется на соседних огородных грядках, молодой росток вместе с комом земли можно пересадить в цветник, и оно легко приживется. В культуре календула разводится почти во всех климатических зонах вплоть до Урала и Дальнего Востока. Ноготки разводятся не только как лекарственное и пищевое растение, но и декоративное, яркая окраска цветов контрастно и красиво выделяется на общем фоне зеленой травы.

Л е ч е б н ы е с в о й с т в а. Многостороннее целебное действие календулы обусловливается большим набором биологически активных веществ: это — каротиноиды, окрашивающие цветки в желто-оранжевый цвет (они же провитамин А), витамин С, флавоноиды, Р-активные вещества, алкалоиды, смолы и слизи, минеральные элементы, дубильные вещества, органические кислоты и другие.

В народной медицине календула широко известна как средство для лечения гастритов, язвенной болезни желудка и двенадцатиперстной кишки, как противорвотное и желчегонное лекарство.

Приводим несколько рецептов настоев календулы.

Рецепт 1

2 ст. л. цветков календулы залить 2 стаканами кипятка, выдержать на кипящей водяной бане 15 минут, затем, сняв с нагрева, настаивать 1 час, процедить. Принимать по 1 ст. л. 2—3 раза в день при сердечно-сосудистых заболеваниях, сопровождающихся сердцебиениями.

Рецепт 2

2 ч. л. сухих цветков календулы залить 2 стаканами кипятка, настоять 15 минут, процедить. Принимать по 1/2 стакана как противорвотное средство.

Настои цветков календулы можно применять при гипертонической болезни, для лечения заболеваний печени и желчного пузыря, неврозов сердца, рахита. Эти же настои рекомендуются для промывания глаз при конъюнктивите и ячмене.

Разнообразно применяются спиртовые настойки:

1 часть цветков на 5 частей 40—70%-ного спирта, выдержать 30—40 дней, процедить. Хранить в холодильнике. Настойку можно приготовить и на водке.

1 ч. л. настойки развести в стакане воды и полоскать в течение дня несколько раз при простуде горла.

19—20 капель настойки принимать 3 раза в день как желчегонное средство.

1 ч. л. настойки на 1—1 1/2 стакана воды кипяченой рекомендуется для спринцеваний при эрозии шейки матки, процедура используется в гинекологической практике.

Календула с древних времен прославилась как отличное косметическое средство.

Цветки календулы обладают сильным противовоспалительным и дезинфицирующим действием. Настои, настойки, лосьоны, кремы и мази из листьев календулы служат прекрасным средством для всех видов кожи, поддержания ее свежести и устранения различных дефектов.

Косметические рецепты

Настой календулы

2 ст. л. сухих измельченных цветков залить стаканом воды в эмалированной кастрюле, закрыть крышкой и нагревать на кипящей водяной бане в течение 15 минут, охладить до комнатной температуры и через 45 минут процедить. Остаток рас-

паренных цветков отжать в настой, довести его емкость до 200 мл кипяченой водой. Принимать для протираний и компрессов при жирной, пористой, огрубевшей коже, для предупреждения появления морщин, сведения угрей.

Настой для чувствительной и раздраженной кожи

1 ст. л. на стакан кипятка, настаивать 30 минут, процедить. Хранить настой не более 2 суток.

Настой 2-й, более простой вариант

1 ч. л. сухих цветков настаивать в 1 стакане кипятка 15 минут, процедить (можно 1 ч. л. спиртовой настойки на 1 стакан воды) и применять для протираний и примочек жирной, пористой кожи.

Маска из календулы

1 ст. л. спиртовой настойки развести в 1/2 стакана кипяченой воды, смочить ею марлю, сложенную вдвое (или тонкий слой ваты), наложить на лицо на 10—15 минут. Предварительно кожу лица очистить, промыв ее с мылом и протереть лосьоном. После снятия маски лицо протереть сухим ватным тампоном.

Маска — 2-й вариант

Мелко истолченные сухие соцветия календулы залить кипятком так, чтобы получилась кашица, довести до температуры 60—70° С, затем остудить до комнатной температуры. Кашицу нанести тонким слоем на очищенную кожу лица, держать 15—20 минут и смыть теплой водой. Курс — 15—20 масок по 2—3 раза в неделю. Применяется при жирной коже лица.

Мазь с календулой

2 ст. л. сухих соцветий измельчить в порошок и растереть с 25 г вазелина. Применять при сухой коже, раздражениях, воспалениях и угрях на лице.

Мазь — 2-й вариант

Еще лучше летом сделать мазь из свежих цветков календулы, из которых отжать сок — 10 мл сока на 100 г свиного сала. Мазь наносится на пораженные участки кожи.

Вместо свежих или сухих цветков можно использовать уже готовую настойку календулы (см. Спиртовая настойка календулы) — 1—2 ст. л. настойки растереть в 25—30 г вазелина.

Лосьон календулы

2 ст. л. соцветий залить 0,5 л воды, прокипятить 2—3 минуты на медленном огне, остудить, процедить, добавить 1 ст. л. уксуса или сок одного лимона, 1/4 стакана спиртовой настойки календулы, столько же камфорного спирта. Лосьон использовать для протираний жирной кожи.

Настойка на водке

1 ст. л. сухих измельченных цветков календулы залить стаканом водки и настаивать 10 дней, процедить. Лосьон втирать в кожу головы при жирной перхоти и выпадении волос 2—3 раза в неделю в течение месяца. Через 3—4 недели курс лечения можно повторить.

Масло календулы

Стеклянную банку плотно набить корзинками календулы и выставить на солнце, через 5—6 дней на дне банки появится маслянистая светло-желтая жидкость, которую отцедить. Применять для обработки трещин кожи, трудно заживающих ран, ожогов и обморажений.

Пищевое применение. Как пищевое растение календула менее известна, а напрасно... она придает пище не только специфичный пряный вкус, но и очень полезна (не менее, чем некоторые пищевые добавки). Цветки и листья календулы можно добавить в салаты, супы, настойки, квасы, заготовить впрок в сушеном, соленом и маринованном виде и зимой использовать при приготовлении различных блюд.

В Древнем Риме календула применялась в качестве приправы и пищевого красителя вместо дорогостоящего шафрана, масляными вытяжками из соцветий окрашивали сыры, соусы, сливочное масло и другие блюда.

З а г о т о в к а и с у ш к а. Собирают цветочные корзинки, когда они полностью распустятся и созреют. Так как даже на одном растении цветки распускаются не одновременно, то их собирают в несколько приемов. Срезанные корзинки раскладывают тонким слоем на лист бумаги, хлопчатобумажную ткань, а еще лучше — на решето или специальные рамки и сушат в тени или сушилках при температуре не выше 40—50°С. Сушку под прямым воздействием солнечных лучей проводить ни в коем случае нельзя, так как при этом разрушаются самые ценные вещества — пигменты — каротиноиды и эфирные масла.

Часто урожай соцветий календулы бывает на приусадебном участке обильный, хорошо бы помнить при этом, что самые яркие золотисто-оранжевые цветки наиболее ценные в пищевом и лечебном назначении, их-то и надо собирать в первую очередь.

Хранят высушенное сырье в плотно закрытых банках в темном месте сравнительно с другими травами более короткий срок — не позднее следующей весны. При длительном хранении соцветия обесцвечиваются и теряют свои полезные свойства.

Кулинарные рецепты

Салат с календулой

60 г цветочных корзинок календулы, 100 г огурцов, 60 г зеленого лука, 40 г сметаны, 1 яйцо, соль, укроп по вкусу.

Свежие огурцы нарезать тонкими ломтиками, вымытые зеленый лук и цветки календулы измельчить, все переложить в салатник, перемешать, залить сметаной, украсить дольками вареного яйца, посыпать зеленью укропа.

Щи мясные с календулой

30 г цветочных корзинок календулы, 200 г мяса или 3—4 мясных кубика, по 200 г картофеля, капусты и спелых помидоров, 100 г моркови, 1 луковица, по 1 ст. л. жира и сметаны, соль по вкусу.

Сварить мясной бульон, заправить его измельченными тонко капустой, картофелем в кипящем виде, через 10 минут добавить пассерованные лук, помидоры и измельченную календулу. Варить до готовности, подать в горячем виде, заправив сметаной.

Можно щи приготовить на мясных кубиках.

Напиток с календулой

50 г сушеной календулы, 2 стакана сока калины, 1 стакан меда, 3 л воды. Сок калины можно заменить каким-либо другим ягодным соком.

Календулу отварить в воде в течение 30 минут, настоять в закрытой посуде 12 часов, процедить, добавить сок калины и мед. Напиток разлить в бутылки, хранить в холодном месте.

Суповая заправка из календулы

Высушенные в тени корзинки календулы, досушить в духовке, переложив в тканевый мешок, измельчить, просеять через сито, переложить в банку с притертой крышкой для хранения. 1 ч. л. порошка достаточно для полной порции супа.

Можно приготовить суповую заправку из календулы в соленом виде. Для этого цветочные корзинки отварить в соленой воде в течение 5 минут из расчета на 1 кг цветочных корзинок — 0,5 л воды и 60 г соли. В горячем виде расфасовать в стерильные банки, закрыть стерильными крышками и поставить в холодное место на хранение. При заправке суп солить не нужно.

Календула маринованная

1 кг цветочных корзинок календулы, 0,5 л 3%-ного уксуса, 40 г соли, 2 г перца.

Эту заправку лучше использовать для вторых блюд. Подготовить цветочные корзинки календулы и проварить их в 3%-ном растворе уксуса в течение 5 минут, предварительно добавив соль и перец.

Готовый маринад расфасовать и хранить так же, как соленую календулу.

Наливка из календулы и мяты

20 г сушеной календулы, 10 г сушеной мяты, 1 л водки, 0,5 л воды.

Календулу и мяту отварить в воде в течение 3—5 минут, процедить, добавить сахар, после его растворения отвар смешать с водкой. Напиток подавать на стол охлажденным.

Кервель

Ботаническая характеристика. Кервель — малораспространенное травянистое однолетнее пряно-вкусовое растение семейства зонтичных.

Отличительные признаки: с т е б е л ь — цилиндрический, коленчатоизогнутый, ветвящийся высотой от 30 по 75 см; л и с т ь я — троякоперисторассеченные с зубчатым краем, гладкие или курчавые, соединенные в мощную розетку; ц в е т к и — белые, мелкие, на коротких цветоножках, собраны в сложные зонтики; п л о д — двусемянка, при созревании распадается на два семени, семена черные, узкие, длиной 8—9 мм, созревают в середине или конце августа при побурении зонтиков.

М е с т а п р о и з р а с т а н и я. Культура кервеля была известна еще древним римлянам, в Европе известна с XV века. В России кервель мало известен, а в Западной Европе, Америке, у нас на Кавказе — это довольно распространенное пряное растение. В диком виде кервель встречается европейской части нашей страны под названием «купырь».

Кервель для огородников должен представлять интерес прежде всего как скороспелое и хладостойкое растение, выносит затенение, но не терпит переувлажнения, однако при недостаточности влаги в почве листья быстро грубеют, преждевременно наступает стеблевание и цветение, теряются ценные пищевые свойства. Для получения ранней зелени семена можно высевать на зиму. Выращивают кервель в открытом и закрытом грунте. Районированных сортов кервеля нет, используют местные сортообразцы, такие как Обыкновенный, Курчаволистный, Темно-зеленый позднострелкующийся.

Лечебные свойства. Состав и лечебные свойства кервеля изучены недостаточно. Известно, что в медицине его используют как тонизирующее и возбуждающее аппетит средство. Сок растения принимают при лихорадке, головокружении и желтухе.

Пищевое применение. Биологически ценная зелень кервеля вкусна, ароматна, содержит много витаминов. В листьях содержится до 60 мг% витамина С, до 7 мг% каротина, рутин, обладающий Р-витаминной активностью. Приятный анисовый запах придают эфирные масла, в состав которых входит гликозид апинин.

В пищу употребляют молодые листья до наступления цветения растения. В качестве пряно-вкусовой приправы их добавляют в салаты, супы, вторые овощные, мясные и яичные блюда. Зеленью кервеля ароматизируют творог, сыры, майонез. В домашних условиях для потребления свежей зелени в зимне-весенний период кервель выращивают даже в ящиках на подоконниках; поздней осенью или ранней весной в парниках молодой нежной зеленью снабжают любители этого пряного растения очень продолжительное время как никакими другими пряными травами. В открытом же грунте для получения молодой нежной зелени посев семян можно проводить дважды — весной вплоть до июня, а затем в августе. Чтобы обеспечить постоянный конвейер молодой зелени, посевы можно повторять и в несколько сроков — через каждые 10—20 дней.

Листья кервеля выглядят очень эффектно, их применяют для украшения блюд.

З а г о т о в к а и с у ш к а. Зеленые листья кервеля срезают через 30—45 дней после появления первых всходов, до начала цветения. Срезают растение у самого основания. Повторной срезки не делают.

Цветет кервель в конце июня — начале июля, затем листва грубеет. Семена созревают через 110—130 дней после посева. Семенные растения убирают в середине или конце августа при побурении зонтиков. Их срезают у земли, дожаривают и досушивают в хорошо проветриваемом помещении.

Листву кервеля стремятся потреблять в свежем виде, но если есть возможность запастись впрок — сушат как обычную пряно-вкусовую зелень, условия хранения также типичные, как для пряных трав.

Кориандр

Б о т а н и ч е с к а я х а р а к т е р и с т и к а. Кориандр — (другое название — кинза) — однолетнее пряно-вкусовое растение семейства зонтичных.

Отличительные признаки: с т е б е л ь — прямой, ветвистый, высотой 60—120 см; л и с т ь я — сильно расчлененные интенсивно зеленой окраски, прикорневые длинночерешковые, трехраздельные с крупными зубчиками по краям, верхние сидячие, разделены на многочисленные мелкие дольки; ц в е т к и — мелкие, бело-розовые, собраны в соцветия в виде ложного зонтика; п л о д ы — шаровидные двураздельные зерновки, состоят из двух половинок диаметром до 5 мм, коричнево-желтые, с сильным ароматом. Цветение растения — в июне — июле, созревание плодов — в августе — сентябре. В быту чаще всего зеленую массу растения называют кинзой, семена — кориандром.

Р а с п р о с т р а н е н и е к о р и а н д р а. Кориандр относится к древнейшим культурам. Родина — Южная Европа и Малая

Азия. В диком виде встречается на Кавказе и других южных районах страны. Упоминается кориандр даже в Библии, а также в египетских папирусах, написанных 5000 лет назад.

В России кориандр известен меньше всего как овощная зеленная культура, а больше как эфирно-масличная, занимая одно из первых мест среди лекарственных пряных растений. В пищу используется как пряность, в парфюмерной промышленности — для ароматизации мыла, лосьонов и т.п.

Кинза, очень распространенная зелень в Закавказье, за последние годы успешно выращивается в средней полосе и других зонах нашей страны.

Л е ч е б н ы е с в о й с т в а. Кориандр — высоковитаминная культура, в зелени накапливается 150—300 мг% витамина С, 145 — Р-витаминных веществ, до 10 мг% каротина. Аромат всем частям растения придают эфирные масла (0,2—1,2%), в семенах содержится от 11 до 27% жирного масла, используемого в мыловарении, для производства олеиновой кислоты и т.д.

О целебных свойствах кориандра высокого мнения был греческий врач Гиппократ (V—IV века до н.э.). Китайцы считали, что это растение способствует долголетию. Плоды кориандра возбуждают аппетит, повышают секреторную и моторную деятельность желудка, усиливают желчеотделение, проявляют ветрогонное, противогеморроидальное, ранозаживляющее и успокаивающее действие. Кориандр вводят в состав лечебных чаев в качестве слабительного и желчегонного средства, помогают чаи и при простудных заболеваниях. Кориандр расценивается и как антицинготный продукт. В большинстве случаев он оказывает возбуждающее действие, но у отдельных лиц наблюдается индивидуальная непереносимость запаха кинзы, им это растение противопоказано в питании.

Настой

3 ч. л. плодов кориандра залить 1 стаканом кипятка и настаивать в закрытой посуде 15 минут, процедить. Принимать по 2 ст. л. 1—2 раза после еды как желчегонное, желудочно-ки-

шечное, противогеморроидальное, антисептическое и обезболивающее лекарство; настой усиливает регенерацию тканей в местах поранения, полезен при запорах. Дозу можно довести до 1/3 стакана.

Американские врачи рекомендуют в траволечении использовать небольшие пучки зелени кориандра в качестве средства, тонизирующего работу сердца и желудка; семена и траву использовать для профилактики мочевыводящей системы и лечения соответствующих воспалений.

П и щ е в о е п р и м е н е н и е. Душистые, чуть сладковатые листья кинзы потребляются в свежем виде и особенно хороши (но на любителя) как приправа к мясным и овощным блюдам. У народов Кавказа и Закавказья измельченная зелень вводится во многие национальные блюда, такие как сациви, лобио, соусы и другие. Семена кориандра являются обязательной составной частью ароматических смесей — приправ к первым и вторым блюдам (хмели-сунели, карри, аджика и другие).

Из семян кориандра выделяют эфирное масло, представляющее бесцветную жидкость с характерным запахом, ее используют для ароматизации колбас, рыбных, хлебно-булочных, кондитерских, спиртоводочных изделий. В домашних условиях семена кориандра добавляют как пряность в соленья, маринады и консервы из овощей, в сочетании с другими специями они придают готовому продукту более тонкий пикантный аромат. Для пищевых целей нужно использовать семена желтоватого или желтовато-бурого цвета, потемневшие плоды считаются непригодными.

Зелень кинзы добавляют в молочные супы, при тушении мяса, мариновании рыбы, в домашние хлебцы и лепешки, в квас и пиво. Листья кинзы можно высушить, истолочь в порошок и зимой она будет хорошей добавкой к кулинарным блюдам. Но трава кинзы медленно сохнет, поэтому некоторые хозяйки, измельчив ее, складывают в полиэтиленовые пакеты, замораживают в виде льда, такая зелень почти полностью сохраняет свойства свежей как по вкусу и аромату, так и по витаминности.

Заготовка и хранение. Молодые листья кинзы срезают, когда отдельные растения начинают переходить в стадию стеблевания, а на семенных участках срезку зелени не делают. Уборку семян можно проводить, когда 50% зонтиков побурели, запаздывание с уборкой приводит к осыпанию и потерям семян.

Опытные огородники ценят кориандр за хладостойкость, семена высевают ранней весной. Для получения молодой зелени посевы чередуют через каждые 2 недели до середины лета. Всходы появляются через 15—20 дней после посева. Лучшими сортами кориандра считаются такие, как Алексеевский 247, Алексеевский 26, Октябрьский 713, многочисленны и формы местной селекции.

Упаковка и хранение семян, сушеной травы, порошка такие же, как для остальных пряных трав и семян.

Культура кориандра перспективная и все больше заслуживает внимание огородников.

Майоран

Ботаническая характеристика. Майоран — многолетнее, в культуре чаще однолетнее пряно-вкусовое растение семейства губоцветных.

Отличительные признаки: стебель — тонкий, ветвистый, опушенный, высотой от 30 до 60 см; листья — мелкие, супротивные, продолговато-яйцевидной или овальной формы, черешковые, покрыты железистыми серебристо-белыми волосками, напоминающими войлочный налет, цветки — мелкие, белые, бледно-розовые, лилово-розовые или пурпурно-красные, собраны в колосовидные соцветия — метелки, цветут с июня по август; плоды — мелкие семянки, желтые или темно-коричневые, удлиненно-яйцевидной формы, созревают на 60—70-й день после начала цветения. Масса 1000 семян — 0,13—0,23 г.

Места произрастания. Родина майорана — Средиземноморье. Встречается в диком виде в Малой Азии, Северной Америке, Африке. В культуре очень древнее растение, известное грекам и римлянам. В настоящее время майоран широко культивируется в Индии, странах Латинской Америки и Африки, а также в Крыму, на Кавказе, Украине, у нас вплоть до средней полосы европейской части, но требует определенных почвенных условий и ухода. Культурных районированных сортов нет, используются образцы зарубежной селекции.

Лечебные свойства. Многие врачеватели древности считали майоран чуть ли не панацеей от всех болезней, особенно простудного характера. Настои и отвары майорана применяют при заболеваниях органов дыхания и пищеварения, они успокаивающе действуют на нервную систему при неврастении, параличах, а также при подагре, ревматизме, астме. Следует их использовать и как средство, целительно действующее при варикозном расширении вен, нарушении менструального цикла и других заболеваниях. Настои пьют при бессоннице, зубной боли, ангине.

Ароматные чаи, настоянные на майоране, обладают потогонным действием при грудных заболеваниях, благоприятно влияют на процессы пищеварения, особенно при секреторной недостаточности желудка.

Траву майорана добавляют в виде настоев и отваров в ванны, вода ароматизируется и оказывает тонизирующее действие на организм. Настои используют также в виде компрессов.

Пищевое применение. В пищу употребляются зеленые недоразвитые побеги с листьями и соцветиями в свежем и сушеном виде. Майоран хорошо ароматизирует первые и вторые блюда, сочетается по вкусу с мясом, рыбой, яичными блюдами, зелень вводится в салаты, супы, напитки, столовый уксус, кисели и т.п. Листья майорана добавляют в соленья и маринады, при консервировании огурцов, помидоров и других овощей. Пикантный вкус и аромат, напоминающий кардамон и перец, придает разнообразие во вкусе свежих и консервированных продуктов, сухой порошок вводят в пряные смеси с другими ароматическими травами. Интересно, что слегка поджаренная зелень майорана улучшает свои вкусовые свойства.

В Западной Европе майоран еще со времен Средневековья

применяли как отличный ароматизатор в виноделии и пивоварении. Используют майоран также в производстве колбас, сыров как заменитель перца, придающий продуктам специфичную отдушку.

З а г о т о в к а и с у ш к а. Убирают майоран в период массового цветения, срезая стебли на высоте 5 см от земли. Растения связывают в пучки, сушат в тени и сушилках при температуре не выше 40° С. Майоран упаковывают в стеклянные банки с плотной укупоркой крышками. В сушеном виде пряное растение хорошо сохраняет аромат. Из-за длительности вегетационного периода культуры майорана в средней полосе европейской части страны семена не вызревают, поэтому их и невозможно собрать. В южных районах страны на приусадебных участках специально оставляют несколько растений, с которых не убирают зеленую массу. Созревшие семена собирают через 60—70 дней после начала полного цветения, подсушивают, просеивают от примесей и хранят так же, как сушеную зелень, в сухом прохладном помещении в банках с притертыми крышками.

Мелисса

Б о т а н и ч е с к а я х а р а к т е р и с т и к а. Мелисса — многолетнее эфирно-масличное растение семейства губоцветных.

Отличительные признаки: с т е б е л ь — прямой, четырехгранный, ветвистый, опушенный, высотой от 30 до 125 см; л и с т ь я — в целом яйцевидной формы, супротивные, нижние — длинночерешковые, более крупные с заостренной верхушкой, более сердцевидные, верхние — более клиновидные, помельче, края листьев крупнозубчатые или городчатые, напоминающие листья крапивы; ц в е т к и — мелкие, невзрачные, белого, розового, желтоватого, розового или фиолетового цвета, расположены в пазухах листьев, собраны в соцветия; п л о д ы — мелкие бурые орешки. По внешнему виду и запаху растение мелиссы сходно с котовником лимонным, как и последний, ценится за сильный лимонный запах; еще мелиссу из-за запаха называют лимонной мятой.

Места произрастания. В диком виде мелисса растёт в Средиземноморье, Малой Азии, Закавказье, популярна как пряное и лекарственное растение в странах Европы и Америки. У нас в стране выращивается на приусадебных участках, является хорошим медоносом. Мелиссу даже специально высаживают на пасеке около ульев для увеличения выхода мёда.

Районированных сортов мелиссы нет, и для разведения используют местные формы дикорастущей мелиссы. Однако в настоящее время семена мелиссы продаются в семеноводческих магазинах, подготовленные плодоовощными станциями для выращивания на индивидуальных участках и всё больше пользуются спросом. Кроме посева семян и выращивания рассады, мелисса хорошо приживается на новом месте путём разделения кустов.

Лечебные свойства. Лечебные свойства мелиссы известны с древних времён, особенно это растение почиталось в Европе в Средние века и считалось панацеей от всех болезней. В монастырях готовили настойки, называемые «Дух мелиссы» (по-латыни слово «спирт» означает «дух»). Настойку маленькими дозами употребляли как лекарственный препарат при переутомлении и общем упадке сил, от глубокой депрессии и как успокаивающее средство. Мелисса до настоящего времени занимает у гомеопатов почётное место в составе лечебных трав, в частности для лечения язвенных заболеваний пищеварительного тракта, она вызывает усиленное выделение желудочного сока, соответственно улучшает аппетит и пищеварение, положительно влияет на сердечно-сосудистую систему, способствуя вылечиванию гипертонии, тахикардии, астмы. Отварами мелиссы лечат подагру, анемию, невралгию и эпилепсию.

Вот что пишет известная европейская фармацевтическая фирма «Терра плант» о мелиссе как лекарственном препарате: «Полезные свойства растения позволяют применять его при лечении депрессии, нервного переутомления, мигрени и бессонницы. Мелисса уменьшает боли, благотворно влияет на деятельность сердца, снижает артериальное давление, успокаивает и укрепляет нервную систему. Мелисса, нормализует процессы пищеварения, поэтому она усиленно применяется при функциональных расстройствах желудочно-кишечного тракта». Перечисленным выше далеко не исчерпываются лечебные свойства мелиссы.

Спиртовые настойки сухих листьев и цветков мелиссы рекомендуются как желчегонное и отхаркивающее средство, в случаях сердечных заболеваний лучше принимать их в виде капель на кусочек сахара. Выявлено, что мелисса снижает содержание сахара в крови и полезна диабетикам.

Настои листьев мелиссы используют наружно для полосканий рта при зубной боли и заболевании десен. При ревматизме хорошо помогают для снятия боли ванны с настоем мелиссы. Настои можно использовать как косметическое средство для ухода за кожей лица и тела. Кроме того, компрессы из настоев мелиссы можно в виде подушечек и примочек прикладывать к больным местам для снятия боли при ушибах.

Народные рецепты

Настой

2—3 ст. л. сухих измельченных листьев мелиссы залить 1 стаканом кипятка и через несколько минут пить теплым как успокаивающее средство. Полезен настой и как слабительное, мочегонное, потогонное лекарство. В качестве снотворного рекомендуется за полчаса-час до сна выпить чашку чая с настоем мелиссы.

Настой — 2-й вариант

15 г травы мелиссы залить 1 стаканом кипятка, настаивать 30 минут, процедить. Принимать по 1—2 ст. л. 5—6 раз в день при головной боли.

Настой — 3-й вариант

Приготовить смесь из листьев: 40 г мелиссы, по 30 г мяты и цветков ромашки аптечной; 2 ч. л. смеси залить стаканом кипятка. Пить по 1 стакану до еды при гастрите и жалобах на печень.

Эликсир мелиссы

8 ч. л. измельченных листьев и верхушечных побегов мелиссы залить 2 стаканами кипяченой воды, настаивать 4 часа, процедить. Принимать по 1/2 стакана 4 раза в день до еды при плохой деятельности желудочно-кишечного тракта, астме, одышке, мигрени, невралгии, бессоннице, головной боли, перевозбудимости половых функций, болезненных менструациях, как слабительное и потогонное средство.

Пищевое применение. Как уже отмечалось, все части растения богаты эфирными маслами, кроме того, в листьях содержатся витамин С (до 150 мг%), каротин (до 7 мг%), органические кислоты, минеральные соли (обнаружено много меди), дубильные и другие полезные вещества.

Нежные молодые листья добавляют в салаты, супы, ко вторым блюдам из дичи, рыбы и грибов, используют в составе других пряностей при посоле и мариновании огурцов и помидоров. Особенно приятны свежие листья в качестве самостоятельной заварки или при добавлении к байховому чаю, заменяя в напитке лимон. Сушеные листья в измельченном виде добавляют в состав пряных специй, где они могут заменять черный перец.

Мелиссу применяют также вместо лимонной цедры при выпечке печенья, кексов, приготовлении фруктовых блюд и прохладительных напитков.

Заготовка и сушка. Больше всего эфирных масел, самого ценного компонента химического состава, накапливается во время формирования бутонов, расцветшие растения уже менее ароматны. Следовательно заготовку впрок для пищевых и лекарственных целей лучше провести в момент бутонизации растений. Растения срезают не ниже 2—3 пар листьев у основания стебля, отделяют грубые части и сушат в обычных условиях: в тени, при хорошей вентиляции. Высушенные ломающиеся листья, цветочные побеги истирают в порошок, упаковывают в банки с плотно притертыми крышками и хранят, как и другое лекарственное сырье. Срок хранения — до 2 лет.

Л. Ф. Путинцева

Кулинарные рецепты

Чай из мелиссы

1 ст. л. сухих (2 ст. л. свежих) листьев мелиссы заваривают 1 стаканом кипятка, настаивают, как обычный чай. Еще вкуснее получается чай сборный: на 1 часть сушеных листьев мелиссы по 1 части сухого измельченного зверобоя и липового цвета. Можно ароматизировать чай добавкой листьев черной смородины, земляники, малины, по своему усмотрению, а также добавить щепотку байхового чая.

Наливка из мелиссы

200 г сухих листьев мелиссы, 200 мл сахарного сиропа, 1 л водки.

Сахарный сироп (концентрация сахара, по своему усмотрению) смешивают с отваром мелиссы и водкой, перемешивают, переливают в бутылку из темного стекла.

Салат с мелиссой

40 г мелиссы, 300 г картофеля, по 40 г зеленого лука и сметаны.

Вареный картофель и зеленый лук измельчают, смешивают с измельченной мелиссой, заправляют сметаной.

Салат можно улучшить, добавив немного медуницы и яйцо.

Пастернак

Б о т а н и ч е с к а я   х а р а к т е р и с т и к а. Пастернак — двулетнее пряно-вкусовое растение семейства зонтичных.

Отличительные признаки: с т е б е л ь — ребристый, сильно разветвленный, особенно в верхней части, высотой от 30 до 150 см; л и с т ь я — крупные, до 30 см длины, непарноперистые, изрезанные, с крупными долями; ц в е т к и — желтые, собраны в крупные зонтики на концах стеблей; п л о д ы — сильно сплющены плоскоовальной формы семянки. Наряду с зеленой массой ценится корень — сочный, мясистый, белый, напоминающий по форме морковь.

Места произрастания. В диком виде известен лесной пастернак с деревянистым веретенообразным корнем, встречается на опушках, заброшенных полях, вдоль дорог, у жилья. Распространен по всей Европе как листовая и корнеплодная культура, в нашей стране мало известен. В больших хозяйствах с внедрением моркови посевы пастернака значительно сократились, растение возделывается в основном огородниками-любителями. Кроме отличных пряно-вкусовых свойств, пастернак является хорошим медоносом.

Хотя по популярности пастернак значительно уступает петрушке и сельдерею, но в настоящее время выведено много новых сортов, в том числе такие, как Круглый ранний, Лучший из всех, Студент, Чемпион. Разведение пастернака как овощной пряно-вкусовой культуры заслуживает внимания: растение холодостойкое, может расти на любых почвах.

Лечебные свойства. Пастернак богат углеводами, минеральными солями, эфирными маслами, пектиновыми веществами. Из биологически активных веществ в листьях и корнеплоде присутствуют витамины С — 20 мг%; B_1 — 0,11; РР — 0,94; B_9 (фолиевая кислота) — 20 мг%, пантотеновая кислота — 0,5 мг%. В стеблях и листьях содержатся каротин (провитамин А), флавоноиды (Р-витаминные вещества), макро- и микроэлементы.

В медицине пастернак используют как болеутоляющее, тонизирующее, мочегонное и вызывающее аппетит средство. В фармацевтической практике из травы пастернака получают лечебные препараты, в частности — пастенацин, применяемый для предупреждения приступов стенокардии, и бероксан — в качестве сенсибилизатора.

В народной медицине употребление пастернака прописывают при почечно-каменной и мочекаменной болезни. Из измельченных корней получают отвар (1 ст. л. на 1 стакан воды), смягчающий простудный кашель. Еще древние греки отмечали, что употребление пастернака способствует повышению половой потенции.

Настой

2 ст. л. измельченных корней пастернака залить 1 стаканом кипятка, настаивать 2 часа, процедить, отжать остаток, довести объем настоя до исходного кипяченой водой. Принимать по 1/3 стакана 3—4 раза в день за 15 минут до еды с медом или сахарным сиропом — для возбуждения аппетита, при общем упадке сил и выздоровлении после тяжелых операций.

Отвар

1 ч. л. измельченных корней пастернака залить стаканом кипятка, кипятить в закрытой посуде на водяной бане 15 минут, охладить, довести объем отвара до исходного. Принимать по 1 ст. л. 4—5 раз в день за 20 минут до еды в охлажденном виде — как мочегонное, болеутоляющее и спазмолитическое средство при камнях в почках и мочевом пузыре.

Пищевое применение. В пищу листья и корни пастернака используют в свежем виде для приготовления салатов, а также для консервирования овощей. По сравнению с петрушкой и сельдереем листья пастернака обладают более нежным и пикантным вкусом, их есть можно просто так, для возбуждения аппетита и улучшения пищеварения. Измельченные листья и корни можно сушить, они особенно хорошо сочетаются с блюдами из мяса, птицы и дичи, придавая им своеобразный вкус и аромат. Пастернак добавляют к тушеным и жареным овощам и грибам, применяют в качестве ароматизатора в кондитерском производстве. Из высушенного и размолотого корнеплода изготавливают кофе.

Раньше в деревнях, в трудные годы лихолетья, ребятишки разыскивали весной розетки растения лесного пастернака, выдергивали их из земли и с удовольствием ели белые корни. По мере созревания растения корни деревенеют и становятся несъедобными. Корни измельчали, сушили в печах, потом использовали для заправки блюд. Иногда высушенные корни поджаривали и использовали как чайную заварку.

Заготовка, сушка. Уборку корнеплодов пастернака производят поздней осенью (зелень потребляют на протяжении всего периода вегетации), для длительного хранения отбирают хорошо сформировавшиеся здоровые корнеплоды. Часть корнеплодов можно оставить зимовать на участке и весной употреблять, как только оттает почва.

Для лечебных целей траву пастернака заготовляют в период цветения, а корнеплоды — при их полном созревании. Семена растений убирают на второй год, они созревают неодновременно и быстро осыпаются, поэтому вначале убирают созревшее верхние зонтики.

Хранят корнеплоды пастернака, как и морковь, при температуре 0—1° С, при относительной влажности воздуха 90%. Крупные корни начинают подвяливаться лишь к весне. Оставленная часть корнеплодов на зиму в земле с обрезанной ботвой засыпается землей и перегноем слоем 10—15 см, выкапывают эти корнеплоды ранней весной до образования листьев.

Кулинарные рецепты

Салат из пастернака с сухарями

2 корнеплода пастернака, по 1 ст. л. толченых сухарей и сливочного масла, соль.

Корнеплоды очистить, залить водой и отварить в подсоленной воде до мягкости, нарезать на кубики. Уложить в салатницу, посыпать толчеными сухарями, полить растопленным сливочным маслом.

Салат из пастернака с яблоками

По 1 корнеплоду пастернака и яблоку, 1 ст. л. майонеза, лимонная кислота, листья салата, зелень петрушки и соль — по вкусу.

Свежие корнеплоды пастернака натереть на крупной терке, смешать с нарезанными соломкой яблоками, сбрызнуть лимонной кислотой или уксусом, заправить майонезом, переложить в салатницу, украсить листьями салата, посыпать мелко рубленной зеленью укропа.

Л. Ф. Путинцева

Салат лиственный с пастернаком

200 г зеленого салата, 40 г листьев пастернака, 1 яйцо, 50 г сметаны, соль — по вкусу.

Подготовленные листья салата нарезать крупно на полоски, листья пастернака — помельче, смешать, добавив крупно рубленное вареное яйцо, заправить сметаной, солью.

Салат из пастернака и моркови

По 2 корнеплода пастернака и моркови, 50 г сметаны, соль, зелень укропа по вкусу.

Корнеплоды пастернака и моркови тщательно вымыть, очистить от кожицы, сполоснуть, натереть на крупной терке, чуть посолить, заправить сметаной или майонезом, уложить горкой в салатник, посыпать рубленым укропом.

Омлет с листьями пастернака

На 2 яйца — 1/2 стакана молока, 40 г листьев пастернака, 1 ст. л. масла, 50 г сыра, соль по вкусу.

Яйцо взбить с молоком, листья пастернака мелко порезать и добавить к взбитой массе. Сковороду смазать сливочным или оливковым маслом, разогреть и вылить подготовленную смесь, сверху посыпать тертым сыром, поджарить до готовности.

Петрушка

Ботаническая характеристика. Петрушка — двулетнее травянистое растение семейства зонтичных.

Отличительные признаки: с т е б е л ь — разветвленный, высотой до 100 см; л и с т ь я — тройчато-перистые, зеленые, у листовой гладкие, блестящие, у кудрявой — морщинистые, как бы гофрированные; ц в е т к и — небольшие, бело-зеленые, собранные в зонтик, время цветения — июнь — август; п л о д ы — мелкие, серовато-зеленые с горьковатым привкусом.

Петрушка делится на два вида: корневую и листовую. У корневой петрушки развит толстый мясистый корнеплод веретенообразной формы, у листовой, наоборот, — тонкий неразвитый корень с множеством мелких корешков и густая розетка листьев. Корнеплоды, или белые коренья, как их называют в народе, вместе с листвой отличаются высоким содержанием эфирных масел, придают своеобразный вкус и запах пище. В отличие от листьев корень содержит меньше эфирных масел, но имеет более тонкий приятный запах.

Места произрастания. Родина петрушки — Восточное Средиземноморье, где это растение встречается в диком виде и поныне. В основном же петрушка — овощная культура, известная еще в Древней Греции и Риме. Во времена античности петрушка ценилась не только как лекарственное, но и декоративное растение, из листвы петрушки плели венки, которыми украшали победителей состязаний.

На Руси петрушка выращивалась с XV века на огородах и садах под названием «петросилиевая трава». В наши дни она культивируется повсеместно. Из сортов листовой петрушки распространены Обыкновенная листовая, Листовая кудрявая, корневой — Бордовикская, Сахарная, Урожайная.

Лечебные свойства. Кроме эфирных масел, в петрушке содержится много биологически активных веществ, это и обусловливает разностороннее лечебное действие как корней, так и листвы.

В корнях петрушки найден гликозид апинин, который придает специфичный вкус и аромат. Содержание витамина С в корнеплодах — 35 мг%, присутствуют витамин РР, каротин (провитамин А), фолиевая кислота (витамин B_9); одно из первых мест среди овощей петрушка занимает по содержанию калия, поэтому ее рекомендуют при заболеваниях почек и мочевого пузыря. По наличию кальция, фосфора и железа петрушка также превосходит многие овощи.

Листовая петрушка еще богаче витаминами, в ее листьях содержится от 150 до 300 мг% витамина С и до 20 мг% каротина. В корнях и листьях имеются углеводы, белки, пектин, флавоноиды, фитонциды и другие полезные вещества.

Лечебные свойства петрушки известны с давних времен. Как считал средневековый врач Авиценна, настои петрушки помогают при кашле, астме, полезны для печени, «гонят мочу и месячные», но вредны для беременных женщин. В Древней Греции петрушкой кормили лошадей, впрягаемых в колесницы, для выносливости в бегах. Соком петрушки лечили раны и воспаления.

Современная медицина рекомендует петрушку при заболеваниях сердца, гиперацидных гастритах, кишечных коликах, моче- и желчнокаменной болезни, нарушениях менструального цикла. Во врачебной практике петрушка используется для лечения пищевых отравлений и расстройствах пищеварения. Исследованиями установлено, что апиол и миристицин, входящие в состав эфирного масла петрушки наряду с калием, способствуют выделению воды из организма, повышается тонус гладкой мускулатуры матки, кишечника и мочевого пузыря. В качестве лекарственных препаратов приготовляют отвары из листьев, травы и семян петрушки, а в зарубежной фармакологии из них выделяют эфирные масла.

В народе издавна корни и семена петрушки применяли при заболеваниях кишечника, мочеполовых путей, камнях в мочевом пузыре и почках, при водянке, лихорадке, укусах пчел и комаров.

Приводим несколько рецептов использования свежей и сушеной петрушки в лечебных целях, проверенных многовековым народным опытом.

Настой травы

1—2 ст. л. травы (суточная норма) залить 0,5 л кипятка, настаивать до остывания, процедить и выпить в течение дня как сильное мочегонное при болях мочевыводящей системы, особенно при мочекаменной болезни и отеках различного происхождения.

Настой семян

1/2 ч. л. семян петрушки залить 200 мл кипяченой воды. Настаивать 8 часов. Принимать по 2 ст. л. 4—5 раз в день при аллергических зудящих дерматозах, псориазе, пиодермитах, витилиго, облысении и других дерматитах.

Настой семян — второй вариант

9 г семян измельчить, залить в термосе 1 л кипятка на ночь. Пить по 100—150 мл 3—4 раза в день при отеках сердечного происхождения, почечно-каменной болезни, острых хронических циститах, нарушениях менструального цикла.

Настой корнеплодов

1 ст. л. измельченных корнеплодов петрушки залить 200 мл кипятка. Настаивать 12 часов, процедить. Пить по 1 ст. л. 4 раза в день при мочекаменной болезни. Настой можно использовать для умывания лица.

Второй вариант

4 ст. л. измельченных корнеплодов залить 250 мл кипятка, настаивать до остывания, выпить за 2 дня равными порциями как ветрогонное и для лечения предстательной железы.

Отвар листьев или корней петрушки

15—20 г измельченного сырья залить 200 мл кипятка, кипятить 10 минут. Пить, процедив, по 1/3 стакана 3—4 раза в день для аппетита, а также при авитаминозе.

Многообразно лечебное действие всех частей растения петрушки на человеческий организм. Есть сведения, что петрушка возбуждает деятельность половых желез. В народе говорят, что «горсть зелени петрушки равна горсти золота». В вегетационный период лета и осени можно использовать самый действенный природный лечебный «препарат» — сок свежей петрушки. Сырой свежий сок очень помогает в лечении заболеваний мочеполового тракта, способствует нормальным функциям надпочечных и щитовидных желез, необходимому кислородному обмену в организме, разрушению камней в почках и желчном пузыре. Сок способствует укреплению кровеносных капилляров, он успешно применяется при нефрите и водянке.

> Вимание! Свежий сок петрушки — очень сильно действующий напиток, отдельно его нельзя пить больше 30—60 мл, а лучше смешать с морковным, свекольным, сельдерейным или шпинатным соком, тем более что диапазон действия напитка на организм увеличивается.

Так, при смешивании сока петрушки с морковным соком этот напиток обладает эффективным лечебным действием при заболевании глаз, изъязвлении роговой оболочки, при конъюнктивите, офтальмии, катаракте. Целебное действие такого напитка усиливается еще и добавлением к нему сельдерейного сока.

Когда нужно восстановить зрение, сниженное при напряженной работе, сок петрушки смешивают с морковным соком в соотношении 1:3. Такой сок улучшает дыхание, сердечную деятельность, но его не следует пить при воспалении почек. Морковно-свекольный сок успешно применяется при нарушении менструального цикла; спазмы, вызванные этим нарушением, прекращаются совсем, если сок принимать регулярно.

Количество сока за прием должно быть не более 1 ст. л.

Зелень петрушки широко применяется в косметологии. Можно зелень (только обязательно свежесобранную) нарезать, завернуть в целлофан, заморозить, а утром протирать ею лицо и шею. Освежающее действие таких протираний особенно ценно в жаркие дни.

Отжать через мясорубку сок петрушки и использовать для удаления прыщей, угревой сыпи на лице и теле. Лицо предварительно очистить и смазать косметическим молочком. Процедуру проводить 2—3 раза в неделю в течение месяца.

Настой для лица

2 ст. л. измельченных листьев петрушки залить 1 л кипятка, настаивать 10—20 минут, процедить. Настоем протирать лицо и шею по утрам. Можно для этих же целей приготовить отвар листьев (50 г на 0,5 л воды), кипятить в течение 15 минут, процедить.

Протирать кожу ватным тампоном, смоченным в отваре.

В холодное время года для предохранения лица от обветривания хорошо протирать лицо ватным тампоном, смоченным в настое петрушки и укропа. Настои и отвары петрушки также отбеливают кожу, осветляют веснушки и пигментные пятна.

Пищевое применение. Листовая и корневая петрушка используются в качестве приправы в первые и вторые блюда, а петрушка корневая может быть и самостоятельным овощем к гарнирам, соусам и подливам. Зелень — обязательный компонент многих овощных салатов, используется для украшений мясных и рыбных блюд, в наборах закусочной зелени, вызывающей аппетит и улучшающей усвоение пищи.

Корни и листья используются, наряду с другими пряными растениями, при засоле, мариновании огурцов, помидоров, кабачков и патиссонов, заготавливаются впрок в виде суповых заправок, как самостоятельно, так и в смеси с сельдереем и другой зеленью, а иногда и вместе с морковью, помидорами, сладким перцем. Петрушка в виде измельченной зелени или корнеплодов — обязательный компонент многих овощных консервов, в том числе кабачковой, баклажанной и других видов икры.

Заготовка и сушка. Заготавливают петрушку в течение всего летнего сезона, вплоть до глубокой осени, часть растений оставляют даже на зимовку, а ранней весной используют в пищу. Часть растений можно пересадить в теплицы или горшки, которые можно поставить в кухне на подоконник и пользоваться зеленью зимой.

Зеленую листву петрушки подвяливают, сушат сначала в

тени на ветерке, обсушив от остаточной влаги после ополаскивания и встряхивания, затем можно досушить в слабо нагреваемой духовке с открытой дверцей и сушку сразу же прекратить, когда листья станут ломаться и истираться в порошок, но лучше всего естественная сушка в проветриваемом месте.

Корнеплоды петрушки, предназначенные для сушки, нужно тщательно вымыть холодной проточной водой (не дать замокнуть), затем зачистить от поверхностного слоя, пропитанного запахом земли, нарезать соломкой. Чем тоньше измельчены корни, тем лучше они сушатся. Сначала разложенные тонким слоем корнеплоды просушить на солнце, окончательно — на нагретом поду духовки с открытой дверцей, не допуская зарумянивания и потери естественной окраски измельченных частиц.

Высушенную зелень и корни упаковывают в бумажные пакеты, жестяные банки с притертыми крышками. Хранят в сухом прохладном помещении при обычной температуре. Зелень должна сохранить естественный цвет.

Цельные корнеплоды петрушки хранят в свежем виде в подвалах и погребах, разложив в ящики и пересыпав песком. Условия хранения те же, что и для моркови.

Кулинарные рецепты

Салат с петрушкой и яблоками

Подготовленные корни петрушки натереть на крупной терке, яблоки нашинковать соломкой, смешать их, добавив мелко нарезанные репчатый лук, зелень петрушки и лимонный сок, соль, сахар, растительное масло.

На 500 г корнеплодов петрушки — 3 крупных яблока, 2 луковицы, 2 ст. л. рубленой зелени петрушки, сок 1 лимона, 2 ст. л. растительного масла, соль и сахар — по вкусу.

Суп из корневой петрушки

6 корней петрушки, по 3 моркови и клубня картофеля, 2 головки репчатого лука, мясной бульон, соль — по вкусу.

Подготовленные корни петрушки, морковь, картофель нарезать дольками, добавить поджаренный на масле репчатый лук, залить около 1 л мясного бульона и тушить почти до готовности. Затем в суп добавить кусочки вареного мяса, довести остальным бульоном до нужной густоты и доварить суп до полной готовности.

Холодник из корневой петрушки

5 корней петрушки, 3 корня сельдерея, 2 головки репчатого лука, по 2 ст. л. мелко нарезанного зеленого лука и зелени петрушки, 1 ст. л. растительного масла, вода, соль, уксус, сахар по вкусу.

Подготовленные корни петрушки нарезать кружочками, сельдерея — дольками, смешать с мелко нарезанным репчатым луком, поджаренным на растительном масле, переложить в кастрюлю, залить кипящей водой, добавить уксус, соль, сахар и довести на умеренном огне до готовности, но так, чтобы овощи не были слишком мягкими. Суп охладить, добавить мелко нарезанный зеленый лук и зелень петрушки.

Суп из зелени петрушки

1/2 стакана рубленой зелени петрушки, по 1 ст. л. муки, сливочного масла и сметаны, гренки, соль, перец по вкусу.

Муку прогреть на сковороде со сливочным маслом до кремового цвета, затем разбавить мясным бульоном или овощным отваром, довести до кипения, посолить, положить мелко нарезанную петрушку, черный перец и варить 15—20 минут. На стол подать, заправив суп сметаной, отдельно — гренки из белого хлеба, обжаренные на масле.

Л. Ф. Путинцева

Суповая заправка из петрушки

Расход соли — 20% от массы зелени петрушки.

Зелень петрушки слегка обсушить на воздухе от остаточной влаги, удалить стебли и грубые черешки, нарезать и плотно уложить в стеклянные банки или другую фаянсовую посуду, равномерно пересыпая слои сухой солью. Наполненную банку хорошо утрамбовать до выделения рассола, сверху накрыть марлей и кружком с небольшим гнетом. Хранить в холодном помещении.

Сельдерей

Ботаническая характеристика. Сельдерей — двулетнее травянистое пряно-вкусовое растение семейства зонтичных. Выращивается три разновидности сельдерея: корневой, черешковый и листовой. Корневой сельдерей образует мощный мясистый корнеплод длиной 8—12 см, полукруглой формы с боковыми корешками. У черешкового сельдерея выделяются толстые мясистые черешки шириной 3—4 см, длиной до 50 см.

Отличительные признаки: с т е б е л ь — в первый год не образуется, на второй год — вырастает до 1 м, прямой, бороздчатый, сильно разветвленный; л и с т ь я — у всех разновидностей интенсивной темно-зеленой окраски, гладкие, блестящие, изящной конфигурации, у листового сельдерея облиствление более обильное; ц в е т к и — в виде маленьких зонтиков, у корневого сельдерея мелкие, белые, с широкими лепестками, у листового — белые и кремовые, с узкими лепестками; п л о д — двусемянка, семена сохраняют всхожесть 2—3 года.

Места произрастания. Сельдерей как пряно-вкусовое растение широко распространен во многих странах. Дикие сородичи сельдерея культурного вида встречаются в Азии, Африки, Европе, в нашей стране его можно обнаружить во влажных местах, на солонцовых почвах. Как уже культивируемое растение сельдерей был известен в Древней Греции и Риме.

Гирляндами из его зелени награждали победителей спортивных состязаний, изображения листьев украшали коринфские колонны дворцов и храмов, античные монеты.

В Европе сельдерей начал культивироваться в XV веке, в России — в начале XVIII столетия, доходило до курьезов: знатные вельможи употребляли листья не в пищу, а для украшений, подражая древним грекам и римлянам. В настоящее время сельдерей как овощная культура выращивается повсеместно. Выведено много высокоурожайных сортов: корневого — Яблочный, Корневой Грибовский, Снежный, Император, черешкового — Золотое перо, Белое перо, Юта, листового — Зеленый зимний, Листовой срывной, Местный и другие.

Лечебные свойства. Листья сельдерея богаты витамином С, каротином, минеральными элементами, эфирными маслами (2,2—3%), в состав которых до 70% лимонена от общего их количества, в также фенол и другие летучие соединения; в корнеплодах содержатся легкоусвояемые углеводы, клетчатка, комплекс витаминов — С, группы В, РР; эфирных масел немного меньше, чем в листьях, но они придают более нежный вкус.

Сельдерей обладает многими лечебными свойствами. Он благоприятно влияет на эндокринную и нервную систему, рекомендуется к употреблению при заболевании почек, крапивнице. В диетическом питании вводится в рацион больных гастритом как овощ, содержащий противоязвенный витамин (U). Слизь, содержащаяся в корнеплодах сельдерея, обладает обволакивающими свойствами, способствуя уменьшению воспалительных явлений и боли при гастритах, язвенной болезни желудка и двенадцатиперстной кишки. Лечению мочевыводящих путей способствует наличие в растении гликозида апина.

В традиционной медицине сельдерей применяют при малярии, заболеваниях печени, неврозах и других патологических состояний, он повышает мочегонный и слабительный эффект и общий тонус организма, особенно в виде сока. Благодаря наличию поливитаминов (С, B_1, B_2, РР) сок рекомендуется употреблять в целях профилактики по 1—2 ч. л. 3 раза в день за 30 минут до еды.

Положительно влияет на общий тонус и бодрое состояние

смесь соков моркови, свеклы и сельдерея в соотношении 5:3:8 частей, сельдерея, капусты и моркови (5:4:1), моркови, сельдерея и редьки (8:3:5). Эти смеси соков дают феноменальные результаты в излечении авитаминоза. Их лучше всего пить тучным людям с нарушением обмена веществ и быстрой утомляемостью. Рюмка сока сельдерея, выпитая с утра и столько же днем, помогает легче переносить сухую жаркую погоду, нормализует температуру тела и улучшает самочувствие.

В народной медицине корнеплоды и семена сельдерея применяют как болеутоляющее, мочегонное и возбуждающее аппетит средство. В лечении многих заболеваний сельдерей рассматривается как средство при водянке, болезни почек, мочевого пузыря, подагры и ревматизма, болезненных менструациях, кожных аномалиях, наружно при ранах и язвах. На жировой основе готовится мазь для лечения кожных заболеваний.

Пищевое применение. Листья сельдерея используют для салатов, приправ к мясным, рыбным и овощным блюдам, для украшения кушаний. Корнеплоды и черешки можно тушить и добавлять в сложные гарниры, а то и предложить в качестве самостоятельного блюда. Измельченные мелко зеленые листья добавляют в плодоовощные соки для придания им более острого вкуса и аромата. Пикантный по вкусу морковно-сельдереевый сок с добавкой измельченного репчатого лука и яблок. Из этих же овощей и фруктов можно отжать сок, сдобрить солью и сахаром по вкусу.

Листья и корнеплоды сельдерея добавляют в соления и маринады из овощей, в различные овощные консервы.

Заготовка и сушка. Зелень сельдерея заготавливают по мере надобности на протяжении всего летне-осеннего сезона, а корнеплоды — вполне созревшими и накопившими максимальное количество питательных веществ. Сплошную уборку растений проводят в более поздние сроки — в конце сентября и даже до 10 октября. Для продления сроков потребления зеленой массы черешковый сельдерей выкапывают целиком, а затем корни прикапывают землей в парнике или подвале. Сами корнеплоды обрабатывают и хранят так же, как корни петрушки и пастернака.

Зеленые листья сельдерея можно в измельченном виде высушить в тени, при хорошей вентиляции или законсервировать солью. При этом листья надо хорошо промыть, дать воде стечь, изрубить, смешать равномерно с солью из расчета 200 г соли на 1 кг листьев, уложить плотно в горшок или другую посуду, сверху посыпать солью. Хранить на холоде. При использовании этой заправки кулинарные блюда почти или вовсе не надо солить. В случае применения суповых заправок в смеси с петрушкой, укропом, сельдерей, как более острую по вкусу и запаху зелень, нужно брать не в равном, а половинном количестве.

Свежие корнеплоды сельдерея хранят при том же режиме, что и корнеплоды петрушки и моркови.

Кулинарные рецепты

Салат с сельдереем

500 г корнеплодов сельдерея, 1—2 ст. л. сахарного песка, 3 ст. л. растительного масла или 3—4 ст. л. майонеза, соль, уксус — по вкусу.

Тщательно вымытые корни сельдерея отварить целиком в подсоленной воде до готовности, не допуская размягчения. Затем корнеплоды очистить от кожицы, нарезать ломтиками, добавить соль, сахар, уксус и растительное масло или заправить майонезом.

Салат с сельдереем и яблоками

2 корня сельдерея, 2 яблока, 1 лимон, 2 ст. л. майонеза или растительного масла, соль, сахар — по вкусу.

Вымытые корнеплоды сельдерея очистить от кожицы, нарезать мелкой соломкой и сразу же сбрызнуть лимонным соком, чтобы не потемнели. Крупные яблоки зачистить от семенного гнезда, также измельчить или натереть на крупной терке, смешать с сельдереем, добавить соль, сахар, заправить майонезом или растительным маслом.

Бульон с сельдереем

2,5 л бульона, 2 корня сельдерея, по 1 корню петрушки и моркови. Корневой сельдерей можно заменить листовым (1 стебель), добавить измельченную зелень в конце варки.

Сварить прозрачный мясной бульон. Через час-полтора после закипания в бульон добавить очищенные коренья сельдерея, петрушки и моркови и варить до готовности овощей. Бульон на стол подают в бульонных чашках, пиалах с пирожками.

Котлеты из сельдерея

4 корня сельдерея, по 1/2 стакана овсяных хлопьев и молока, по 2 ст. л. рубленой зелени сельдерея и толченых сухарей, 2 головки репчатого лука, 4 яйца, 1/2 лимона, масло растительное — по потребности, соль — по вкусу.

Овсяные хлопья заливают небольшим количеством молока так, чтобы молоко покрыло хлопья и оставляют на 1 час до загустения. Подготовленные корни сельдерея мелко шинкуют, добавляют мелко рубленную зелень сельдерея, нарезанный репчатый лук, яйца, натертую цедру лимона, соль и все тщательно перемешивают до однородной массы с набухшими овсяными хлопьями, толчеными пшеничными сухарями. Из массы формуют котлеты и обжаривают их в кипящем растительном масле до золотистого цвета.

Сельдерей, тушенный с овощами

6 корней сельдерея, по 1 шт. моркови, помидора, головка репчатого лука, 50 г сливочного масла, 1/2 стакана мясного бульона, соль и перец — по вкусу.

Подготовленные корни сельдерея нарезать кусочками длиной 5 см, морковь — соломкой, репчатый лук — мелко и все пассеруют на сливочном масле, не давая овощам зарумяниться. Подготовленные овощи перекладывают в кастрюлю, заливают мясным бульоном, добавляют соль, перец и тушат в течение 1 часа до готовности.

Паштет из сельдерея с мясом

300 г сельдерея, 100 г вареного мяса, 1 луковица, 20 г сыра, по 2 ст. л. масла и сметаны. Зелень укропа или петрушки — по вкусу.

Отваренные и очищенные корни сельдерея мелко рубят, вареное мясо пропускают через мясорубку, обжаривают лук и все перемешивают. Смесь выкладывают на смазанную маслом сковороду, сверху посыпают тертым сыром, поливают сметаной, посыпают мелко нарезанной зеленью укропа. Сковороду ставят в печь или духовку на 30 минут для запекания.

Крокеты из сельдерея

4 корня сельдерея, 3 клубня картофеля, 4 яйца, по 2 ст. л. сливочного масла, муки и толченых сухарей, 1/2 стакана томатного соуса, жир или фритюр — по потребности, соль — по вкусу.

По отдельности отварить сельдерей и очищенный картофель, обсушить, протереть через сито или дуршлаг, затем смешать, заправить пюре сырыми желтками и сливочным маслом. Разделать пюре в виде шариков, обвалять их в муке, смочить белком, запанировать в пшеничных сухарях. Подготовленные крокеты поджарить в сильно разогретом жире со всех сторон до золотистого цвета. Подать на стол с томатным соусом.

Сельдерей, запеченный под соусом

500 г сельдерея, 1/2 стакана молочного соуса, 2 ст. л. сливочного масла, 1/4 стакана бульона, 50 г сыра, соль — по вкусу.

Обработать корни сельдерея (вместе со стеблями), нарезать дольками и припустить, добавив масло и мясной бульон. Готовый сельдерей переложить на сковороду, залить молочным соусом, посыпать тертым сыром и запечь в духовке. При подаче на стол сбрызнуть растопленным сливочным маслом.

Сельдерей жареный

200 г сельдерея, 2 ст. л. масла, 2 ч. л. лимонного сока или разведенной лимонной кислоты, соль — по вкусу.

Подготовленные корни сельдерея нарезать тонкими ломтиками, полить лимонным соком, выдержать 5—10 минут, затем посолить, обвалять в муке и поджарить до золотистого цвета. Подать с салатом из свежих или малосольных огурцов и помидоров.

Тимьян

Ботаническая характеристика. Тимьян обыкновенный (другие названия: богородская трава, садовый чабрец, цимбер, цебрик) — низкий ветвистый полукустарничек высотой 10—15 см, стелющийся по земле, поэтому его еще называют тимьяном ползучим, относится к семейству губоцветных.

Отличительные признаки: с т е б е л ь — стелющийся с тонкими опушенными веточками красновато-бурого цвета; л и с т ь я — мелкие, короткочерешковые, супротивные, яйцевидные, темно-зеленые; ц в е т к и — мелкие, розовые или фиолетовые, собраны в рыхлые головчатые соцветия на концах ветвей, цветение продолжительное — с третьей декады июня до конца августа; п л о д — маленький орешек темно-бурого цвета. Масса 1000 семян — 0,3—0,5 г. Созревает в сентябре.

Места произрастания. Тимьян садовый сходен во многом с чабрецом дикорастущим, в диком виде растет по степным районам европейской части СНГ, в некоторых районах Сибири, на юге Северного Урала, на Дальнем Востоке, а за границами России по всей Европе, в Северной Америке и Африке. Растение встречается на полянах и опушках, в разреженных и смешанных лесах, любит расселяться на песчаных пригорках.

Тимьян культивируют на приусадебных участках, иногда его подсаживают по краю клумб вместо бордюра, такое оформление выглядит очень эффектно. Основными районами выращивания являются Воронежская и Ростовская области, Краснодарский и Ставропольский края. Это светолюбивое и засухоустойчивое растение хорошо зимует в средней полосе и севернее при достаточном снежном покрове. Грядку на приусадебном участке следует выбрать на защищенном от ветра месте.

Л е ч е б н ы е с в о й с т в а. Официальной медициной тимьян используется как антисептическое, антибактериальное, отхаркивающее средство, особенно ценное при простуде и кашле для удаления мокроты и слизи при заболевании бронхов, сильном кашле.

В народной медицине для лечебных целей применяются все наземные части растения — стебли, листья, цветки. Водные настои тимьяна являются не только эффектным отхаркивающим средством, но и снимают боли в животе при язве желудка, дизентерии, поносах. Настои и отвары травы с успехом лечат малокровие, сахарный диабет, болезни сердца, нервные заболевания.

Настой тимьяна

15 г сухих измельченных листьев тимьяна залить 1 стаканом кипятка, настаивать 30 минут, процедить. Принимать по 1 ст. л. 3 раза в день. Для детей настой готовят более слабый: 5 г листьев на 200 мл кипятка, употреблять небольшими дозами (5—15 мл) 4—5 раз в день.

Используют настои и как глистогонное средство для выведения солитера, при катарах с пониженной кислотностью, при коликах и вздутиях живота, как мочегонное и снотворное средство. Настой травы применяют для полосканий при воспалении слизистых оболочек рта, зева и гортани.

При суставных болях, радикулите полезны лечебные ванны. Ванны полезны для лечения болезней, связанных с нарушением обмена веществ, особенно для детей.

Настой для ванны

50 г травы тимьяна или чабреца сухого залить в ведре кипятком, накрыть крышкой и настаивать в течение 1 часа. Настой процедить и влить в подготовленную ванну.

Для детей настой готовят из расчета 5—15 г сухой травы на 200 мл кипятка. Принимать маленькими дозами от 5 до 15 мл 4—5 раз в сутки, внутренне. Наружно ванны также разводить настоем более слабой концентрации, чем для взрослых.

Отвар

Берут траву тимьяна обыкновенного с водой в отношении 1:10, вываривают 200 мл кипящей воды, нагревают на водяной бане в течение 30 минут, охлаждают 10 минут при комнатной температуре, процеживают и принимают по 1—2 ст. л. 3—5 раз в день.

П и щ е в о е   п р и м е н е н и е. Тимьян имеет приятный аромат и слегка горьковатый вкус. Содержание эфирных масел достигает до 0,6%, в него входят тимол, карвакрол, цимол и другие ароматические летучие соединения. Витамина С — до 55 мг%, содержатся также смолы, минеральные соли, дубильные и другие полезные вещества.

Как и дикорастущий чабрец, тимьян используют для ароматизации напитков, уксуса, небольшими порциями добавляют в супы и другие блюда, заваривают вместе с другими травами чай. Свежую зелень добавляют в соленья и маринады при консервировании различных овощей и продуктов, но пользоваться отдушкой тимьяна следует в небольшом количестве, чтобы не заглушить аромат других пряностей и не ухудшить вкус.

З а г о т о в к а   и   с у ш к а. Впрок заготавливают облиственные цветущие побеги, срезая их без деревянистой части стеблей. С одного кустика лучше срезать около 1/3 цветущих веточек, чтобы не ослабить растение. Обрывать руками побеги нельзя, так как корневая система растений располагается высоко, слабая, и можно нечаянно вырвать растение с корнем. Цветущие побеги связывают в пучки и сушат в тени. После сушки отделяют грубые деревенеющие стебли, а сушеную зелень расфасовывают в банки с плотно притертыми крышками и хранят в сухом прохладном месте.

Для получения семян поздней осенью до наступления заморозков растения срезают, расстилают тонким слоем на подстилке и просушивают в течение 5—7 дней в хорошо вентилируемом месте или на чердаке. Просушенные веточки перетирают руками, обсыпанные семена просеивают на мелком сите от примесей. Хранят так же, как сушеную траву тимьяна.

Зелень для лекарственных и лечебных целей заготовляют в небольших количествах. Имеются сведения, что длительное применение тимьяна может привести к нарушению функций щитовидной железы.

Укроп

Ботаническая характеристика. Укроп — однолетнее или многолетнее травянистое пряно-вкусовое растение семейства зонтичных.

Отличительные признаки: стебель — прямой, бороздчатый, ветвистый, высотой от 40 до 120 см и более; листья — очередные, трижды — или четыреждыперистые, рассеченные на нитевидные дольки, нижние — черешковые, верхние — сидячие, прикорневые розетки листьев достигают высотой до 20—35 см, темно-зеленые и желтовато-зеленые по окраске; цветки — мелкие, желтые, собраны в сложные зонтики; плод — вислоплодик, распадающийся при созревании на 2 полуплодика яйцевидной формы с бурыми или коричневыми семенами; созревают в августе — сентябре. Растение скороспелое, его можно высевать в течение всего сезона через каждые две недели, новая зелень будет готова через 30—40 дней.

Места произрастания. Укроп — древняя овощная культура. Родина — Персия, Индия, Средняя Азия. В диком состоянии укроп встречается на юге Европы, с XVI века из Восточного Средиземноморья распространился по Западной и Северной Европе. На Руси укроп считался обычной пряной приправой в виде зелени и специи (созревших зонтиков) при засоле огурцов, квашении капусты. Укроп неоднократно упоминался в старинных списках растений царских садов в Кремле.

Укроп — светолюбивое и хладостойкое растение. Семена

начинают прорастать при 3°С, но для их созревания необходима температура не менее 20°. Для получения хорошего урожая зеленой массы и семян укропа выращивают на плодородных, хорошо обработанных почвах. При затенении растения сильно вытягиваются, увеличивается длина стебля, а листья теряют свою яркую зеленую окраску.

Наиболее распространенные сорта укропа: ранний Грибовский, Каскеленский, среднеспелый — Лесногорский, среднепоздний и поздний — Узбекский, Армянский, Кибрай и другие.

Лечебные свойства. Сильным пряным ароматом обладают зелень и семена укропа, в них накапливается соответственно 2 и 5% эфирного масла. Укроп содержит набор поливитаминов: B_1, B_2, B_9 (фолиевая кислота), РР, Р и С, а также значительное количество бета-каротина (провитамина А) — до 12,8 мг%. Содержание витамина С от 40 до 240 мг%. В семенах накапливается до 20% жирного масла; содержатся в листьях и семенах также сахара, белки, минеральные соли (особенно много калия, кальция и железа) и другие биологически активные вещества.

Укроп издавна известен своими лечебными свойствами. В Древней Греции его применяли от головной боли и для общего укрепления сил. Современной медициной установлено противоспазматическое, антисклеротическое, регулирующее сердечный ритм и гипертоническое давление, а также как улучшающее аппетит средство. Калий, содержащийся в укропе, способствует выведению излишков воды из организма, железо — лечению анемии.

Настой семян укропа

1 ч. л. измельченных семян укропа заварить на 35 минут в полстакане кипятка, процедить. После охлаждения пить натощак по 1/2 стакана 3 раза в день при гипертонической болезни.

При всех вышеуказанных заболеваниях можно принимать по щепотке истолченного семени по 1—3 раза в день, запивая теплой водой.

В народной медицине настой семян укропа используют при заболеваниях желудочно-кишечного тракта как мочегонное, ветрогонное и болеутоляющее средство, при коликах и одышке, при болезнях дыхательных путей и как легкое снотворное.

Способ 2

2 ст. л. семян укропа растереть, залить 0,5 л крутого кипятка, настаивать 30—40 минут, процедить. Пить по 100 мл 3—4 раза в день за 30 минут до еды при атеросклерозе, сопровождающемся головными болями, на начальных стадиях гипертонии, при хронической коронарной недостаточности, циститах, почечно-каменной болезни, для снятия спазм в брюшной полости.

Взамен настоя можно за полчаса до еды принять 1 ч. л. порошка семян укропа, немного подсластив его сахарным песком. Порошок семян рекомендуется принимать за 40 минут до еды, запивая водой, при хронической коронарной недостаточности и метеоризме (вздутии живота от скопившихся газов).

Средство от бессонницы

50 г семян укропа варить при медленном огне в 0,5 л кагора или портвейна. Принимать по 50 мл в качестве снотворного при бессоннице.

2 ст. л. семян укропа залить 2 стаканами кипятка, кипятить 15 минут на слабом огне, охладить, процедить. Пить по 1/2 стакана отвара 4 раза в день при желчнокаменной болезни. Курс лечения 2—3 недели.

Укропная вода готовится разведением укропного (фенхелевого) масла из расчета 1 часть на 1000 частей воды. Широко используется для детей при болях в животе. Помогает вода и как отхаркивающее средство.

Укроп широко применяется наружно для лечения глазных болезней, и особенно в косметических целях. Глаза промывают ватным тампоном, смоченным в настое или отваре и даже в укропной воде слабой концентрации укропной вытяжки. В косметике настои и отвары зелени и семян укропа используют для компрессов, масок, лечения угрей и фурункулов.

Укропная вода для умывания

2 ст. л. семян укропа залить 2 стаканами кипятка или горячей воды, кипятить 5—10 минут на слабом огне, процедить через марлю. Вечером умыть лицо отваром и на влажную салфетку нанести крем. Рекомендуется процедура для сухой кожи лица.

Маска укропная

2 ст. л. нарезанной зелени укропа залить 2 стаканами воды, прокипятить 5 минут, процедить. Отваром смочить марлевую салфетку, сверху положить полиэтиленовую пленку, а на нее — махровое полотенце, держать 30 минут. Компресс хорош для сухой шершавой и шелушащейся кожи, заметно разглаживая и омолаживая лицо. Компрессы применяют также при солнечном ожоге и зуде кожи.

Насыщенный отвар для жирной кожи

2 ст. л. нарезанной зелени укропа на 1 стакан воды, в отвар добавить белок куриного яйца, хорошо взбить. Маску послойно нанести ватным тампоном (3—4 слоя), когда подсохнет последний слой, смыть маску теплой водой.

Курс удаления розовых угрей на лице: семена укропа залить кипяченой водой (1:10), дать настояться. Смочить в настое салфетку, слегка отжать и наложить на лицо. Выдержать 15 минут.

Курс лечения через день — до 15 раз.

Такой же настой можно использовать в виде марлевых компрессов в холодном или теплом виде для сухой чувствительной кожи. Процедура улучшает кровообращение, снимает раздражение и разглаживает кожу лица.

П и щ е в о е п р и м е н е н и е. Укроп вводят в виде зелени в салаты и закуски, разнообразные овощные, мясные и рыбные блюда. Незаменим укроп при посоле и консервировании овощей. Укроп заготавливают впрок сухим засолом или в смеси с зеленью пряных корнеплодов и используют в качестве приправы.

Свежие веточки укропа, смотав в пучок и обмакнув в соль, хорошо затем поесть с хлебом в качестве витаминной и аппетитной закуски; веточки укропа используют для украшения блюд.

В диетическом питании применяется укропное масло, его можно приготовить в домашних условиях. Измельченное сырье (зелень, семена) заливаются растительным маслом в пропорции 1:10 или 1:5. В плотно закупоренной или стеклянной посуде смесь настаивается от 10 до 20 дней в темном месте при комнатной температуре, время от времени встряхивается. После настаивания масло процеживается и отжимается от остатка, сразу же расфасовывается во флаконы или бутылки из темного стекла с герметической пробкой; срок хранения в холодильнике до 1 года.

З а г о т о в к а и с у ш к а. При массовом сборе укроп лучше собирать утром для потребления в сыром виде, за сутки перед срезом зелени растения сильно поливают. Измельченные листья и стебли можно высушить (желательно раздельно), расстелив тонким слоем в тени и хорошо проветриваемом помещении. Зрелые зонтики, используемые на засол, следует связать в небольшие пучки, высушить сначала на солнце, досушить в сухом проветриваемом помещении, до тех пор пока семена не станут твердыми. Сплошную уборку проводят осенью, вырывая растения с корнем, отряхивают от земли и укладывают в ящики или корзины корнями вниз.

Укроп хранится в тех же условиях, как остальная овощная зелень. Срок хранения короток, чтобы продлить его, растения нужно сбрызгивать водой. При температуре от 0 до 5°C и относительной влажности воздуха 95% зелень можно сохранить до двух недель.

Л. Ф. Путинцева

Кулинарные рецепты

Укроп для приправы

Молодую зелень укропа отсортировывают от дефектных листьев, моют в проточной воде, дают воде стечь и затем вывешивают для просушки. После просушки отделяют грубые черешки, стебли. Приготовленный укроп режут на кусочки длиной 5—8 мм и равномерно пересыпают сухой солью из расчета 1 ст. л. соли на 100 г укропа. Смесь укладывают в чистые банки, укупоривают жестяными или полиэтиленовыми крышками. Хранят в сухом прохладном помещении.

Зелень, консервированная сухим способом

Подготовленную смесь зелени укропа и петрушки в равных количествах посыпают равномерно солью из расчета 250 г соли на 1 кг зелени. К смеси можно добавить зелень сельдерея, но так как он более острый по запаху, то лучшее соотношение частей укропа, петрушки и сельдерея 2:2:1.

Подготовленную смесь закладывают в сухие чистые стеклянные банки, которые закатывают крышками. Хранить банки с консервированной зеленью следует в прохладном помещении или в холодильнике.

Фенхель

Ботаническая характеристика. Фенхель — малораспространенное пряно-вкусовое растение семейства зонтичных.

Отличительные признаки: с т е б е л ь — прямостоячий, округлый, полый, бороздчатый, сильно разветвленный, покрытый синеватым налетом, высотой до 2 м; л и с т ь я — крупные, перисторассеченные на нитевидные дольки, переходящие у основания в желообразный черешок, средние и верхние листья охватывают стебель влагалищем; ц в е т к и — мелкие, желтые, собраны в соцветия — зонтик; п л о д ы — серовато-зеленые двусемянки с сильным ароматом.

Фенхель сходен с укропом, не зря он имеет второе название — укроп аптечный, но значительно крупнее, объемнее с длинными междоузлиями (до 40 см длиной), вкус скорее не укропный, а анисовый.

Различают два вида фенхеля: обыкновенный и овощной (итальянский), у овощного фенхеля листовые черешки у основания образуют толстые вздутия, у обыкновенного таких вздутий нет.

М е с т а п р о и з р а с т а н и я. В диком виде встречается в Средней Азии, Крыму, Закавказье, на Северном Кавказе. Родиной фенхеля считают Средиземноморье. Растение можно встретить по всему Черноморскому побережью. Культурные сорта фенхеля выращиваются в основном овощеводами-любителями на Украине, в Белоруссии, у нас — в Краснодарском крае, в то время как во Франции, Италии, Польше — это широко распространенное растение.

Фенхель как лекарственное и эфирно-масличное растение использовался греками, римлянами и арабами с древних времен. В Средние века лекари-травники из него готовили более 200 рецептов, не случайно другие названия фенхеля — укроп лекарственный, укроп аптечный.

Фенхель выращивается в одно- и двухлетней культуре, особенно урожайный на плодородных почвах. Широко известен в Италии — наиболее известный сорт — Итальянский круглый, а также сорта Сицилийский, Болонский, Ялтинский, Удалец.

Чтобы продлить время потребления овощного фенхеля делают повторные посевы семян через каждые 2—3 недели. Чтобы вздутия у основания стеблей — кочанчики были белыми, их рекомендуется окучить: когда кочанчики начинают набухать, их засыпают наполовину землей, но не закрывая полностью. В общем, фенхель заслуживает самого большого распространения, наряду с другими пряно-вкусовыми огородными растениями за последнее время все больше осваивается в Нечерноземной зоне, при этом надо помнить, что это довольно теплолюбивая и светолюбивая культура, в суровые зимы вымерзает и возделывается больше как однолетнее растение.

Лечебные свойства. Зеленая масса фенхеля богата витаминами С, Р (рутин), каротиноидами (провитамин А), минеральными элементами (железо, калий, кальций, фосфор, магний). В зелени содержится около 1,5% сахара, 1,2% белка, 10% клетчатки. Количество эфирного масла в листьях от 0,2 до 2,8%, в семенах 4—6%, в состав эфирного масла входят анетол, фенхон и другие летучие соединения, придающие анисовый запах. В семенах фенхеля накапливается до 12% жирного масла.

В настоящее время фенхель признан официальной медициной как лечебное средство при заболеваниях желудочно-кишечного тракта со спазмами кишечника, вздутиями, болями и нарушениями пищеварения. Препараты фенхеля в составе с другими лекарственными растениями назначают при заболевании верхних дыхательных путей, сухих бронхитах. Из эфирного масла семян фенхеля, полученного путем перегонки с водяным паром, готовят лакричный эликсир — эффективно действующее отхаркивающее лекарство при кашле.

Принимают фенхель при недостатке или отсутствии молока у кормящих матерей. Зелень фенхеля включают в травяные сборы слабительного, желчегонного и успокаивающего действия.

Настой фенхеля

10 г семян фенхеля (2 ст. л.) поместить в эмалированную посуду, залить 1 стаканом горячей кипяченой воды, закрыть крышкой и нагревать в кипящей водяной бане 15 минут, охладить в течение 45 минут при комнатной температуре, процедить, оставшееся сырье отжать, довести кипяченой водой настой до первоначального объема. Принимать в теплом виде 3—4 раза в день как отхаркивающее и ветрогонное средство. Хранить настой в прохладном месте не более двух суток.

Пищевое применение. Благодаря приятному вкусу и аромату зелень фенхеля широко используется в пищу. Жители Кавказа и Закавказья отбеленные луковички-кочанчики едят в сыром виде как десерт, зелеными листьями ароматизируют различные национальные блюда, салаты или просто тушат, добавив немного муки и бульона. Свежую и сушеную зелень используют в хлебопечении для придания выпечке приятного анисового аромата.

Семенами фенхеля ароматизируют кондитерские и ликероводочные изделия. Листья и семена при засоле и мариновании овощей и плодов являются отличными специями — заменителями аниса и бадьяна. Эфирное масло, полученное из семян, используют в парфюмерной промышленности.

Заготовка и сушка. Зелень и кочанчики фенхеля срезают выборочно на протяжение всего лета, когда диаметр кочанчиков достигнет 8—10 см, при задержке с уборкой листья выше кочанчиков срезают, чтобы предотвратить их подвяливание. Чтобы сохранить зелень более длительное время, осенью перед заморозками растение выкапывает с корнем и прикапывают землей в подвале или парнике.

Уборку семян лучше проводить в два приема: вначале срезают центральные зонтики с побуревшими семенами, а через 10—15 дней при побурении плодов на боковых зонтиках проводят окончательную уборку. Чтобы избежать осыпания зрелых семян, уборку растений нужно проводить рано утром или вечером по росе.

После высыхания зонтиков фенхель обтряхивают и отделяют семена, окончательно досушивают семена при температуре не выше 35°С. Хранение такое же, как для семян укропа.

Чабер

Ботаническая характеристика. Чабер — однолетнее пряно-вкусовое травянистое растение семейства губоцветных.

Отличительные признаки: с т е б е л ь — невысокий (15—50 см), густоветвистый, покрыт короткими волосками с фиолетовым оттенком, растет раскидистым кустом; л и с т ь я — супротивные, узкие, остроконечные, линейные или линейно-ланцетовидные, темно-зеленые, часто сизые, пластинка листа сплошь покрыта железками, похожими на дырочки; ц в е т к и — мелкие, розовые, розово-лиловые или изредка белые, собраны в колосовидные соцветия, расположенные на верхушках веточек; п л о д ы — трехгранные орешки, семена яйцевидные, мелкие, черно-коричневые. Цветение и созревание плодов во времени растянуто, обычно цветут с конца июля, а семена созревают в конце августа — начале сентября.

Места произрастания. Родина чабера — Причерноморье, Средиземноморье и Ближний Восток. Точное происхождение этого растения до сих пор не установлено, так как за тысячелетия культивирования во многих местностях Центральной и Южной Европы чабер одичал и выглядит внешне непривлекательно. На побережье Черного моря и в горах Кавказа растет дикий горный чабер, во многом сходный с чабером садовым. Горный чабер выведен в культуру в средней полосе России, устойчив к зимним холодам. Его можно разводить в комнатных условиях на подоконнике.

Лечебные свойства. Чабер содержит до 3% эфирного масла, сложного химического состава, в котором преобладают тимол и карваклол. Листья богаты витаминами: 50 мг% витамина С, 40 мг% рутина (витамина Р), 9 мг% каротина (провитамин А) и другие. Растение содержит фитонциды, обладающие сильным бактерицидным действием.

В народной медицине чабер используется издавна, настои травы, как и свежие листья, способствуют возбуждению аппетита и улучшению пищеварения, при этом вкус и аромат растения значительно улучшает усвоение всей пищи, снижает процессы газообразования в кишечнике. Чабер используют при катарах желудка и как потогонное, мочегонное и противоглистное средство.

Настой

1 ч. л. сухих листьев чабера залить чашкой кипятка (150 мл), настаивать 10—15 минут. Пить по 1 чашке 2—3 раза в день при ангине и кашле. Для полоскания горла при ангине можно приготовить раствор в 3 раза покрепче.

Для уменьшения зубной боли рекомендуется приложить листок чабера к больному зубу или пожевать, через полчаса листочек нужно сменить на свежий, более действенный для утихания боли.

В фармокоппи Франции и Германии чабер считается лекарственным растением, официально разрешенным для лечения расстройств пищеварения, кашля, ангины и как антисептическое средство.

Пищевое применение. Эфирное масло чабера сильно пахучее, может заглушить запах других пряностей, поэтому добавлять траву чабера в кулинарные блюда нужно в небольших количествах за 5—10 минут до конца их приготовления. При длительном нагревании чабер придает блюдам горечь, однако при охлаждении блюда она исчезает.

При добавлении в соусы, к первым и вторым блюдам из трудноперевариваемых продуктов, таких как жирное мясо, бобовые, чабер не только улучшает вкус, но и способствует, как уже отмечалось, более полному их перевариванию и усвоению. При использовании чабера для холодных блюд типа различных салатов горечь не ощущается, лишь появляется небольшая жгучесть, напоминающая слегка перец. Сухие листья чабера вводят в пряные смеси как заменитель перца, это свойство особенно ценится в диетическом питании.

Чабер используется при квашении капусты, засоле огурцов и других овощей, изготовлении концентрированных томатопродуктов. В Болгарии его вводят обязательно в состав кетчупа, благодаря чему томатный соус приобретает специфичные вкус и аромат.

Кроме однолетнего некоторые огородники выращивают и многолетний зимний чабер, который обладает более резким запахом, что нужно учитывать при приготовлении кулинарных блюд и консервированных овощей, грибов. Добавка чабера к блюдам из гороха, фасоли, бобов способствует усвоению крахмала, белков этих продуктов.

Заготовка и сушка. Заготовку чабера нужно проводить в начале цветения, когда растение содержит максимальное количество эфирных масел, после отцветания его количество резко снижается. Растение срезают или выдергивают и сушат при температуре не выше 35°С, затем грубые стебли удаляют.

Семена чабера при созревании быстро осыпаются, поэтому как только в нижних соцветиях они приобретают темно-бурый, почти черный цвет, растения с корнем выдергивают из земли, развешивают под навесом или на чердаках для просушивания. Высохшие семена обмолачивают, просеивают от сора.

Сушеную траву и семена чабера следует хранить в плотно закрытых банках при обычной комнатной температуре. Полезные свойства в сушеных продуктах сохраняются 2—3 года.

Эстрагон

Ботаническая характеристика. Эстрагон (другие названия — тархун, полынь эстрагонная, драконова полынь) — многолетнее пряно-вкусовое растение семейства сложноцветных.

Отличительные признаки: с т е б е л ь — не один, а из одного корневища вырастает несколько прямостоячих стеблей высотой до 1,5 м, образуя куст; л и с т ь я — крупные, цельные, линейно-ланцетовидные, иногда трехлопастные; ц в е т к и — мелкие, белые или зеленовато-желтые, собраны в шаровидную корзинку, цветут в августе — сентябре, семена очень мелкие, яйцевидные по форме.

Имеется две формы эстрагона: французский и русский, первый из них образует более изящные растения и сильно пахнущие, почти не цветет, русский эстрагон — более крупный куст, раскидистый и ветвистый, с более слабым запахом, но зато хорошо переносит низкие температуры — при слабом снежном покрове это холодостойкое растение выдерживает морозы до 30ºС.

Места произрастания. Эстрагон в диком виде довольно распространен по всему свету: в Малой Азии, Монголии, Китае, Северной Европе, Северной Америке. Тархун — сибирское название эстрагона — широко популярен как один из лучших пряных растений на Востоке, в национальной кухне народов Кавказа и Закавказья.

В Западной Европе эстрагон культивируется с X века, в России с XVIII века овощеводы начали выращивать это пряное растение, называя его драгун-травой. В наше время широко популярен освежающий напиток «Тархун», для которого характерно вкусовое ощущение и аромат эстрагона.

Лечебные свойства. В зелени эстрагона содержится

до 70 мг% витамина С, 8—15 мг% каротина, до 170 мг% — рутина. Своеобразный аромат зелени придают эфирные масла (0,1—0,4%), содержатся также алкалоиды, минеральные и другие полезные вещества.

В народной медицине эстрагон издавна используется как противоцинготное, противоглистное и мочегонное средство. Эстрагон не только улучшает аппетит, но и способствует нормализации желудочного сока и деятельности желез внутренней секреции, в частности половых желез. Народы Востока еще в древности использовали настойки корней эстрагона как ветрогонное, противосудорожное и успокаивающее средство при эпилепсии. Если пожевать свежие листья эстрагона в большом количестве, то они вызывают онемение полости рта и временно успокаивают зубную боль.

Пищевое применение. Свежую зелень эстрагона вводят в качестве ароматизатора в салаты, супы, блюда из баранины, птицы и дичи, сыры, творог, несладкие вареники, вина и ликеры. Однако нельзя добавлять эстрагон в большом количестве, так как он может заглушить запахи остальных пряностей и продуктов. И еще одна особенность — при нагревании эстрагон быстро теряет аромат, поэтому класть его в горячие блюда надо за несколько минут до конца варки.

Благодаря своеобразному освежающему острому вкусу эстрагон считается лучшей пряностью при засоле огурцов, томатов, маринованных овощей, он придает продукту тонкий анисовый аромат, способствует укреплению консистенции плодов. Зелень эстрагона используют при мариновании рыбы, приготовлении шашлыков, для ароматизации уксуса, горчицы и других приправ. Пряный вкус эстрагона выделяется сильнее в сочетании с лимонным соком. Эстрагон заготовляют впрок, консервируют, сушат, однако при этом он значительно теряет свой аромат.

Заготовка и сушка. Лучшие сорта эстрагона для свежей зелени: Армянский, Грузинский, Грибовский 31, Русский, Французский. Если же нужно заготовить траву эстрагона для сушки, то ее срезают в самом начале цветения растений, связывают в пучки и высушивают как можно быстрее в хорошо проветриваемых помещениях, упаковывают и хранят в герметически закупоренных банках.

МАЛОРАСПРОСТРАНЕННЫЕ ПРЯНО-ВКУСОВЫЕ ОВОЩНЫЕ РАСТЕНИЯ

Малораспространенные овощные растения, неизвестные большинству огородников, обладают отличными пряно-вкусовыми и целебными свойствами, содержат витамины, микроэлементы и другие биологически активные вещества. Каждый вид редких трав люди отбирали на протяжении череды лет путем проб и ошибок, ценя эти растения за неповторимый аромат и вкус. Многие из этих растений выглядят очень эффектно, с различной формой и окраской листьев, используются для украшения праздничного стола (мясных, рыбных и овощных блюд).

Редкие овощные растения нетребовательны к условиям выращивания и приемам агротехники, отличаются ранней скороспелостью, высокой урожайностью. Достаточно выделить небольшую грядку размером со столешницу, чтобы обеспечить себя как базиликом, иссопом, так и розмарином, шалфеем и им подобным травам, употреблять их с ранней весны до поздней осени в свежем виде, за весенне-летний сезон высевать по нескольку раз, таким образом создавая непрерывный «конвейер» поставки нежной свежей листвы. Осенью хорошо собрать семена с созревших плодов, а траву высушить впрок, обеспечив ароматизацию кулинарных блюд на всю зиму.

Использование рассматриваемых нами малораспространенных съедобных трав сможет значительно разнообразить пряно-вкусовое восприятие всей остальной пищи, улучшая пищеварение и ее усвоение.

Гравилат

Гравилат городской — многолетнее травянистое растение семейства розоцветных.

Отличительные признаки: с т е б е л ь — прямой, опушенный, слабоветвистый, до 70 см высоты; л и с т ь я — прикорневые длинночерешковые, крупные, прерывисто-непарноперистые с парами обратнояйцевидных, заостренных крупнозубчатых боковых листков, конечная доля ромбически-яйцевидная, обычно 3—5-лопастная, крупнее остальных. Стеблевые листья короткочерешковые или сидячие, трехраздельные, с крупными прилистниками. Ц в е т к и — крупные, светло-желтые, на длинных цветоножках, время цветения с мая до июля. П л о д ы — опушенные семянки обратнояйцевидной формы, собраны в рыхлую или плотную шаровидную головку.

Ценным лекарственным органом растения является короткое, ползучее корневище с мочковатым корнем, богатое эфирными маслами.

В диком виде гравилат встречается в европейской части России, Сибири и на Кавказе. Культурных сортов нет, для разведения на приусадебных участках используют семена дикорастущих растений.

Л е ч е б н ы е с в о й с т в а. В народной медицине настои и отвары гравилата применяют как вяжущее средство при расстройствах желудка и других заболеваний желудочно-кишечного тракта, в том числе дизентерии, а также при нарушении функций печени; наружно — для полосканий полости рта при воспалении слизистых оболочек и кровоточивости десен.

Гравилат, как пряно-вкусовое растение, ценится не за зеленую массу, а за подземную часть; как уже отмечалось, накопленные в корнях эфирные масла обладают горьковатым вкусом с запахом гвоздики. Все части растения содержат дубильные вещества, витамин С, каротин (провитамин А), минеральные соли и другие соединения.

В кулинарии гравилат используют как пряность, заменяющую гвоздику и корицу.

Заготовка и сушка. Корневища гравилата выкапывают осенью после созревания семян, хорошо очищают от земли, промывают и просушивают в усиленно вентилируемых помещениях.

Змееголовник

Змееголовник — однолетнее пряно-вкусовое растение семейства губоцветных.

Отличительные признаки: с т е б е л ь — прямостоячий, четырехгранный, длинноветвистый, высотой до 60 см, центральный стержень вытянут с головкой соцветий, стебель иногда разрастается до 120 см, приобретая красно-фиолетовый оттенок. Л и с т ь я — продолговатые, ланцетовидные, темно-зеленые, черешковые, с пильчатым краем. Ц в е т к и — бледно-фиолетовые, образуют рыхлые верхушечные соцветия как бы в виде вытянутой головки (отсюда и название — змееголовник), время цветения — июль — август. П л о д — трехгранный орешек, семена мелкие, продолговато-овальные, темно-бурые, почти черные, ребристые.

В диком виде змееголовник растет в Европе, Средней Азии, Китае, Монголии, в Сибири. Выведен культурный сорт Архат, в Молдавии — Арома.

Л е ч е б н ы е с в о й с т в а. В народной медицине настоем травы змееголовника лечат невралгию, головную боль, простудные заболевания, ломоту в суставах. Измельченные свежие листья наносят на раны и ушибы, что снимает боль и ускоряет заживление.

Все части растения имеют приятный лимонный запах благодаря высокому содержанию эфирных масел, листья — приятный вкус. Их употребляют в качестве приправы к первым и вторым блюдам, добавляют в салаты, заваривают вместо чая. В домашних условиях при приготовлении солений и маринадов добавляют в ароматические смеси как заменитель черного и душистого перца.

Змееголовник — неприхотливое к почве, хладостойкое растение, скороспелое, всходы появляются через 10—12 дней после высева семян. Можно его выращивать повсеместно.

Заготовка и сушка. Пряную зелень для пищевых целей срезают до цветения растения. Змееголовник можно выращивать не только в открытом, но и закрытом грунте, в домашних условиях — на подоконнике как зеленную культуру.

Котовник

Котовник — многолетнее травянистое пряно-вкусовое растение семейства губоцветных. Родина — Средиземноморье, распространено в Европе, Азии. У нас в стране выращивается любителями-овощеводами на приусадебных участках как ароматная, душистая трава; растение иногда путают с мелиссой, оба растения имеют лимонный запах, поэтому котовник называют еще лимонным. Котовником растение названо в силу пристрастия к нему кошек, которые обожают его пряно-горьковатый вкус и аромат.

Отличительные признаки: с т е б е л ь — крупный, четырехгранный, мягкоопушенный, высотой до 1 м; л и с т ь я, как и стебель, мягкоопушенные, сверху зеленые, с нижней стороны сероватые, супротивные, сердцевидно-яйцевидной формы с заостренной верхушкой и зубчиками по краю, на длинных черешках; ц в е т к и — на коротких цветоносах, мелкие, по окраске белые, розовые, светло-фиолетовые или сиреневые с мелкими пурпурными точками, собраны на концах побегов в мутовки, а те, в свою очередь, образуют колосовидные соцветия, цветение — в июне — июле.

Культурных сортов котовника нет, для высева на огороде отбираются дикорастущие местные популяции, однако при следующем урожае ароматичность травы может измениться с приобретением запаха мяты, герани и других оттенков запаха.

Л е ч е б н ы е с в о й с т в а. Химический состав котовника еще не изучен, но во всех частях растения много эфирных масел; в листьях до 0,4 и соцветиях до 0,6%. В отечественной фармакопее котовник не используется, зато он нашел применение в народной медицине. Водные настои котовника принимают при желудочно-кишечных заболеваниях, истощении, малокровии, кашле, затрудненном дыхании, болезнях печени, от головной боли и при нервных расстройствах. Наружно полезны компрессы и примочки настоев травы при кожных заболеваниях.

Настой

2 ч. л. измельченной сухой травы котовника залить 1 стаканом крутого кипятка в закрытой посуде, настаивать 2 часа, процедить. Принимать по 1 ст. л. 3—4 раза в день за 20 минут до еды.

Кроме вышеперечисленных симптомов заболеваний, лечение настоем полезно при катаре желудка, кишечной атонии (вялости пищеварительных процессов в кишечнике) и как средство для выведения глистов.

Болгарская современная фитотерапия отмечает, что при приеме настоев котовника внутрь они проявляют спазмолитическое, успокаивающее и антидепрессивное действие, в смеси с другими лекарственными растениями лечат хронические бронхиты, нарушение цикла менструаций.

Траву котовника в свежем и сушеном виде используют для ароматизации варенья, компотов, вин, некоторых рыбных блюд. Если в чай вместе с листиками котовника добавить несколько кристалликов лимонной кислоты, то они вполне могут заменить лимон. В отличие от мелиссы аромат котовника при нагревании не исчезает. Листья и соцветия котовника используют для отдушки маринадов, солений, консервов из овощей и фруктов.

Котовник — хороший медонос, его травой натирают новые ульи для привлечения пчел, трава оказывает также дезинфицирующее действие. Котовник в быту используется также для борьбы с насекомыми-паразитами, являясь для них сильным ядом.

З а г о т о в к а и с у ш к а. При заготовке травы котовника грубые части растения лучше отделить, остальную траву сушить при температуре не выше 35°С. Лучшее время для сбора лекарственного сырья — июнь — июль, а для ароматизации пищевых продуктов — все лето. Высушенные листья и цветки измельчить и хранить в стеклянных или жестяных банках с плотно притертыми крышками в сухом прохладном месте.

Любисток

Любисток лекарственный (другие названия: люби-трава, дудочник, зоря лекарственная) — многолетнее травянистое пряное растение семейства зонтичных. В старые времена считали, что любисток способен привораживать молодых людей, отсюда и пошло такое название, а лекарственный потому, что используется в основном в лечебных целях.

Растение пришло к нам из Северной Америки и Европы, родиной любистока считается Иран, в нашей стране произрастает в диком виде на Кавказе и в южных районах, очень популярно на Украине, в культуре осваивается в центральной и средней зонах европейской части.

Отличительные признаки: любисток отличается толстым, мясистым корневищем длиной до 40 см, с т е б е л ь — голый, внутри пустой, в верхней части обильно ветвистый; л и с т ь я — крупные, дважды- или триждыперисторассеченные, темно-зеленые, блестящие, нижние длинночерешковые, верхние — сидячие; ц в е т к и — мелкие, светло-желтые, собраны в зонтик, цветут в июне — июле; п л о д ы — светло-коричневые двусемянки длиной 5—7 мм.

Л е ч е б н ы е с в о й с т в а. В медицинских целях применяются корни растения, в которых много эфирных масел, содержатся также сахара, органические кислоты, крахмал, смолы, камедь, кумарины, дубильные и другие полезные вещества. Лечебное действие любистока весьма разнообразно, основное — диуретическое, стимулирующее пищеварение, преимущественное применение — при заболевании почек и мочевыводящих путей. Кроме мочегонного, отвары корней любистока обладают желчегонным, отхаркивающим, противосудорожным, обезболивающим, успокаивающим и общеукрепляющим действием. Препараты из любистока прописывают при сердечных и нервных заболеваниях, отеках, воспалениях мочевого пузыря, болезненных менструациях, воспалении верхних дыхательных путей, подагре и ревматизме.

Отвар

40 г измельченных корней любистока залить 1 л кипяченой воды, настаивать 12 часов, потом кипятить 5 минут и еще полчаса настаивать в тепле, отжать. Пить отвар теплым, как чай, при болезнях сердца, бронхов, при одышке. Полученную порцию отвара выпить в течение дня за 3—5 приемов.

Отвар — 2-й вариант

15 г сухих корней любистока отварить в 3 стаканах воды, настоять несколько часов, процедить. Принимать по 1 ст. л. 3—4 раза в день за полчаса до еды при заболеваниях почек, сердца, водянке, нервных расстройствах, болезнях желудка и кишечника и как средство, усиливающее менструации и ослабляющее боли во время менструаций.

Зеленые части любистока используют в качестве пряной приправы к салатам, первым и вторым блюдам в свежем и сушеном виде, а также при солении и мариновании овощей. Из свежих корней варят варенье и цукаты. Зелень и корень в сушеном порошкообразном состоянии включают в популярную на Западе приправу «Магги». Ароматом обладают и семена, из них готовят приятного вкуса и запаха настойки.

Любисток используют в качестве ароматизатора в хлебопечении и ликеро-водочной промышленности.

З а г о т о в к а и с у ш к а. Срезку зелени любистока делают на протяжение всего лета как для использования в свежем виде, так и для сушки. Корни выкапывают осенью в конце второго и третьего года вегетации, их моют, высушивают в теплом и хорошо проветриваемом помещении. Готовые сухие корни измельчают для получения пряности, в больших количествах отправляют на завод; для выработки эфирного масла.

Любисток — неприхотливое, холодостойкое растение, на одном месте может расти 6 лет и более. Всходы появляются через 15—20 дней, в первый год образуется прикорневая розетка листьев, во второй и последующие — цветоносные стебли и семена. Растение заслуживает внимания и освоения его выращивания огородниками-любителями.

Пажитник

Пажитник — травянистое пряно-вкусовое растение, в нашей стране известно больше как лекарственное, но широко распространенное в Азии и Европе. Всего насчитывается около 100 видов, но у нас два: пажитник голубой и греческий (сенной).

В диком виде пажитник встречается в Поволжье, Крыму, Молдавии и на Дальнем Востоке. В Грузии его называют «хмели-сунели», как и пряную смесь трав, используемую в кулинарии. Греческий пажитник имеет еще второе название — греческое сено, он особенно распространен в Центральной и Южной Европе, Восточной Африке. В Индии сенной пажитник ценится настолько высоко, что ему присвоено второе название — шамбала. Это же название имела резиденция великих мудрецов в Тибете, как сообщает Николай Рерих, долгое время живший в Индии, предполагается, что такое название связано с общерегулирующим действием этого растения в обмене веществ.

Отличительные признаки: пажитник голубой — однолетнее травянистое растение семейства бобовых, может быть травянистым и кустарниковым, высотой от 30 до 100 см, с многочисленными, торчащими вверх ветвями. Л и с т ь я — длинночерешковые, тройчатые, с яйцевидными листочками, имеются также треугольные, зубчатые прилистники, края листьев тоже острозубчатые. Ц в е т к и — шаровидные, голубовато-синие, мелкие; п л о д ы — мелкие, обратнояйцевидные бобы с немногочисленными светлыми, округлыми и сплюснутыми семенами; семена греческого пажитника образуются в длинных саблевидных стручках.

Л е ч е б н ы е с в о й с т в а. В нашей отечественной фармакологии пажитник не применяется, но во Франции используется как мочегонное и болеутоляющее средство, при подагре и отеках. Давно подмечено, что употребление пажитника в пищу способствует увеличению молока у кормящих матерей. Греческий пажитник возбуждает аппетит и усиливает обмен веществ. Наружно применяется в виде припарок для лечения отеков, гнойных воспалений кожи, для чего достаточно приготовить отвар из 1 ст. л. семян на 1 стакан кипятка. Семена пажитника содержат белки, жиры, слизи, флавоноиды, кумарины, сапонины и другие вещества.

Пажитник используется в пищу как пряное растение, благодаря содержанию кумаринов и эфирных масел, придающих насыщенный специфический аромат. Сухие плоды вводят в пряные смеси типа хмели-сунели, карри, аджики. Листья добавляют в салаты, постные супы, мясные и рыбные блюда, при солении огурцов и квашении капусты. Добавка сухой травы в виде порошка придает супу запах хорошего куриного бульона.

В европейских поварских книгах пажитник часто упоминается как пряность, его используют для приготовления знаменитого зеленого сыра, добавляют в хлеб и другие изделия.

Выращивание пажитника не представляет трудностей, но растение теплолюбивое и в сырое холодное лето развивается слабо, поэтому при посеве семян выбирают теплые, хорошо разогретые места, с достаточно рыхлой и питательной почвой.

З а г о т о в к а   и   с у ш к а . Плоды пажитника созревают неодновременно, их собирают, когда спелые бобы приобретают светло-коричневую окраску, кожура трескается. Срезают растение под корень, а не обирают руками, сушат в сухую погоду на открытом воздухе, в сырую — в помещении, затем сухие ветки обмолачивают, отделяя семена и зеленые сухие листья.

Примечательно, что голубой пажитник относится к немногим пряным травам, пахнувшим только в сушеном виде. Его запах, обусловленный наличием кумаринов, напоминает донник, распространенное в России пряное растение, широко используемое в медицине, а также для ароматизации некоторых кулинарных блюд. В Европе и у нас на Кавказе используется все растение, в Азии — преимущественно семена.

Хранят сухой пажитник так же, как обычные пряные травы, в плотно укупоренной таре, в сухом помещении.

Розмарин

Розмарин — вечнозеленый полукустарник семейства губоцветных.

Отличительные признаки: с т е б е л ь — достигает от 0,5 до 2 м высоты, л и с т ь я — тупочетырехгранные, опушенные с укороченными облиственными побегами, сидячие, ланцетной формы, длиной до 1,5 см; ц в е т к и — почти сидячие, голубовато-фиолетовые, реже белые или розовые, собраны в густые метелочные соцветия; п л о д ы — буроватые орешки округло-яйцевидной формы.

Розмарин — южное растение, с древних времен один из рядовых кустарников Средиземноморья, в Европе и Америке (США) из них выращивают густую живую изгородь, устраивают красивые цветочные композиции, выведено много сортов разнообразной окраски соцветий, очень декоративных. Кстати сказать, душистый запах розмарина защищает овощные насаждения (капусты, моркови, репы) от мух и других насекомых, так что полезно растение это разместить и по соседству с грядками.

В нашей стране розмарин выращивается на Кавказе и в южных районах, как эфирно-масличное растение. Розмариновое масло содержит камфору, борнеол, цинеол и другие летучие вещества, придающие растению запах розы.

Л е ч е б н ы е с в о й с т в а. В народной медицине розмарин используют при ревматизме, невралгии, головных болях, настои его оказывают положительное действие на тонус сердечной мышцы, понижают кровяное давление, обладают обезболивающим и желчегонным действием, показаны при неправильных менструациях, нервных расстройствах в климактерическом периоде, неврозах, упадке сил, наружно рекомендуются при невритах и простудах.

Настой розмарина

1 ч. л. измельченных листьев розмарина настаивать 30 минут в 2 стаканах кипятка, прикрыв крышкой, процедить. Принимать по 1—2 ст. л. 3 раза в день как желчегонное, при нервных расстройствах и как тонизирующее самочувствие средство.

Л. Ф. Путинцева

Припарки

2—3 ст. л. молодых стеблей с листьями обварить кипятком, завернув в марлю и такие подушечки горячими прикладывать в качестве припарки к больным местам тела.

Водный настой розмарина употребляют для ароматизации ванн, можно горячий поток воды пустить в ванну через пучок травы розмарина. Такая душистая ванна действует успокаивающе при неврозах и простудных заболеваниях. Само собой разумеется, что перед употреблением траву надо ополоснуть, смыв пыль и насекомых.

Диетологами отмечено, что розмарин действует как стимулирующее средство на нервную систему, процессы кровообращения, снижает скопление газов. Слабый чай с розмарином облегчает головную боль, невралгию и простуду. Полоскание настоем или чаем горла дает хороший антисептический эффект.

Листья, молодые побеги и цветки розмарина в свежем и сушеном виде применяются в качестве приправы к различным кулинарным блюдам, а также при консервировании плодов и овощей. Особенно в странах Средиземноморья розмарин ценится в сочетании с другими пряностями в блюдах из баранины, а вот к рыбе, в овощные маринады не рекомендуется. Лучше всего розмарин как пряность сочетается с вареной или тушеной белокочанной, цветной и брюссельской капустой. Для ароматизации и придания изысканного вкуса розмарин добавляют в блюда с кабачками, горохом, шпинатом, а в свеклу и помидоры прибавлять не следует.

З а г о т о в к а и с у ш к а. Заготавливают листья и молодые побеги в мае (на юге даже в феврале — марте (ведь растение вечнозеленое), когда в них накапливается больше эфирных масел и алкалоиды. Уборку урожая обычно начинают с двух-, трехлетнего возраста. Для использования в кулинарии и консервировании молодые побеги лучше использовать во время массового цветения растения. При хорошем уходе и правильной срезке побегов розмарин может расти на одном месте до 30—40 лет.

Рута садовая

Рута — многолетнее травянистое растение (иногда полукустарник) семейства рутовых.

Отличительные признаки: с т е б е л ь — прямостоячий, разветвленный с большим количеством побегов, высотой до 50—100 см; л и с т ь я — нижние разветвленные, на длинных черешках, дважды- или триждыперистые, треугольные или яйцевидные по форме, сверху темно- или сизовато-зеленые, снизу серовато-зеленые, зеленая окраска большинства листьев сохраняется зимой. На просвет заметно, что в листе имеются маленькие кружочки — вместилища эфирных масел. Ц в е т к и — небольшие, желтые, собраны в рыхлое соцветие, цветут в июне — июле, иногда дважды в году. П л о д ы — мелкие четырех-, пятигранные коробочки с буровато-черными семенами. Сухие соцветия с плодами как красивое декоративное растение используют для составления зимних комнатных букетов.

Рута, как пряность была известна еще в Античной Греции. По сведениям римского ученого Плиния (1 век н.э.), первым использовал руту царь Митридат, правитель Понтийского царства, столица которого Понтикапей располагалась вблизи нынешней Керчи, употреблялось это растение прежде всего как противоядие. В Средние века рута широко выращивалась в монастырских садах как средство, снимающее половое возбуждение мужчин.

Рута распространена в Средиземноморье, в диком виде встречается в Крыму, ее выращивают в Молдавии, на Украине. В условиях Подмосковья растение доживает до 20 лет, а на юге страны еще и более. Однако районированных сортов руты нет, используются местные популяции и зарубежные сорта.

Л е ч е б н ы е с в о й с т в а. Исследования показали, что рута обладает противовоспалительным, противосудорожным, бактерицидным, ранозаживляющим и обезболивающим действием. От руты произошло название другого лечебного вещества — рутина, обладающего Р-витаминными свойствами, но в нашей стране его получают из гречихи и листьев байхового чая.

В народной медицине руту применяют как антисептическое средство при ревматизме, нервных расстройствах, глазных и мочекаменных болезнях. Замечено, что умеренное употребление зеленых листьев руты снимает усталость, улучшает аппетит. Однако употреблять в пищу руту нужно осторожно, в больших дозах она может быть ядовитой, вызывает раздражение слизистых оболочек желудочно-кишечного тракта, отеки языка и гортани и даже головокружение, тошноту и рвоту, может спровоцировать заболевание почек и печени. В фармакопее руту применяют обычно в сборах с другими лечебными травами.

При работе на солнце растение руты может вызвать ожоги, так как ее кумарины способствуют повышенной чувствительности кожи к ультрафиолетовым лучам, вплоть до дерматозов и ожоговых пузырей.

Холодный настой

Траву руты заливают холодной водой (10 г на 1—2 стакана), настаивают 12 часов, процеживают и пьют перед отходом ко сну как успокаивающее и снотворное средство.

При усталости глаз и воспалении век, варикозном тромбофлебите вен, при застое крови во внутренних органах и геморрое врачи прописывают холодный настой травы руты.

Холодный настой травы руты

1 ч. л. сухой травы настоять в 2 стаканах остуженной кипяченой воды в течение 8 часов, затем настой процедить. Принимать по 1/2 стакана 4 раза в день до еды.

Врачи назначают руту при бронхитах, нервной раздражительности, спазмах желудка и кишечника, гастрите с пониженной кислотностью, хронических поносах, задержке менструаций, приливах крови к голове во время климакса. Лечебные препараты — отвары и настойки.

Отвар

5 г сухой травы руты залить стаканом воды, кипятить 10 минут, процедить. Пить по 1 ст. л. 3 раза в день. Из сухой травы в домашних условиях можно приготовить 10%-ную настойку на водке.

> Внимание! Как уже отмечалось, рута может быть ядовитым растением, поэтому ее препараты следует употреблять только по назначению врача. Использование их противопоказано беременным женщинам, больным эпилепсией, при судорожных синдромах, индивидуальной кожной аллергии, лицам престарелого возраста.

В пищевом отношении рута ценится как пряно-вкусовая зелень, богатая эфирными маслами, витаминами С и Р, микроэлементами, содержатся также алкалоиды, кумарины, органические кислоты и другие вещества. По вкусу зелень руты напоминает лук и чеснок, запах тяжелый, не совсем приятный, но зелень все же используют для ароматизации чая, коктейлей, столового уксуса. Особенно пикантный вкус рута придает кулинарным блюдам из рыбы и яиц, однако в большом количестве зелень оказывает токсическое воздействие на организм.

З а г о т о в к а и с у ш к а. Для пищевых целей сбор руты можно проводить в течение всего вегетационного периода, для лекарственных — в период начала цветения растений (верхушки молодых побегов и цветков). Облиственные веточки длиной до 20 см срезают вместе с бутонами и 2—3 распустившимися цветками, иногда собирают одни листочки растения. Сушат собранное сырье в тени, не допуская изменения цвета, так как на солнечном свету рута выцветает и теряет свои лечебные свойства. Высушенные растения хранят в плотно закрытых коробках. Срок хранения 2 года.

Цефалофора

Цефалофора — однолетнее травянистое пряно-вкусовое растение семейства сложноцветных. В диком виде произрастает в Чили, Центральной Америке, в нашей стране встречается в южных районах, культура выращивается в Подмосковье, требует освоения агротехники, изучения лечебных и пищевых свойств растения.

Отличительные признаки: с т е б е л ь ветвистый, высотой до 50—60 см; л и с т ь я — ланцетной формы, ц в е т к и — мелкие, желтые, собраны в головчатые соцветия, расположенные на концах ветвей, в средней полосе (Подмосковье) расцветают в конце июля — августе, семена созревают нерегулярно, вплоть до конца сентября.

Цефалофора ценится за содержание эфирного масла, обладающего запахом земляники, ее соцветия используются для ароматизации напитков, домашней выпечки. Высушенные растения применяют в производстве вин, безалкогольных напитков, для отдушки кондитерских изделий.

Растение цефалофоры не требовательно к почве, светолюбивое и засухоустойчивое, но хороший урожай зеленой массы дает лишь при достаточных поливах и при внесении удобрений в почву. В условиях умеренного климата цефалофора развивается медленно, поэтому лучше вначале ее выращивать рассадой, после появления всходов уделять внимание прополке от сорняков.

З а г о т о в к а и с у ш к а. Собирают растения в период полного цветения, когда они наиболее ароматны, сушат, как обычную пряно-вкусовую зелень, связывая в небольшие пучки и подвешивая или раскладывая тонким слоем на подстилке в хорошо проветриваемом месте для дозревания и просушки. Высушенные растения обмолачивают для отделения семян, при хорошей погоде через 5—6 дней сушку заканчивают.

Высушенную траву и семена расфасовывают в жестяные банки с плотнопритертыми крышками и хранят, как обычную пряность.

Чернушка

Чернушка — однолетнее травянистое растение семейства лютиковых. Имеет растение и другие названия — чернуха, черный тмин, нигелла, римский кориандр. Родина растения — средиземноморские страны (Испания, Южная Франция). В диком виде встречается в Средней Азии, Закавказье, на Украине, у нас растение чернушки культивируется на Северном Кавказе, в Воронежской и других центральных областях.

Отличительные признаки: растение чернушки имеет ветвистый с т е б е л ь, высотой до 40—50 см, л и с т ь я синевато-зеленые, двукратно рассеченные; ц в е т к и крупные, одиночные, голубовато-белые, распускаются в июне — июле, п л о д — пятизвездочная коробочка с треугольными или яйцевидными морщинистыми семенами.

Семена чернушки представляют основную пряно-вкусовую ценность растения, имеют приятный мускатный запах и вкус, обусловленный гликозидом мелантином. За этот вкус и запах мускатного ореха чернушка выращивалась еще древними арабами и индийцами.

Семена чернушки применяют для посыпки хлеба и булочных изделий, кондитерской сдобы. Применяются в кулинарии для ароматизации соусов, киселей, муссов, пудингов и других блюд, при квашении капусты и солении огурцов. В быту семена применяют для отпугивания моли.

Л е ч е б н ы е с в о й с т в а. В народной медицине чернушку используют как желудочное, мочегонное и глистогонное средство. Чай из чернушки способствует увеличению молока у кормящих матерей.

З а г о т о в к а и с у ш к а. Семена чернушки высевают ранней весной, а собирают вполне созревшими в августе — сентябре. Уборку начинают, когда листья и стебли пожелтеют, а коробочки побуреют. Скошенные растения сушат, обмолачивают, семена очищают от примесей, упаковывают в мешки или жестяную тару, хранят в сухих проветриваемых помещениях.

В любительском огородничестве чернушка является малораспространенной культурой, освоение ее выращивания заслуживает интереса.

Шалфей

Шалфей лекарственный — многолетний полукустарник семейства губоцветных.

Отличительные признаки: с т е б е л ь — разветвленный на

многочисленные прямостоячие отростки, ветвистые, внизу одревесневающие, высотой 60—100 см; л и с т ь я — супротивные, черешковые, продолговатые, по краю зубчатые; ц в е т к и — сине-фиолетовые или светло-розовые, собраны в ложные мутовки, образуют рыхлые соцветия; п л о д ы — шаровидные орешки; растение цветет в июне — июле, плоды созревают в сентябре.

Родина шалфея — Средиземноморское побережье, где он высоко ценился как лекарственное растение. В Древней Греции после опустошительных войн и эпидемий, когда население уменьшалось, женщин заставляли употреблять шалфей в пищу. Шалфей вполне оправдывает свое название, которое происходит от латинского слова «лечить». Всего насчитывается до 700 видов шалфея, в нашей стране распространено в основном два: шалфей мускатный и шалфей лекарственный.

Мускатный шалфей, кроме многолетних, имеет однолетние формы, которые цветут и плодоносят уже в первый год, образуя прикорневую розетку листьев, а семена дают, как правило, на второй год вегетации. В отличие от шалфея лекарственного мускатный шалфей — более мощное растение, стебель прямостоячий, опушенный, до 2 м высоты, с опушенными листьями, крупными цветками. В нашей стране были выведены новые сорта шалфея мускатного: Вознесенский 24, Крымский ранний, Молдавский 69, которые отличаются высокой эфирномасленичностью и урожайностью.

Листья и соцветия шалфея, богатые эфирными маслами, имеют характерную особенность — способность фиксировать запахи, поэтому его применяют для изготовления душистых веществ. В шалфее содержатся дубильные вещества, смолы, горечи, органические кислоты, алкалоиды, фитонциды, витамины Р, РР и каротин (провитамин А).

Л е ч е б н ы е с в о й с т в а. В современной медицине шалфей лекарственный применяется как противорвотное, противомикробное, отхаркивающее, кровоостанавливающее и успокаивающее средство. Часто настои травы шалфея принимают наружно при заболеваниях верхних дыхательных путей, для укрепления десен, а также как вяжущее и дезинфицирующее средство при желудочно-кишечных заболеваниях.

Настой

20 г травы шалфея лекарственного залить 200 мл кипятка, настаивать 30 минут. Употреблять по 2—3 ст. л. 3 раза в день при бронхите, желудочно-кишечных воспалениях, поносе, холецистите (воспалении печени). Листья шалфея способны замедлять и снимать потоотделение, поэтому настои травы полезно попить при ночной потливости.

Полезны для профилактики и лечения различных болезней чаи из шалфея, широко популярные в русской и немецкой медицине, применяемые при простудах, болезнях горла, зубной боли, одышке, желудочно-кишечных заболеваниях.

Лечебный чай

1 ст. л. сухих измельченных листьев шалфея залить стаканом кипятка, настаивать 20—30 минут. Принимать по 1/4 стакана 3—4 раза в день во время еды при язвенной болезни желудка и двенадцатиперстной кишки, воспалении желчного и мочевого пузыря, при спазмах и избыточном скоплении газов в желудке и кишечнике. Чай помогает также для снятия воспалительных процессов в почечных лоханках, облегчает отхаркивание при затяжных бронхитах.

Настой

1 ч. л. сухих измельченных листьев шалфея залить стаканом кипятка, настоять и пить теплым при ларингите.

Отвар

2 ст. л. измельченных сухих листьев шалфея залить 1 стаканом горячей воды, кипятить 15 минут, процедить. Теплым отваром полоскать рот при зубной боли, по мере остывания жидкости во рту сменять на теплый отвар в течение получаса 3—5 раз.

При бронхите рекомендуется 1 ст. л. измельченных листьев травы залить стаканом молока, накрыть крышкой, вскипятить, остудить и вновь вскипятить во второй раз. Принимать горячим перед сном, стараясь избежать сквозняка.

Настои и отвары шалфея применяются при воспалениях почечных каналов, для лечения гноящихся ран и язв, при легких ожогах и обмораживаниях. Порошок из сухих листьев (1—2 г за прием) рекомендуется принимать при поносе и излишнем скоплении газов в желудке.

В Молдавии и Крыму изготовляется сгущенный концентрат шалфея, который не теряет свою лечебную силу годами; в аптеках продается лекарственный шалфей, упакованный в пачки по 50 г.

> Внимание! При сильном кашле и воспалении почек отвары и настои шалфея противопоказаны.

Используют шалфей и в косметических целях, в виде настоев, отваров, настоек и кашицы из листьев.

2 ст. л. мелко нарезанного шалфея залить 2 стаканами кипятка, настоять до охлаждения, процедить. Настоем рекомендуется протирать сухую и нормальную кожу для очистки и смягчения.

1—2 ст. л. измельченных листьев шалфея залить 2 стаканами воды, кипятить на слабом огне 5—10 минут, остудить, процедить. Отваром можно протирать кожу или умываться, после чего кожа делается нежной и упругой, сглаживаются морщины.

Настой или отвар шалфея можно замораживать и кусочками льда утром протирать лицо и шею.

При вялой, дряблой, склонной к морщинам коже хорошо смешать настой шалфея с равным количеством настоя цветков липы. Настой выдержать 2 часа и протирать им кожный покров лица и шеи.

20 г листьев шалфея настоять на свету в закрытой бутылке в 100 мл 20%-ного спирта. Лосьон рекомендуется для протирания жирной кожи. Можно настой или отвар шалфея смешать с

водкой или одеколоном и использовать для протираний или компрессов на жирную кожу.

Шалфей находит и пищевое применение. Листья употребляют в пищу в свежем виде, их срезают в течение всего периода вегетации. Хорошо сочетается зелень шалфея с жирной бараниной, свининой, птицей и дичью, ее добавляют в супы из картофеля и бобовых (фасоль, горох), при этом не только улучшаются вкусовые качества блюда, но и переваривание пищи, снижается газообразование в кишечнике. Шалфей издавна вводят в копченые колбасы, особенно сервелаты, благодаря чему готовый продукт приобретает специфичный вкус и аромат.

З а г о т о в к а и с у ш к а. Как уже отмечалось, листья шалфея для употребления в свежем виде срезают по мере надобности, для сушки убирают в начале цветения. Для лекарственного сырья листья собирают 2—3 раза за лето: первые сборы проводят в начале цветения, последний сбор — в сентябре, при этом берут все листья и верхушки стеблей. Сушат в тени и в сушилке при температуре 33—40°С разостланными тонким слоем на стеллаже или на полу (с подстилкой бумаги) в хорошо проветриваемом помещении.

Если надо заготовить на своем участке семена, то с растений этих листья не собирают. Когда созревание семян в соцветиях достигает 70—75%, их срезают, связывают в пучки и дозаривают под навесом, после чего семена легко отделяются.

Лекарственный шалфей — очень ценное целебное растение, и жаль, что огородники не стремятся его разводить. А ведь еще древние врачи (Гиппократ, Диоскорид) считали шалфей «священной травой», в Средние же века приписывали ему способность лечить его препаратами почти все болезни. Насколько полезен и целебен шалфей можно убедиться из приведенных нами рецептов.

На одном месте шалфей может выращиваться 4—6 лет, особенно хорошо сохраняется растение раннего срезания (омоложения) побегов на высоте 10—12 см от поверхности почвы до начала сокодвижения, увеличивается кустистость.

ЛИСТВЕННЫЕ ОВОЩИ

САЛАТНО-ШПИНАТНАЯ ЗЕЛЕНЬ

Салат

Салат — однолетнее растение со стержневым корнем, утолщенным в верхней части и многочисленными боковыми разветвлениями, л и с т ь я — цельные или рассеченные, разнообразной формы и окраски, прикорневые листья образуют розетку. Относится к семейству сложноцветных.

Родина салата — Иран, страны Ближнего Востока. В Древнем Риме разведением салата занимались целые семейства, получившие название «латурини» от слова «латук». Целебные свойства латука были известны еще до нашей эры. В античные времена салат был популярен и как пряная зелень со своеобразным терпким вкусом, отсюда произошли его народные названия: перчик, перечная трава, хренница и другие.

Римский врач Гален (II век н.э.) считал, что млечный сок латука не только бодрит утром, но и помогает уснуть ночью. Гален утверждал: чтобы хорошо выспаться и доставить себе покой, нужно обязательно на ночь съесть порцию салата.

Салат в диком виде встречается в Европе, Азии, Северной Африке. Сначала в европейских странах к северу салат вызывал недоверие, лишь в XVI веке он стал возделываться как зеленная культура. В XVIII столетии приготовление блюд из салата рассматривалось как священнодействие, повар надевал белые перчатки и снимал их только для перемешивания салатной массы.

Известны курьезные истории: некий француз д'Обиньяк, разорившийся дворянин, оказавшись в Лондоне, обогатился за счет приготовления салатов, получая за каждое салатное блюдо для званого обеда по 100 фунтов.

У русских вельмож екатерининского времени на торжественных обедах подавалось до 13 видов салатов.

В культуре возделывается два вида салата: латук и листовой цикорный. Салат латук выращивается в основном трех разновидностей: листовой, кочанный и ромен, особняком стоит спаржевый и кресс-салат, а также водяной кресс и салат полевой.

Л и с т о в о й салат бывает резной и срывной, образует из листьев густую розетку, но не завязывается в кочан. У срезного салата розетка слегка приподнята, масса розетки 50—100 г, листья цельные или рассеченные, яйцевидной или обратнояйцевидной формы. Салат срывной имеет широкие листья с зубчатыми, волнистыми или фестонообразными краями, масса розетки 200—300 г и более, иногда образуется полукочан.

К о ч а н н ы й салат имеет густую розетку листьев, в центре которой расположен довольно плотный кочанчик округлой или округло-плоской формы массой от 50 до 500 г. Вегетационный период кочанного салата может колебаться в зависимости от ботанического сорта от 55 до 95 дней.

Салат р о м е н образует розетку листьев в виде рыхлого капустообразного кочана массой от 75 до 300 г, его удлиненные листья с извилистой гладкой или пузырчатой поверхностью торчат кверху, вегетационный период длится от 70 до 120 дней. Салат ромен отличается хорошей лежкоспособностью, у него в пищу используются не только листья, но и стебель.

К р е с с - с а л а т (кресс садовый) отличается от латука по внешнему виду: корень тонкий, прикорневые листья перистые или двоякоперисторассеченные, лопастно-нарезные или цельные, овальные, с зубчатым краем. Стебель кресс-салата прямостоячий, высотой до 50—90 см, стеблевые листья цельные, линейные, острые. В нашей стране кресс-салат менее распространен, но широко возделывается в странах Европы и Азии. Растение холодостойкое и как высоковитаминная зелень заслуживает дальнейшего освоения.

С п а р ж е в ы й салат имеет утолщенный стебель и удлиненные листья, отличается хорошей лежкостью, его можно хранить в течение всей осени и даже зимой. Причем в пищу используют не только листья, но и неогрубевшие стебли. Также большого распространения не имеет.

Салат п о л е в о й — высота растения до 10—40 см, стебель в нижней части бороздчатый, вверху более округлый, почти гладкий, листья продолговато-ланцетовидные, у основания мелкозубчатые.

К ц и к о р н ы м салатам относятся салат эндивий и салат эскариол, а также и витлуф. У э н д и в и я листья сильно изрезанные, волнистые, узкие, у э с к а р и о л а — широкие, цельнокроенные, те и другие очень декоративны, со стеблем до 1—1,2 м высоты, с сиренево-голубыми цветками. В нашей стране эти салаты мало известны, но широко возделываются в Западной Европе и США.

Заслуживает особого внимания огородников цикорный салат витлуф, особенно при наличии зимних теплиц. Это двулетняя культура, в первый год образует конический корнеплод и крупную розетку листьев. Зимой при выгонке растения в теплице на корнеплодах образуются маленькие кочанчики, ради которых и разводят в и т л у ф. Кочанчики ценятся особенно зимой, когда не хватает свежей зелени, в них содержатся инулин, белки, жиры, разнообразные соли и витамины. Слегка горьковатый цикорный привкус обусловливается наличием гликозида интибина.

Распространенные лучшие сорта салатов: листового — Московский карликовый, Рубиновый, Австралийский и другие; кочанного — Каменная головка, Головка желтая, Берлинский желтый, Крупнокочанный, Зеленый круглый, Леденая гора, Аттракцион; кресс-салата — Обыкновенный кресс, Широколистный кресс и другие; полевого салата — Голландский широколистный, Крупносемянной, Ложколистный наиболее известные сорта эндивия — Моховидный, Зеленый кудрявый, Желтый кудрявый, салата эскариола — Батовия широколистная, Розобелла; витлуфа — Конус и Тардиво.

Л е ч е б н ы е и п и щ е в ы е с в о й с т в а. В свежем салате содержится от 4 до 11% сухих веществ, в том числе до 3,8% сахаров, преимущественно легкоусвояемых глюкозы и фруктозы, 0,5—0,9% клетчатки; кисловатый вкус придают яблочная, лимонная и щавелевая кислоты (0,1%). Салат содержит большой набор витаминов — B_1, B_2, PP, K, E, C и провитамин A — каротин; богат набор минеральных элементов — калий, кальций, натрий, фосфор, марганец, железо, цинк, йод, бор, кобальт и другие.

Высокой пищевой ценностью отмечен кресс-салат. В его листьях установлено 4,5% белков, 120 мг% витамина C, 2,5 мг% каротина, содержатся органические кислоты и гликозиды, придающие острый вкус хрена. Заслуживают освоения и цикорные салаты эндивий и эскариол за наличие инулина, солей железа, высокую витаминность, употребление их в пищу способствует улучшению деятельности сердечно-сосудистой системы и органов пищеварения.

В диетическом питании салат рассматривается как растение, улучшающее процессы пищеварения и усвоение пищи; лечебное действие оказывает вещество лактуцин при заболевании диабетом, гастритом и другими желудочно-кишечными болезнями. Салат успокаивающе действует на нервную систему, укрепляет стенки кровеносных сосудов, предупреждает развитие атеросклероза, снижает повышенное кровяное давление.

Наличие большого состава витаминов и минеральных веществ особенно важно в весенний период для детей и ослабленных больных, когда наблюдается недостаток других овощей и фруктов. Как низкокалорийный продукт салат полезен лицам, ведущим малоподвижный образ жизни и страдающим ожирением. Систематическое употребление салата предупреждает запоры, усиливает мочеиспускание, способствует выделению из организма излишков холестерина. Это особенно важно для людей пожилого возраста.

Во врачебной практике применяется салатная диета для больных с язвенной болезнью желудка и двенадцатиперстной кишки, что способствует зарубцеванию язвенных изъязвлений и общему улучшению самочувствия. Благоприятно действует употребление салата для лечения заболеваний печени, при нарушениях водно-солевого обмена и путей мочеиспускания.

В народной медицине настои листьев салата издавна применяют при повышенной нервной возбудимости, неспокойном сне и бессоннице. Считается, что свежий салатный сок снижает чувство тревоги и является прекрасным успокаивающим средством.

Водный настой семян салата рекомендуется пить кормящим матерям при недостатке молока.

Благодаря большому количеству витаминов и других биологически активных веществ салат может быть превосходным средством для питания кожи лица, поэтому используется в косметических целях. Достаточно измельченную массу хорошо промытых свежих листьев салата смешать с 1 ст.л. растительного масла и нанести на лицо как обычную маску, выдержать 15—20 минут, затем смыть сначала теплой, потом холодной водой. Маска быстро повышает упругость, снимает дряблость и морщинистость, рекомендуется для сухой и нормальной кожи.

Свежие листья салата можно использовать целыми, нанеся их на лицо при сильном покраснении кожи от пребывания на солнце, что действует успокаивающе на кожный покров и снижает его шелушение.

Салат — первая овощная зелень, появляющаяся ранней весной, как только сойдет снег. Использовать салат в пищу можно все лето и осень, а при выращивании в теплицах — и в зимний период. В виде дополнения к гарнирам, для украшения закусок и вторых блюд, многочисленных салатов, заправленных сметаной, майонезом, да и просто так — без всего салат значительно обогащает рацион питания биологически активными веществами, а наличие клетчатки в листьях способствует улучшению пищеварения и усвоению остальной пищи.

З а г о т о в к а   и   с у ш к а. Собирают листовой салат чаще за один прием, кочанный — выборочно. Салат ромен, предназначенный для зимнего хранения, убирают в более поздние сроки. Недоразвитые кочаны салата нужно выкапывать с корнем, разветвленные листья связать в пучок и растение прикопать землей для дозревания.

Убирать салат лучше ранним утром или в вечернее время, так как охлажденные листья лучше сохраняют свежесть. Листовой салат выдергивают из земли вместе с корнем, очищают от пожелтевших листьев и укладывают в ящики или корзины корнями к стенкам. Кочанный салат срезают вместе с розеткой, оставляя кочерыгу не менее 1 см. Кочаны салата укладывают в ящик в два слоя; нижний — кочерыгой вниз, верхний — кочерыгой вверх. Салат убирают до наступления заморозков, так как подмороженные листья непригодны для хранения. Салат ромен лучше выкопать с комом земли, перенести в теплицу или подвал и таким образом сохранить до января.

Салат хранят в холодильнике, леднике, погребе и других прохладных помещениях. Оптимальная температура хранения около 0°C, относительная влажность воздуха 90—98%. Для лучшей лежкостойкости собранный с огородных грядок салат следует охладить, не допуская увядания в теплом месте.

Водный кресс

Водный кресс — многолетнее, но выращиваемое, как правило, в однолетней культуре пряно-салатное растение семейства капустных, имеет местные названия: ключевой кресс, брун-кресс, водяной хрен, жеруха. Как овощное растение водяной кресс распространен в Западной Европе, Северной Америке, в нашей стране — это малоизвестная культура. Растение встречается в диком виде в европейской части нашей страны, особенно широко распространено в Средней Азии, произрастая в чистой воде ручьев и рек.

В зонах с теплым климатом водяной кресс можно выращивать в канавах, наполненных проточной водой. В некоторых странах это растение возделывают с помощью гидропонного способа.

Отличительные признаки: водяной кресс имеет полый полуприподнятый с т е б е л ь высотой до 50—60 см, темно-зеленые, перисторассеченные л и с т ь я с продолговатыми или округлыми верхними долями, ц в е т к и белые, мелкие, собраны в кистевидные соцветия, п л о д — вздутый стручок. Отечественных культурных сортов нет, используются иностранные сорта: Португальский, Широколистный, Улучшенный.

Л е ч е б н ы е и п и щ е в ы е с в о й с т в а. Водный кресс ценится за свои лечебные свойства. Прежде всего это одна из самых малокалорийных культур, в растении почти отсутствуют сахара, поэтому водный кресс полезен при диабете и ожирении. В диетическом питании он рассматривается как противоцинготный продукт, богатый витамином С.

Сок водного кресса обладает отхаркивающим, желче- и мочегонным действием, способствует заживлению некоторых заболеваний десен; соку листьев растения приписывают тонизирующие и кровоочистительные свойства. Водный кресс богат минеральными солями, особенно йодом, употребление его зелени способствует лечению щитовидной железы.

Листья водного кресса имеет приятный горчичный вкус, возбуждающий аппетит. Их добавляют в салаты, бутербродные массы. Срезают молодые побеги по нескольку раз за сезон, когда растение хорошо разовьется. После среза новые побеги отрастают быстро. Срезанную зелень необходимо сразу же употребить в пищу.

З а г о т о в к а и с у ш к а. Водный кресс можно выращивать на грядке с влажной почвой в открытом грунте, а также в парниках и теплицах, обеспечивая обильный полив. Зеленые побеги легко укореняются, любители пряной зелени срезают их, помещают в банку с водой и через 7—10 дней у них образуются корешки. Затем растение пересаживают в горшочек или в какую-либо пластмассовую емкость с хорошим почвенным грунтом. Таким образом в комнатных условиях можно легко обеспечить себя пряной зеленью.

Шпинат

Шпинат — однолетнее, травянистое растение семейства маревых.

Отличительные признаки: с т е б е л ь — прямостоячий со стержневым корнем, травянистый; л и с т ь я — сближенные, образуют как бы розетку, округлые, выемчатые и перистые, интенсивной зеленой окраски, с гладкой блестящей поверхностью. Листья отличаются нежной консистенцией (с пониженным содержанием клетчатки и органических кислот), пряным вкусом, поэтому ценится как диетический продукт.

Лечебные и пищевые свойства. По пищевой и лечебной ценности шпинат не уступает многим овощам. В листьях накапливается до 3% белков (больше, чем в других овощах, за исключением бобовых), хлорофилл придает листьям интенсивно зеленую окраску, по структуре близок к гемоглобину крови. В листьях содержится каротин (провитамин А) — до 4,5 мг%, а в отдельных сортах до 8 мг%, витамины В1, В2, D1, Е, Р и С (55 мг%). По минеральному составу шпинат выделяется высоким содержанием калия и железа. Имеется в листьях шпината вещество секретин, усиливающее деятельность поджелудочной железы и слюнных желез.

Сортов шпината немного; лучшие из них: Исполинский, Вирофле, Жиролистный, Виктория и другие.

В лечебных целях применяется трава шпината (листья, стебли), собирают ее в мае — августе. Растение обладает мочегонным, легким слабительным (ветрогонным), противоцинготным и противовоспалительным действием.

Настой

1 ст. л. листьев или измельченной травы шпината залить стаканом кипятка, прокипятить 10 минут на водяной бане, настоять 1 час, процедить.

Принимать по 1/4 стакана 4 раза в день при малокровии, запорах, скоплении газов в желудке и кишечнике, при различных невротических состояниях, болезнях горла и легких и как лечебное профилактическое средство при цинге.

Высевают шпинат в разные сроки: ранней весной — в марте — апреле, летом — в конце июля — начале августа, озимый шпинат — с середины августа до начала сентября. Шпинат осеннего посева хорошо переносит холода, а весной быстрее отрастает и дает ранний урожай зелени. Собирают шпинат, когда листья достигнут в длину 8—10 см.

Шпинат — любимое растение грузин, высоко ценится в кухне многих западно-европейских стран. Листья шпината — отличная закуска просто так без всего, а еще лучше в салатах, сдобренных сметаной, майонезом, эти закусочные блюда отличаются легкой усвояемостью и отличным вкусом. Из шпината готовят щи, часто в сочетании со щавелем, пюре из листьев может подаваться как самостоятельное блюдо или в качестве гарнира, добавляется в соусы. Зелень шпината можно потушить, запекать, использовать для приготовления голубцов, начинки мучных изделий.

Новозеландский шпинат — разновидность шпината обычного, имеет стелющийся стебель, достигающий в длину до 1 м. Листья ромбовидные, утолщенные и очень сочные, короткочерешковые. В пищу срезают верхушки молодых побегов длиной до 20 см. Новозеландский шпинат устойчив к болезням и вредителям.

Заготовка и сушка. Убирают шпинат в сухую погоду, утром или вечером. Растения выдергивают с корнями, отряхивают от земли и укладывают в один ряд в ящики или корзины корнями вниз. Срок между уборкой и потреблением в свежем виде или на переработку должен быть минимальный, чтобы не допустить увядания листвы.

Хранят шпинат так же, как и салат. Температура хранения — 0º С, относительная влажность воздуха не ниже 90%. На хранение нельзя собирать шпинат сразу после дождя или полива, так как листья быстро поломаются.

Шпинат — высокоценная салатная культура, но в России, за исключением южных районов, пользуется ограниченным выращиванием да и спросом покупателей. Огородникам полезно знать, что это довольно холодостойкое растение, но требовательное к почве и увлажнению, а главное, обладает прекрасными вкусовыми качествами.

Горчица листовая

Горчица листовая (горчица садовая) — однолетнее пряно-вкусовое растение семейства капустных. Распространена в диком виде в Восточной и Юго-Восточной Азии, меньше — в странах Западной Европы и Северной Америки. В нашей стране эта овощная культура начинает только осваиваться.

Отличительные признаки: с т е б е л ь — ветвистый, голый, в пищу не употребляется, а ценятся прикорневые черешковые л и с т ь я разнообразной формы — от цельно-округлых до курчаво-перистых, слегка покрытых колючими волосками, листья собраны в ветвистую розетку.

Л е ч е б н ы е и п и щ е в ы е с в о й с т в а. Молодые листья салатной горчицы обладают приятным горчичным вкусом и ароматом, придают салатам, первым и вторым блюдам пикантный вкус и запах, ценятся за высокое содержание витаминов: С — до 80 мг%, каротина (провитамина А) — 4,5 мг%, рутина (витамина Р) — 20 мг%, РР — 0,7 мг%. Содержатся много солей кальция, железа и другие минеральные вещества, гликозид синигрин, алкалоиды.

Лучшие сорта листовой горчицы: Салатная 54, Волнушка, Ладушка, Краснолистная, Салатная 14.

В нашей стране широко известна сарептская горчица (названа по городу Сарепт Горьковской области), которая в больших масштабах выращивается в Поволжье и центральных областях европейской части страны для производства жирного горчичного масла и порошка (для столовой горчицы) из семян растения. Нежные листья сарептской горчицы используются в питании как салатная зелень.

З а г о т о в к а и с у ш к а. Горчица листовая — скороспелое растение, розетки листьев развиваются через 20—25 дней после первых всходов. Семена высевают рано весной, а для продления сроков потребления зелени их посев можно повторить несколько раз с интервалом в 10—12 дней. Однако с наступлением жары посевы семян следует прекратить, а в августе — сентябре можно возобновить. Всходы листовой горчицы хорошо развиваются в полутени. Огородники подсевают листовую горчицу к тугорослым овощам (моркови, петрушке).

Л. Ф. Путинцева

Мангольд

Мангольд, или листовая свекла — двулетнее растение семейства маревых. В первый год образуется крупная розетка листьев, во второй — разветвленный цветочный стебель. Эта культура широко распространена в США и Западной Европе, за последние годы — и в нашей стране.

Мангольд выращивается в двух формах: листовой и черешковый.

Отличительные признаки: листовой — имеет гладкие или волнистые листья длиной до 30—40 см и узкие черешки; листья крупнее, чем у свеклы, окраска от светло-зеленой до интенсивно-красной. Черешковый мангольд отличается крупными пузырчатыми листьями и широким мясистым черешком различной окраски и ширины, розетка стоячая или полустоячая.

Лечебные и пищевые свойства. В пищу используются листья и черешки, богатые сахарами (10—15%), органическими кислотами, витаминами С (20—30 мг%), Р, B_1, B_2, каротином и солями железа. Листья молодой свеклы обладают также хорошими вкусовыми качествами, как и листья мангольда. Из них готовят салаты, борщи, ботвиньи, отваривают или тушат для гарниров ко вторым блюдам. Листья едят в сыром виде, черешки — только в вареном.

Распространенные сорта мангольда: Красночерешковый, Желточерешковый, Серебристо-черешковый, Лукулл, а также вновь выведенные сорта — Алый, Белавинка, Зеленый и Красный.

Заготовка и сушка. Листья мангольда созревают периодически по мере их формирования. Собранные листья и черешки укладывают в небольшие ящики тонким слоем. Хранят, как и остальную салатную зелень, кратковременно.

Для летнего потребления семена мангольда высевают весной в открытый грунт, растение можно выращивать в теплицах и парниках. Для осенне-зимнего потребления семена сеют в июле — августе; листья поспевают через 40—50 дней после первых всходов у листового мангольда и через 50—60 дней — у черешкового. Можно использовать в пищу мангольд и ранней весной, если оставить растения зимовать в открытом грунте, покрыв их мульчей (слоем соломы, опилок, перегноя и т.п.).

Портулак

Портулак — однолетнее травянистое растение семейства портулаковых. В диком виде встречается в южных районах европейской части России, на Дальнем Востоке, а также в Закавказье и Средней Азии. Растет по песчаным берегам мелководных водоемов, вдоль дорог, по краям канав и в сорных местах, по обрывам среди зарослей кустарников.

Портулак был известен в культуре еще древним египтянам, в настоящее время весьма распространен как лечебное и пищевое растение. Наиболее популярные сорта: Золотисто-желтый, Желтый, Зеленый, Широколистный.

Отличительные признаки: растение портулака имеет сочный с т е б е л ь, толщиной 1,6 см, длиной до 60 см, л и с т ь я — сидячие, сочные, мясистые, разнообразной формы — клиновидно-обратноовальные, продолговато-овальные, лапчатые, собраны в розетки, окраска листьев зеленая, иногда с покраснением по краям. Ц в е т к и — желтые, одиночные или по 2—3 штуки в пазухах листьев и в месте разветвления побегов, цветут в июне — июле. П л о д — коробочка, с темно-серыми, очень мелкими семенами. У культурных сортов стебель и листья заметно крупнее, но растение быстро дичает.

Л е ч е б н ы е и п и щ е в ы е с в о й с т в а. В траве портулака содержатся витамины С и К, органические кислоты, алкалоиды, сапонины, слизистые и смолистые вещества, специфичный запах придают эфирные масла. В пищу употребляются листья, иногда молодые побеги и цветы, через 20—30 дней после посева. Их используют для приготовления салатов, супов, соусов, добавляют как приправу к рыбным и овощным блюдам, готовят маринады.

Портулак обладает лечебным действием при заболевании почек, печени, сахарном диабете; настои травы применяют как бактерицидное и противовоспалительное лекарство при расстройствах желудка, для улучшения работы сердца и в качестве мочегонного, наружно — как ранозаживляющее средство и при кожных болезнях.

З а г о т о в к а и с у ш к а. Молодые растения срезают почти полностью, вскоре они могут опять отрасти.

Л. Ф. Путинцева

КУЛИНАРНЫЕ БЛЮДА С ИСПОЛЬЗОВАНИЕМ САЛАТНО-ШПИНАТНОЙ ЗЕЛЕНИ

Салат зеленый

300 г зеленого салата, 3—4 зубчика чеснока, по 1 ч. л. сахара и соли, по 1 ст. л. уксуса и растительного масла, соль.

Листья салата перебирают, отделяя поврежденные и пожелтевшие, тщательно промывают в проточной воде, встряхивают, немного обсушивают на воздухе и нарезают крупными полосками. Очищенные зубки чеснока измельчают, затем растирают с солью и сахаром в ступке, добавляют в салатные листья, заправляют уксусом, смешанным с растительным маслом.

Для остроты вкуса можно добавить горчицу и молотый перец, растерев их с салатной заправкой, по вкусу.

Зеленый салат со стеблями чеснока и лука

100 г листьев салата, по 1 стеблю чеснока и лука (неогрубевших), 3 ст. л. майонеза, 2 ст. л. сметаны, соль.

Подготовленные листья салата, стебли чеснока и лука мелко рубят, солят и заправляют майонезом, смешанным со сметаной.

Зеленый салат с огурцами и помидорами

100 г зеленого салата, 2 помидора, 1 огурец, по 2—3 ст. л. измельченной зелени петрушки и укропа, мелко нарезанного зеленого лука, 3 ст. л. растительного масла, сахар, соль, уксус по вкусу.

Тщательно вымытые листья салата нарезают крупно, огурцы и помидоры — тонкими ломтиками, зелень измельчают. Все компоненты смешивают, заправляют уксусом, растительным маслом, сахаром и солью.

Салат со сметаной и яйцом

300 г зеленого салата, 2 яйца, 1 свежий огурец, 100 г сметаны, 1 ч. л. уксуса, зелень петрушки или укропа, соль по вкусу.

Обмытый и обсушенный на воздухе салат нарезают полосками, яйца, сваренные вкрутую, — тонкими ломтиками и смешивают с соусом из сметаны и уксуса. Смесь перекладывают в салатник, сверху посыпают мелко нарубленной зеленью укропа или петрушки.

Шпинат в сыром виде

1 стакан измельченного шпината, 1 головка репчатого лука, 2 ст. л. укропа, 1 ст. л. лимонного сока, 2 ст. л. растительного масла, сахар по вкусу, редис для украшения.

Подготавливают овощи: шпинат промывают, удаляют грубые корешки, листья измельчают, так же мелко режут репчатый лук, зелень укропа, все перемешивают, поливают лимонным соком, смешанным с растительным маслом, солят по вкусу; можно подсластить сахарным песком. Перед подачей на стол блюдо украшают кружочками редиса.

Второй вариант

Подготовленную салатную смесь выкладывают в половинки свежих огурцов, разрезанных вдоль, с удаленной семенной сердцевиной.

Шпинат с овощами и майонезом

200 г молочного шпината, по 2 свежих огурца и помидора, 100 г зеленого лука, 1/2 стакана майонеза.

Свежие огурцы, помидоры, листья шпината тщательно моют, нарезают шпинат и огурцы соломкой, помидоры ломтиками, лук мелко, как обычно. Все тщательно перемешивают и заправляют майонезом.

Салат из шпината и щавеля

500 г шпината, 200 г щавеля, 100 г зеленого лука, 2—3 стебля молодого зеленого чеснока, 1/2 лимона, 2—3 ст. л. растительного масла, соль по вкусу. Для остроты можно добавить немного молотого черного перца.

Листья шпината и щавеля перебирают, промывают, мелко режут, так же нарезают подготовленный зеленый лук и стебли чеснока. Все компоненты смешивают, сбрызгивают лимонным соком, солят, заправляют растительным маслом и еще раз аккуратно перемешивают.

Салат под ореховым соусом

300 г шпината и щавеля, 1 стакан ядер грецких орехов, 3 зубчика чеснока, 2 ст. л. растительного масла, 1 ст. л. измельченного укропа, уксус и соль по вкусу.

Подготавливают листья шпината и щавеля (вместе с черешками), отваривают в подсоленной воде до мягкости.

Готовят ореховый соус: орехи толкут в ступке до однородной консистенции (без крупинок), чеснок измельчают и растирают также в ступке, смешивают с измельченной зеленью укропа и растительным маслом, подкисляют уксусом и солят, все компоненты перемешивают. Подготовленные листья шпината и щавеля (крупные режут) выкладывают в салатницу и заливают ореховым соусом.

Салат из шпината по-грузински

500 г шпината, 20 г репчатого лука, 2 зубка чеснока, 1/2 стакана ядер грецких орехов, 12 веточек кинзы, винный уксус или гранатовый сок, зелень петрушки, зерна граната (красные), стручковый измельченный острый перец и соль — по вкусу.

Промытый шпинат кладут в кастрюлю, вливают стакан воды и варят на сильном огне 20 минут, добавив 10 веточек кинзы. Готовый шпинат вместе с кинзой откидывают на дуршлаг, дают воде стечь, остужают, отжимают и мелко нарезают.

Ядра грецких орехов, чеснок и 2 веточки кинзы измельчают, растирают в ступке с солью, разводят уксусом, добавляют мелко нарезанный репчатый лук и зелень петрушки, смешивают со шпинатом, солят, перчат и тщательно перемешивают.

В готовый салат можно добавить зерна граната или гранатовый сок, вкус от этого станет более пикантным. Салат выкладывают в салатное блюдо, украшают веточками петрушки и кинзы.

Готовя салат, смешивать все компоненты необходимо осторожно, не повредив рыхлую структуру смеси.

Зеленый салат с сыром по-французски

1 пучок салата кочанного или листового — 400 г, 125 г сыра, 150 г сливок, 5 ст. л. лимонного сока, молотый перец, соль — по вкусу.

Приготовить вначале заправку: твердый сычужный сыр (любой) раскрошить, смешать с лимонным соком, сливками, перцем, все растирается до однородной консистенции, соль — по вкусу (можно и не добавлять).

Листья салата перебрать, промыть, нарезать, положить на блюдо, залить подготовленной заправкой и хорошо перемешать.

Чтобы салатная масса получилась пышной, ее перед заливкой салата нужно хорошо перемешать, а еще лучше — взбить.

Зеленый салат с кислым молоком по-украински

1 пучок салата, 2—3 стебля зеленого лука, пучок редиски, 1 стакан кислого молока, 2 ст. л. растительного масла, соль по вкусу.

Перебранные и промытые листья салата нарезают крупной лапшой, мелко режут зеленый лук, редиску — кружочками. Молоко и растительное масло взбивают с раскрошенным, сваренным вкрутую желтком яйца, этой массой заливают нарезанные овощи, солят и перемешивают.

Л. Ф. Путинцева

Кочанный салат с майонезом

1 кочан зеленого салата, несколько стрелок зеленого лука, 6 зубчиков чеснока, 1/2 пучка зелени петрушки, 1/2 банки майонеза, 2 ст. л. сметаны, маринованные ягоды винограда, соль — по вкусу.

Кочан листового зеленого салата моют, очищают и нарезают тонкой соломкой, к нему добавляют мелко нарезанные зеленый лук, чеснок и петрушку, солят по вкусу, поливают майонезом, сметаной и перемешивают. Салат выкладывают в салатницу. Сверху салат украшают ягодами маринованного винограда.

Вместо винограда можно использовать другие маринованные ягоды или мелкие фрукты (вишню, черешню и т.п.).

Щи зеленые на мясном бульоне

250 г шпината, 100 г щавеля, 1—1,5 л мясного бульона, 4 клубня картофеля, 1 луковица, 25 г маргарина, 1—2 яйца, сметана, соль, перец, лавровый лист, зелень петрушки — по вкусу.

Шпинат и щавель перебирают, промывают в проточной воде, припускают каждый в отдельности, а затем протирают через сито. В кипящий бульон опускают нарезанный дольками картофель, через 10 минут — пассерованный репчатый лук, а затем пюре из шпината и щавеля. За 10 минут до готовности добавляют соль, перец и лавровый лист.

При подаче на стол в тарелку положить дольки вкрутую сваренных яиц и сметану, посыпать зеленью петрушки или укропа.

Борщ зеленый

По 1 стакану шпината и щавеля, 3 свеклы (среднего размера), 4 некрупных клубня картофеля, по 1 моркови, корню петрушки и луковице, 1 ст. л. муки, 4 ст. л. томат-пюре или свежих помидоров, 3 ст. л. маргарина, 50 г зеленого лука, зелень петрушки, укропа, соль, лавровый лист, перец, уксус, сметана — по вкусу. 1,5—2 л мясного бульона.

Свеклу нарезают соломкой, добавляют уксус, перемешивают и тушат вместе с томатом-пюре и жиром, собранным при варке мясного бульона. Нарезанные мелко морковь, корень петрушки, луковицу поджаривают на маргарине. В кипящий бульон кладут нарезанный брусочками картофель, доводят до кипения, затем вводят подготовленную свеклу (протушенную почти до готовности), пассерованные овощи и варят до готовности. За 10 минут до конца варки добавляют подготовленные шпинат и зеленый лук, соль, перец, лавровый лист.

При подаче на стол горячий борщ заправляют сметаной (1 ложка на тарелку), посыпают рубленой зеленью.

Борщ будет вкусным и сваренный на воде.

Суп из салата

200 г салата и 200 г мяса, 2 клубня картофеля, 2 яйца, по 1/4 стакана нашинкованного лука-порея и сметаны, 1 головка репчатого лука, зелень и соль — по вкусу.

Салат перебирают, промывают, нарезают на полоски и опускают в кипящую воду на минуту, затем откидывают на сито и после стекания воды припускают на слабом огне с маслом 15 минут. Лук репчатый, лук-порей измельчают и поджаривают на жире. В кипящий бульон или воду кладут нарезанный кубиками картофель, затем через 10 минут пассерованные овощи и варят до готовности.

При подаче на стол в каждую тарелку положить кусочек вареного мяса, половинку сваренного вкрутую яйца, залить супом, добавить ложку сметаны, измельченную зелень петрушки или укропа.

Суп-пюре из салата

800 г зеленого салата, 6 стаканов молока, 1 стакан сливок, 3 ст. л. сливочного масла, 1—2 ст. л. муки, соль — по вкусу.

Подготовленные листья салата на 2 минуты опускают в кипяток, затем откидывают на сито и после стекания воды пропускают через мясорубку с мелкой решеткой. Отдельно в кастрюле на масле поджаривают муку, разводят ее горячим молоком, затем смешивают с салатным пюре и варят 20 минут.

Добавляют по вкусу соль, масло сливочное, вливают сливки (или 1 стакан молока), размешивают.

При подаче на стол к супу-пюре хорошо добавить гренки из пшеничного хлеба. Гренки можно подать отдельно или нарезанные маленькими кубиками засыпать порционно в суп-пюре.

Пюре из шпината

300 г шпината — 50 г соуса, 5 г сливочного или топленого масла, по 1 ч. л. сливок и сахарного песка, молотый черный перец, соль, мускатный орех — по вкусу.

Соус: 2—3 ст. л. молока, по 1 ч. л. муки и топленого масла.

Подготовленный шпинат отваривают в воде, отжимают и протирают сквозь сито, добавляют сливочное масло.

Полученным соусом заливают шпинатное пюре, заправляют перцем, молотым мускатным орехом, все хорошо перемешивают. Для приготовления соуса нужно поджарить муку и развести молоком.

Пюре из шпината подают на стол как самостоятельное блюдо или на гарнир к мясу.

Шпинат тушеный

2,5 стакана рубленого шпината, 1 стакан нарезанного репчатого лука, 2 ст. л. растительного масла, соль по вкусу.

Шпинат перебирают, отрезают корешки и поврежденные листья, промывают холодной водой, отжимают и мелко рубят. Измельчают репчатый лук, поджаривают на масле и вместе с подготовленным шпинатом тушат под крышкой. На стол подают как самостоятельное блюдо или в составе сложного гарнира к мясным блюдам.

Цикорный салат со сливками

2,5 стакана измельченного салата, 1/2 стакана бульона, 1/2 стакана сливок, 50 г сливочного масла, 1 ст. л. сахарного песку, соль и перец — по вкусу.

Цикорный салат (витлуф, эндивий, эскариол) перебрать, промыть, положить в кипящую воду и варить при сильном кипении 10 минут, затем откинуть на сито или дуршлаг, облить холодной водой, дать воде стечь, отжать, изрубить. Салат сложить в кастрюлю, добавить соль, перец, сахар, залить бульоном и припускать в закрытой посуде 30 минут. Добавить сливки и тушить до готовности.

Можно приготовить блюдо и без сливок, взяв на 2,5 стакана цикорного салата 3/4 стакана воды и 50 г сливочного масла. При тушении сбрызнуть лимонным соком (0,5 лимона).

Цикорный салат жареный

500 г цикорного салата, 50 г топленого масла, 1/2 лимона, соль и перец по вкусу.

В разогретое в кастрюле масло кладут подготовленный цикорный салат, добавляют соль, перец, лимонный сок, накрывают промасленной бумагой и ставят на нагрев. Сначала салат припускают в собственном соку, а когда жидкость испарится, обжаривают в масле. Сильно обжаривать не следует, а оставшееся от обжарки масло горчит, поэтому его не используют. При подаче на стол лучше полить свежим растопленным маслом и подать салат как самостоятельное блюдо или на гарнир.

Яичница со шпинатом

150 г шпината, 4 яйца, 1 ст. л. сливочного масла, соль по вкусу.

Листья шпината промыть, порезать и припустить в собственном соку. В сковороде растопить масло, добавить припущенный шпинат, залить яйцами, посолить и поджарить до готовности.

Л. Ф. Путинцева

Творожный пудинг со шпинатом

500 г творога, 250 г шпината, 3 яйца, 1 стакан сметаны, по 2 ст. л. манной крупы, сахарного песку, сливочного масла и молотых сухарей, соль — по вкусу.

В протертый творог добавляют яичные желтки, растопленное сливочное масло, сахар, соль, манную крупу, все хорошо перемешивают и взбивают деревянной лопаточкой. Шпинат перебирают, тщательно моют, откидывают на сито, дают воде стечь, затем мелко рубят и смешивают с творожной массой. К этой массе добавляют взбитые белки, осторожно перемешивают и выкладывают на сковороду или в форму, смазанную маслом и посыпанную сухарями. Поверхность смазывают сметаной, предварительно хорошо разровняв ее, и запекают в духовке в течение 30 минут. Пудинг будет вкуснее, если сверху перед запеканием посыпать его тертым сыром.

При подаче на стол пудинг вынимают на блюдо, поливают маслом, отдельно подают сметану.

Запеканка из шпината с брынзой

500 г шпината, 1/4 стакана тертой брынзы, 1 яйцо, 1/2 луковицы, 1/4 стакана молока, 1 ч. л. пшеничной муки, соль — по вкусу.

Подготовленный шпинат крупно нарезают и смешивают с поджаренным луком, вместе прожаривают в течение нескольких минут, затем ставят остудить и перемешивают с половиной нормы тертой брынзы. Массу перекладывают на смазанный маслом противень, выравнивают, затем поливают смесью молока, яиц и муки. Сверху равномерно посыпают оставшейся тертой брынзой. Для получения более острой по вкусу запеканки норму брынзы можно увеличить. Запекают в духовке до готовности (20—30 минут).

При подаче на стол к запеканке можно предложить сметану или сметанный соус.

Запеканка из шпината и лапши

500 г шпината, 2—3 яйца, 1 лимон (для сока и цедры), 2 ст. л., 100 г лапши, 1 ст. л. сливочного масла, 1 стакан сливок, соль — по вкусу.

Подготовленный шпинат отварить, отжать от воды, пропустить через мясорубку, смешать с лимонным соком и цедрой, взбить яйца, всыпать сахарный песок и сильно взбить. Лапшу отварить в подсоленной воде, воду слить и промыть лапшу холодной водой. Затем лапшу смешать со шпинатом, положить сливочное масло, разровнять и запечь. Подать со сливками.

Суфле из шпината

200 г шпината, 1 стакан молока, 50 г сливочного масла, 2 яйца, по 1 ст. л. муки, молотых сухарей и тертого сыра, 50 г сметаны, соль, мускатный орех — по вкусу.

Из муки, смешанной с маслом и молоком, сварить молочный соус. Положить в соус сырые яичные желтки, мелко нарезанный тушеный шпинат, соль, мускатный орех в порошке и хорошо перемешать. Перед запеканием в подготовленную массу ввести взбитые в пену яичные белки, аккуратно перемешать. Сковороду смазать маслом, посыпать сухарями, выложить массу, сверху посыпать тертым сыром, сбрызнуть маслом и запечь в духовке в течение 15—20 минут. Отдельно к суфле подать холодную сметану.

Пирог со шпинатом

Для теста: 1,5 стакана пшеничной муки, 2 ст. л. топленого масла, 1 ч. л. растительного масла, соль — по вкусу.

Для фарша: 1 кг шпината, 2 головки репчатого лука, по 100 г шпика и сметаны, 2 желтка, 2 ст. л. растительного масла, 1 ст. л. муки, соль, черный молотый перец, мускатный орех — по вкусу.

Замесить тесто: просеять муку, добавить соль, слегка подогретое растительное масло, воду и оставить на 15—20 минут, затем тесто раскатать тонким пластом. Размер пласта должен быть немного больше, чем размер противня, на котором пирог будет запекаться. Противень смазать маслом и положить на него пласт теста.

Подготовить начинку: шпинат перебрать, промыть, залить кипятком, откинуть на дуршлаг, дать воде стечь, нарезать и положить в кастрюлю с разогретым маслом. К шпинату добавить нарезанный мелкими кубиками шпик, нашинкованный репчатый лук, перемешать и припустить. Затем всыпать немного муки, перемешать, снять смесь с огня и остудить. К смеси добавить два взбитых желтка, немного тертого мускатного ореха, соль, черный перец и сметану. Смесь тщательно перемешать и выложить на приготовленное тесто.

Края теста слегка вытянуть, положить их на шпинатную начинку. Выпекать в умеренно нагретой духовке в течение 40 минут.

ЛУКОВАЯ ЗЕЛЕНЬ

Лук-батун

Лук-батун (другие названия: лук песчаный, дудчатый, татарка) — многолетнее скороспелое растение с сильно развитой корневой системой, дает маленькую луковичку и обильную зелень. В диком виде встречается в Китае и Японии, у нас — в Сибири и других районах страны.

Отличительные признаки: л и с т ь я — полые, дудчатые, почти цилиндрические, темно-зеленой окраски; л у к о в и ч к а — белая, ложная, цилиндрической формы, переходящая в стебель, стрелка у батуна полая со вздутием на середине диаметром 2—3 см, высотой 30—40 см.

Различают три подвида лука-батуна: русский, китайский и японский.

Сорта русского подвида отличаются мелкими, темно-зелеными листьями длиной 30—40 см, с сильной ветвистостью, зимостойкостью. Листья имеют острый вкус, при перезревании они быстро грубеют. К этому подвиду относятся сорта: Майский 7, Грибовский 21, Апрельский, Обыкновенный, Салатовый 35.

Подвид японский имеет нежные, пониклые в верхней части листья более нежной консистенции, вкус полуострый, менее зимостоек; выращивается в основном как однолетняя культура.

Подвид китайский характеризуется крупными ветвистыми листьями, сочными, долго не грубеющими, с острым вкусом. Он морозостоек менее, чем лук-батун русский, поэтому в Нечерноземной зоне почти не выращивается.

Л е ч е б н ы е и п и щ е в ы е с в о й с т в а. В зеленых листьях лука-батуна содержатся сахара, минеральные соли магния, железа и другие, эфирное масло, каротин (провитамин А) и прочие соединения. Витамина С накапливается от 35 до 95 мг%, в 2—3 раза больше, чем в луке репчатом. Имеются витамины B_1, B_2, РР.

Молодые листья лука-батуна с приятной остротой вкуса, нежной структурой листа, обладают сильным фитонцидным действием. С возрастом листья грубеют. В питании лук-батун рассматривается как важный источник витамина С в ранневесенний период, его можно выращивать как комнатную зелень и зимой для пополнения рациона питания витаминами. В пищу используют все части растения, кроме корней (листья, луковички и бульбочки), в составе салатов, а также при приготовлении первых и вторых блюд в качестве пряно-вкусовой приправы. Целые, предварительно очищенные луковицы с частью зелени применяют для украшения блюд. Из луковиц и стеблевой зелени готовят пикантные соусы.

По сравнению с другими видами более острых луков батун отличается нежным вкусом, поэтому относится к диетическим овощам. Из батуна получают медицинские препараты, понижающие кровяное давление и повышающие эластичность кровеносных капилляров. В народной медицине батун рассматривается как тонизирующее и болеутоляющее средство.

Лук-батун неприхотлив к почве, морозостоек, может зимовать в открытом грунте даже в суровые зимы с продолжительными сильными морозами, не вымерзает. Листья батуна начинают расти весной при температуре 1°С, поздней осенью выдерживают заморозки до минус 10°.

Высевать семена лука-батуна лучше летом, а перо срезать следующей весной. Можно размножать батун разделением общей луковицы на отдельные луковки, осенью высаживать растение на новое место, ранней весной всходы нежной листвы обеспечены. Растение может на одном месте пребывать несколько лет, но опытные огородники предпочитают их держать не более 1—2 лет.

З а г о т о в к а и с у ш к а. Первые срезы лука-батуна, выращиваемого в открытом грунте, проводят в конце апреля — начале мая и продолжают периодически срезать листья до середины августа. За период вегетации удается сделать 5—6 срезок. При подготовке растения к зиме для выращивания на том же месте последний срез лучше произвести во второй половине июля, чтобы растение подготовилось к зимним холодам. Более позднее удаление листьев может привести к уменьшению урожая следующего года. Начиная со второго года, цветоносы у растения удаляют (выламывают), что улучшает качество отрастающих листьев.

Лук душистый

Лук душистый — многолетнее салатно-овощное растение семейства луковых.

Отличительные признаки: л и с т ь я — темно-зеленые с восковым налетом, широкие и тесьмовидные, мясистые; л у к о в и ц а — ложная, цилиндрическая, диаметром до 1,5 см, ц в е т к и — с фиолетовой полоской на обратной стороне чашелистика, цветочная стрелка сплошная, на поперечном разрезе четырехгранная, появляется на второй-третий год вегетации.

Лук душистый заметно отличается от других видов лука по своим пищевым свойствам: молодые листья обладают приятной слабой остротой, вкус и запах немного схож с чесночным, что позволяет отнести его к диетическим продуктам. Используется для приготовления салатов, как приправа к первым и вторым блюдам.

Лечебные и пищевые свойства. Листья душистого лука содержат 35—45 мг% витамина С и другие витамины; богат состав минеральных веществ, особенно много солей железа; эфирных масел больше, чем в других зеленых луковых культурах в 1,5—2 раза (отсюда и название лука), которые обладают сильным антимикробным действием. В листьях мало клетчатки, что в сочетании с биологически активными веществами относит лук душистый к лечебно-диетическим продуктам питания людей, предрасположенных к воспалительным процессам слизистых оболочек желудочно-кишечного тракта. Душистый лук рекомендуется в пищу лицам, которым противопоказано употребление лука репчатого как более острого.

Лечебные свойства лука душистого оцениваются высоко благодаря разнообразному набору минеральных веществ и витаминов. Наличие железа важно для процессов кроветворения, лечения малокровия (анемии).

Заготовка и сушка. Срезают листья душистого лука за период вегетации 2—4 раза непосредственно перед употреблением. Из сортов известен один — Звездочет, остальные сорта местной или зарубежной селекции.

Лук душистый морозоустойчив, осенью растения переносят заморозки до минус 5—6°С.

Зеленый лук

Зеленый лук-перо — самый распространенный овощной продукт из зеленных культур. Лучший лук-перо выращивают из лука севка (мелких луковиц) — посевного материала репчатого лука, но особенно обильную зеленую массу дает крупный лук выборок, хотя при этом и требуется больше посадочного материала.

Лечебные и пищевые свойства. В зеленом луке содержатся те же вещества, что и в репчатом, но соотношение их различное. В луке-пере в 4 раза больше витамина С, чем в репчатом, много Р-активных соединений, их совместное действие способствует укреплению кровеносных капилляров, предотвращает кровоизлияния и кровоточивость десен. В зеленой массе лука накапливается каротин (провитамин А), а в луковице репчатого лука обнаружены лишь следы этого вещества. Особенно полезно потребление зеленого лука зимой и весной, когда организм испытывает недостаток в витаминах.

Полезен зеленый лук и при острых респираторных заболеваниях, гриппе, благодаря высокому содержанию фитонцидов, губительно действующих на патогенные микроорганизмы и вирусы, потребление зеленого лука быстро снижает развитие болезни. Однако следует помнить, что при острых кишечных инфекциях зеленый лук противопоказан, так как в нем много трудноперевариваемой клетчатки, раздражающе действующей на слизистые оболочки желудочно-кишечного тракта. Для здорового человека, наоборот, грубые растительные волокна лука-пера способствуют перистальтике кишечника, фитонциды дезинфицируют полость рта и пищеварительные пути.

Зеленый лук полезен сам по себе, салаты из него обладают прекрасным желчегонным эффектом, предотвращают образование камней, особенно желчегонность усиливается, если зеленую массу лука-пера заправить в салатах и закусках растительным маслом. Об этих свойствах важно запомнить также тем лицам, кто страдает холециститом.

В диетическом питании зеленый лук как лечебное средство рекомендуется при травмах, переломах костей и восстановлении структуры тканей. Эти лечебные свойства обусловливаются прежде всего наличием витамина С, 100—150 г зеленого лука значительно, если не полностью обеспечивают суточную потребность организма в этом веществе.

Зеленый лук используют для различных салатов, закусок, окрошек, как приправу к первым и вторым блюдам, в качестве начинки для пирогов. За последние годы потребление зеленого лука возросло за счет расширения тепличного хозяйства в производственных масштабах. На приусадебном участке лук-перо можно выращивать круглый год на огороде, в парнике, теплице и даже в жилых помещениях. Для получения зелени под рукой даже зимой стоит только поместить крупные луковицы (около 20 см в диаметре) в банки с водой так, чтобы они только слегка касались воды, как вскоре корни будут расти в воду, а из верхушки луковиц — зеленые перья. Удобно ощипывать листья по мере надобности, а когда луковица истощится, заменить ее на новую.

Из ботанических сортов репчатого лука, дающих наиболее обильную зелень, отличаются такие сорта, как Арзамасский, Бессоновский, Ростовский, Спасский, Стригуновский и другие местные сорта, отличающиеся образованием многогнездных луковиц.

Заготовка и сушка. Для повседневного потребления в небольшом количестве лук-перо ощипывают равномерно с нескольких растений, не допуская повреждения и замедления их развития. При массовой уборке зеленые листья должны быть длиной не менее 20 см, а луковица по наибольшему диаметру не более 4 см. Выдернутые растения отряхивают от земли и укладывают тонким слоем в деревянные ящики, лотки, не допуская загрязнения пера. Пожелтевшие и поврежденные перья отбраковывают.

При температуре 0°С и относительной влажности воздуха 90—95% зеленый лук может сохраниться до 2 недель. Лучше хранить зеленый лук на холоде, в нежилом помещении, кратковременно — в холодильнике.

Многоярусный лук

Многоярусный лук — многолетнее растение семейства луковых. По внешнему виду сходен с луком-батуном, но отличается строением цветочной стрелки, на которой отрастают маленькие бульбочки.

Отличительные признаки: луковки-бульбочки диаметром 0,5—3 см. Бульбочки отрастают на высоких стрелках в несколько рядов, отсюда и название лука. Чем ниже ярус, тем крупнее луковочки. Растение образует также крупную прикорневую луковицу. Поверхность чешуй луковичек желтоватого, коричневого или лилового оттенка. Листья — крупные, нежные по консистенции, со слабоострым вкусом, их добавляют в салаты, окрошки, ботвиньи и в качестве приправы к мясным и рыбным блюдам, разнообразным овощным кушаньям.

Л е ч е б н ы е   и   п и щ е в ы е   с в о й с т в а. В пищу используются бульбочки и прикорневые луковицы, в них накапливается до 14% сахаров, 16—30 мг% витамина С, их применяют как заменитель репчатого лука при приготовлении кулинарных блюд. Как листья, так и луковицы превосходят остальные виды лука по содержанию эфирных масел и фитонцидов. Луковички-бульбочки используют в качестве посадочного материала для выгонки лука на зелень.

З а г о т о в к а   и   с у ш к а. Воздушные бульбочки созревают в конце августа, подземные луковицы убирают позже, в средней полосе страны обычно в сентябре.

Выращивают многоярусный лук в однолетней и многолетней культуре, распространенные сорта — Грибовский 39, Одесский зимний 12. Растение морозостойкое, свободно зимует в открытом грунте, переносит минусовые температуры в 38—40°С. Молодые листья отрастают ранней весной и не поражаются весенними заморозками. Новый урожай выращивают обычно из бульбочек, которые не имеют периода покоя и начинают прорастать на материнском растении. Поэтому бульбочки высаживают обычно в июле — августе; в условиях юга листья начинают отрастать уже в марте, через месяц достигают до 30 см длины. В однолетней культуре растение убирают целиком, в многолетней — срезают на 3—5 см над землей 2—3 раза за сезон.

Лук-порей

Лук-порей — двухлетнее холодостойкое растение семейства луковых, самый необычный из всех видов лука.

Отличительные признаки: л и с т ь я имеют не трубчатую, а лентовидную форму; взрослые растения образуют 8—13 листьев длиной до 60 см и мощную ложную луковицу (ножку), нежную по консистенции, белую, диаметром 5—7 см, представляющую самую высокую ценность, оставаясь на протяжении всего вегетационного периода с отличными потребительскими качествами, а вот листья с возрастом грубеют, зато в начале второго года они вполне пригодны в пищу как и остальная луковая зелень. На второй год образуется мощный цветоносный с т е б е л ь цилиндрической формы, гладкий, плотный, высотой до 180 см, ц в е т к и — мелкие, белые или светло-сиреневые с приятным ароматом, образуют шаровидный зонтик диаметром до 15 см. П л о д — треугольная коробочка с 3—4 черными, морщинистыми семенами.

Лук-порей в культуре широко распространен во Франции, Голландии, Дании и других западноевропейских странах, в Закавказье, у нас — в южных районах страны. Наиболее популярны сорта: Карантанский и Болгарский. В средней полосе и северных районах культура еще только осваивается. Огородникам следует учесть, что лук-порей имеет длинный вегетационный период, который может растягиваться до 160—180 дней, растение холодостойкое, но влаголюбивое и требовательное к плодородию почвы.

По своим ботаническим особенностям порей подразделяется на два вида: азиатский и европейский. Азиатский порей отличается длинным, ложным стеблем, достигающим в длину 60—70 см, у европейского вида стебель короткий, листья не вытянуты, а располагаются веерообразно, популярны сорта Голиаф, Деррик, Бастион и другие.

Л е ч е б н ы е и п и щ е в ы е с в о й с т в а. Лук-порей имеет высокую пищевую и лечебную ценность. В луковице накапливается более 6,5% сахаров, 1,5% клетчатки, от 35 до 80 мг% витамина С, причем во время хранения порея количество этого витамина увеличивается. Отличается порей и высоким содержанием солей железа, имеются соли калия, кальция, натрия, фосфора и серы; из других витаминов — B_1, B_2, РР и каротин (провитамин А). По калорийности лук-порей почти приравнивается к репчатому луку, но превосходит его по содержанию белков (3%). В состав эфирного масла порея входит сера, что обусловливает специфичный вкус и аромат этого лука.

Издавна ценятся лечебные достоинства лука-порея, его рекомендуют использовать в рацион питания при подагре, ревматизме, ожирении и камнях в почках. Лук-порей повышает аппетит, полезен при физическом и умственном переутомлении, усиливает секреторную функцию желез пищеварительного тракта, но противопоказан при язвенных заболеваниях желудка и двенадцатиперстной кишки. Порей обладает антисклеротическим действием, улучшает работу печени, весьма ценен как антицинготный овощ.

Свежий лук-порей — хорошая приправа в супы, похлебки, салаты и другие блюда, 1—2 измельченных стебля-ножки придают неповторимый вкус и аромат любому кушанью, в любом случае он является отличным заменителем репчатого лука. Лук-порей включают в смеси замороженных овощей, при этом он совсем не теряет свойств свежей зелени.

Заготовка и сушка. При массовой уборке лука-порея поздней осенью, не допуская пожелтения листьев, растения нужно осторожно выкопать и перенести в погреб или хранилище, листья обрезать на 2/3 их длины, корни укоротить на половину и прикопать влажным песком, располагая растение в вертикальном положении. Один из лучших способов переработки лука-порея — сушка при мягком режиме (удобно сушить на батарее, при этом измельченный на кружочки толщиной 3—5 мм), сушеная продукция также сохраняет аромат, а в готовом блюде и вкус свежего лука. Горсточка сушеного порея преобразит вкус и аромат супа, второго мясного, рыбного или овощного блюда.

При 0°С и высокой относительной влажности воздуха хранилища прикопанный порей может храниться до 3 месяцев, а в ящике с песком — до 2 недель.

Лук-слизун

Лук-слизун, или поникающий лук, — многолетнее травянистое растение семейства луковых, разрастающееся в виде радиальных кругов.

Отличительные признаки: листья — плоские, схожие с душистым луком, но короче, хрупкие, нежные, сочные, долго не грубеют, со слабоострым чесночным вкусом, особенно в первой половине лета, считаются лучшими для приготовления салатов. Л у к о в и ц а — ложная, цилиндрическая, стрелка сплошная, на верхушке ее располагаются сиренево-фиолетовые цветки.

Л е ч е б н ы е и п и щ е в ы е с в о й с т в а. Ценится лук-слизун за нежность листвы, явно напоминающей запах чеснока, богатой витамином С (29—46 мг%) и солями железа, его рекомендуют употреблять особенно при малокровии (анемии).

Лук-слизун используют для приготовления кулинарных блюд, домашних консервов, украшения праздничного стола. Впрок зелень можно заморозить или сушить.

З а г о т о в к а и с у ш к а. Уборку проводят путем периодического срезания листьев. В зависимости от загущенности листьев за сезон делают от двух до пяти срезок. Из трех-, четырехлетних кустов так же убирают зелень вместе с ложными луковицами. Поздней осенью срезают всю огрубевшую листву и стрелки, чтобы они ранней весной не мешали обработке междурядий растений.

Хранят лук-слизун, как и остальную луковую зелень, при температуре 0—1° С, относительной влажности воздуха 90—95%. Срок хранения — 1—2 недели.

Лук-слизун довольно морозостойкое растение, выдерживающее заморозки минус 5—6°С; растение влаголюбивое, поэтому его нужно выращивать только на хорошо увлажненных или поливных участках.

Лук-шалот

Лук-шалот — однолетнее или многолетнее растение семейства луковых.

Отличительные признаки: л и с т ь я — тонкие, сплюснутотрубчатые с восковым налетом, л у к о в к и — мелкие, в первый год вырастает 3—5 луковиц, в последующие годы до 20 и более крупных луковиц (по 20—50 г), фиолетовые или желтые, полуострого или горького вкуса, поэтому шалот еще называют «сорокозубкой». Лук-шалот распространен в Западной Европе, в России на Кавказе и в южных районах страны.

Лечебные и пищевые свойства. Выращивается лук-шалот из-за получения нежных зеленых листьев и мелких луковиц, которые богаты сахарами, витамином С, эфирными маслами и другими полезными веществами. Листья используются, как и перо зеленого репчатого лука для салатов и закусок, добавляют как пряную зелень в первые и вторые блюда. Луковки едят сырыми и обжаренными, целыми кладут в супы, мясные и рыбные блюда, добавляют к овощным консервам «ассорти», в маринады.

Широкоизвестные ботанические сорта лука-шалота: Звездочка, Кубанский желтый, Кущевка харьковская, из лучших сортов — Межсезонье, Сибирский желтый, Спринт, Кайнарский (полусладкий). Растение морозостойкое (переносит морозы до 20°С), скороспелое и лежкостойкое.

Заготовка и сушка. Уборку лука-шалота производят, когда перо вырастет до 20—30 см, вырывают из земли вместе с луковицами. Зеленые листья шалота быстро теряют внешний вид, увядают, поэтому их сразу направляют на кулинарную обработку, луковицы — на консервирование или хранение.

Луковицы шалота хорошо хранятся в свежем виде, но при этом они должны быть вполне вызревшими, образовать «рубашку» из поверхностных чешуй, при хранении они отличаются долгим периодом покоя — не прорастают. В домашнем хозяйстве их обычно хранят на чердаках, причем замораживание луковиц не отражается на их вкусовых качествах; луковицы могут многократно замерзать и оттаивать, не теряя потребительских свойств.

Лук-шнитт

Лук-шнитт (другое название — резанец) — многолетнее растение семейства луковых.

Отличительные признаки: листья — трубчатые, шиловидные, темно-зеленой окраски, достигают длины до 50 см. По размеру листьев шнитт делится на 2 группы: среднерусскую и сибирскую. У среднерусского типа листья мелкие, сильно кустистые, у сибирского — крупные, со слабой кустистостью. Л у к о в и ц ы как таковой не образуется, ложные многочисленные луковки достигают диаметра не более 1 см, плавно переходят в зеленую листву; наружные чешуи желтые с легким фиолетовым оттенком, внутренние — белые, сочные с приятной горчинкой. Ц в е т к и — розово-сиреневые, шаровидные, крупные, цветут долго, из-за них шнитт садоводы часто разводят как декоративное растение, а листья с возрастом грубеют и становятся малосъедобными.

Л е ч е б н ы е и п и щ е в ы е с в о й с т в а. Молодые листья, особенно ранней весной, очень нежные, с высоким содержанием витамина С и каротина, их используют для приготовления салатов, приправ к мясным и рыбным блюдам, зелень хорошо сочетается с кисломолочными и яичными продуктами, но в минимальном количестве. В Средней Азии лук-шнитт особенно популярен, в свежем и сушеном виде его вводят в смеси — специи. В Сибири — солят на зиму, сушат.

Лук-шнитт ценится как скороспелая зеленая культура, листья длиною 25—30 см вырастают за 20—25 дней. К распространенным сортам относятся Московский скороспелый и Сибирский местный, из лучших сортов — Бегомия, Медонос, Пражский, Чемал.

З а г о т о в к а и с у ш к а. При уборке лук-шнитт подкапывают лопатами, очищают от земли и укладывают в деревянные ящики-лотки корнями к стенке, охлаждают и направляют на переработку или хранение. Чтобы сохранить лук-шнитт длительное время, его после извлечения с комом земли прикапывают в теплице, где растение долгое время дает зеленую массу. Режим хранения лука-шнитта такой же, как и для остальных видов зеленых луков.

Через 2—3 года луковицы желательно разделить и высадить на новом месте.

Л. Ф. Путинцева

Черемша

Черемша (другие названия: лук победный, медвежий лук) — многолетнее травянистое растение рода луковых, но по вкусу напоминает не культурные виды лука, а чеснок. В диком виде растет в Сибири, на Дальнем Востоке и Кавказе, распространен также в лесном поясе Предуралья и Урала. Растение часто встречается в лиственных, еловых и кедровых лесах, на субальпийских лугах, местами в большом количестве образует сплошные заросли. В западных районах европейской части нашей страны, на Кавказе растет так называемый лук медвежий. Всего же известно около 230 видов черемши дикорастущего происхождения.

Отличительные признаки: с т е б е л ь черемши вытянут до 75 см высоты, в нижней части покрыт двумя-тремя влагалищными листьями зеленого, чаще фиолетового цвета. Л и с т ь я гладкие, ланцетные или эллиптические, длиной до 10—20 см, шириной 2—8 см, пластинка листа постепенно сужается в черешок, который в 2—3 раза короче листа. Ц в е т к и — белые, шестилепестковые, длиной 4—5 мм, собраны в шаровидные соцветия или в полушаровидный зонтик (полузонтик), до цветения пониклый и заключенный в перепончатый чехол. Время цветения — июнь — июль. П л о д — шаровидная трехгранная коробочка с обратносердцевидными створками, семена шаровидные, почти черные.

Кроме зеленой массы листьев, черемша ценится за луковицу, обладающую сильным чесночным вкусом и запахом. Луковицы покрыты оболочкой светло-бурого или серо-бурого цвета толщиной 1—1,5 см, прикреплены к корневищу, по форме продолговатые, цилиндрические или конические, вполне могут заменить чеснок при приготовлении пищи.

Л е ч е б н ы е и п и щ е в ы е с в о й с т в а. Характерный чесночный вкус и запах обусловливается высоким содержанием эфирного масла; много витамина С; в листьях до 730 мг%, в луковице — 50—100 мг%, поэтому в условиях Сибири, Дальнего Востока черемша рассматривается как важнейший антицинготный продукт. В черемше содержится каротин (провитамин А) — до 4 мг%, витамины группы В, а также белки, углеводы (сахара) (в луковице 6,5%) и клетчатка — (до 1%), 1,1% минеральных веществ.

Зеленые листья и луковицы черемши обладают сильным фунгицидным (противогрибковым), бактерицидным и противопаразитным действием. Употребление в пищу черемши увеличивает выделение желудочного сока, усиливает моторную деятельность кишечника, вызывает аппетит и улучшает усвоение пищи, полезно при атеросклерозе.

Мазь из эфирного масла черемши — урзаллин способствует лечению гнойных ран, язв и пролежней.

Молодые побеги черемши употребляют в пищу в свежем виде для салатов или просто едят с солью и хлебом как пряную лечебную траву для укрепления десен, профилактики и лечения цинги. Черемшу добавляют в соусы, первые и вторые блюда как заменитель чеснока.

Заготовка и сушка. Молодые неогрубевшие растения черемши заготавливают впрок в соленом, квашеном и маринованном виде, консервируют в герметически укупоренной таре как овощные консервы. Таким образом употребление этого ценного дикорастущего растения можно продлить в течение всего года.

Попутно отметим, что в качестве пряной зелени можно использовать листья и стрелки чеснока. Листья хорошо употреблять в первой половине лета, когда они еще не огрубели, они дают тот же чесночный вкус и запах, что и черемша. Во второй половине лета нужно следить за появлением чесночных стрелок, на концах которых образуются нераскрывшиеся соцветия. Появившиеся чесночные стрелки сразу же надо обламывать, так как в них переходят питательные вещества, качество и урожайность чеснока снижается. Мясистые, цилиндрические стрелки содержат белки, сахара, клетчатку и витамины. Их измельчают и в качестве пряной приправы добавляют в первые и вторые блюда, придавая им чесночный приятный вкус и аромат.

Л. Ф. Путинцева

КУЛИНАРНЫЕ БЛЮДА С ИСПОЛЬЗОВАНИЕМ ЛУКОВОЙ ЗЕЛЕНИ

Зеленый лук со сметаной

200 г зеленого пука, 3 яйца, 50 г сметаны или 100 г майонеза.

Зеленый лук перебирают, промывают, мелко нарезают. Вкрутую сваренные яйца режут на кубики, смешивают с луком и заправляют сметаной или майонезом.

Салат солить не надо.

Зеленый лук с растительным маслом

2 пучка зеленого лука, 5 ст. л. растительного масла, соль — по вкусу.

Подготовленный лук режут на небольшие кусочки, перекладывают в салатницу и заправляют растительным маслом, смешанным с уксусом, молотым перцем и солью. Предварительно нарезанный лук можно сначала помять деревянным пестиком, посыпав солью, до выделения сока.

Зеленый лук с огурцом

200 г зеленого лука, 4 яйца, 1 огурец, 2 ст. л. измельченной зелени петрушки, 2 ст. л. растительного масла, 1 ч. л. готовой горчицы, 2 зубчика чеснока, соль и перец — по вкусу.

Сварить вкрутую яйца, отделить желтки, растереть их с измельченным чесноком и готовой горчицей, добавляя понемногу растительное масло. Полученный соус смешать с предварительно нарезанным зеленым луком, добавить нарезанные белки от яиц, свежие огурцы и зелень петрушки, соль и молотый черный перец.

Салат из зеленого лука, яиц и сыра

4 ст. л. измельченного зеленого лука — 300—400 г сычужного сыра (российского, голландского), 6 яиц, 2 зубка чеснока, 4 ст. л. майонеза, соль — по вкусу.

Сыр и сваренные вкрутую яйца нарезают кубиками, нарезанный лук толкут с солью и измельченным чесноком деревянным пестиком, все перемешивают и заливают майонезом. Выдерживают 30 минут в холодильнике.

Салат из зеленого лука и тресковой печени

400 г зеленого лука, 1 банка консервов тресковой печени, 3—4 яйца, 1 лимон, соль по вкусу.

Зеленый лук нарезать мелко, так же нарезать сваренные вкрутую яйца и тресковую печень, все перемешать, полив жидкостью от консервов, посолить слегка. Для пикантности вкуса можно добавить очень тонко нарезанный вместе с кожицей лимон.

Лук-порей с морковью и петрушкой

200 г лука-порея, 100 г моркови, 50 г корня петрушки, 3 ст. л. сметаны и 2 ст. л. растительного масла, соус из сметаны и растительного масла тщательно взбить, слегка посолить.

Стебли лука-порея зачистить от корешков, промыть, обсушить на воздухе и порезать кружочками, листья — маленькими кусочками. Корни моркови и петрушки промыть, очистить от кожицы и натереть на крупной терке. Все компоненты перемешать, заправить соусом из сметаны и растительного масла, соль добавить по вкусу. Салат выложить в салатницу и посыпать измельченной зеленью укропа и петрушки.

Лук-порей с яблоками и горчичным соусом

1—2 стебля лука-порея, 2 яблока, 4 ст. л. растительного масла, горчица по вкусу.

Стебли лука-порея зачистить от корешков, хорошо промыть, обсушить и нарезать кружочками. Яблоки очистить от семенного гнезда, нарезать тонкими кружочками или лапшой. Растительное масло растереть с горчицей до состояния однородного соуса и залить им подготовленные яблоки с луком-пореем, все перемешать. Салат выложить на блюдо, украсить зеленью порея.

Лук-порей с яблоками и солеными огурцами

500 г лука-порея, 3 яблока, 2 соленых огурца, 1 стакан сметаны или банка майонеза (200 г), 1 ст. л. горчицы, соль и сахар по вкусу.

Лук-порей и яблоки подготовить так же, как в предыдущем рецепте. Соленые огурцы натереть на крупной терке (можно натереть и яблоки). Все компоненты перемешать со сметаной или майонезом. В сметанно-майонезную смесь можно добавить по желанию готовую горчицу, сахар и соль.

Закуска из лука-порея

На 2—3 стебля лука-порея — 1—2 стебля чеснока, по 100 г сыра, брынзы или творога, 2—3 ст. л. майонеза или растительного масла (без запаха).

Крупные луковицы-ножки лука-порея зачистить от корней, грубых листьев, вымыть, обсушить на воздухе и нарезать тонкими кружочками или полукружочками. Стебли молодого чеснока также обработать, мелко нарезать и перемешать с луком-пореем, посолить, поперчить. К смеси добавить по 100 г тертого на мелкой терке сыра, брынзы и еще раз перемешать, заправить майонезом или растительным маслом.

Закуска майская

На пучок лука-батуна или лука-шнитта — подбор остальных продуктов по своему усмотрению.

Ранней весной ощипать лук-перо со стеблей лука-батуна или лука-шнитта, помыть, обсушить на воздухе, порезать, помять, посолить, заправить майонезом или сметаной. К салату можно добавить порезанные вареные яйца, тонкие ломтики редиса, пряную зелень (укроп, петрушка).

Луковый паштет

На 2—3 ножки лука-порея — по 2 яблока (желательно кислых) и яйца, 100 г сметаны, соль по вкусу.

Белые ножки лука-порея тонко измельчить, яблоки очистить от кожицы и семенного гнезда, так же измельчить или натереть на терке, размять вилкой сваренные вкрутую яйца, все перемешать до однородной массы и заправить сметаной. Паштет намазывать на хлеб с маслом.

Луково-творожная паста

На 2—3 ножки лука-порея или несколько луковок-бульбочек лука-шалота — 200 г творога, 50 г сметаны, зелень петрушки, укропа, соль по вкусу.

Подготовленные крупные ножки лука-порея или луковки (бульбочки) лука шалота тонко измельчить, если можно — натереть на терке, творог протереть через дуршлаг или сито, зелень мелко порубить. Все компоненты перемешать до однородной массы, заправить сметаной. Использовать для приготовления бутербродов.

Рыбный пирог с зеленым луком

На пучок зеленого лука, 3—4 яйца, 1 банка (240 г) консервов «Лосось в собственном соку», 1 банка майонеза.

Зеленый лук, желательно молодое перо равномерного размера, обмыть, обсушить на воздухе и мелко нарезать, слегка присолить. Яйца сварить вкрутую, очистить, нарезать ломтиками или кубиками. Вскрыть банку лосося, горбуши или сайры в собственном соку, рыбу разрезать на кусочки, полив остатком жидкости из консервной банки, равномерно перемешать и соединить с подготовленными яйцами и луком, заправить майонезом.

Вместо репчатого лука-пера можно использовать молодую зелень и других видов лука (батун, шнитт и т.п.).

Смесь из зеленого лука, вареных яиц и рыбных консервов является замечательной начинкой для пирога (конечно, без использования майонеза).

Запеканка из зеленого лука с яйцами и брынзой

500 г зеленого лука, 50 г сливочного масла, 3 помидора, 2 яйца, 1/4 стакана вареного риса, 3/4 стакана воды, 1/2 стакана молока и 1/2 стакана тертой брынзы.

Зеленый лук вымыть, нарезать на кусочки длиной 2 см и потушить в сливочном масле. К тушеному луку добавить нарезанные красные помидоры, сваренный рассыпчатый рис, воду и еще немного масла, все перемешать. Противень или сковороду смазать маслом, выложить на него подготовленную смесь, поставить в разогретую духовку и держать там до тех пор, пока рис не впитает воду.

Яйца взбить с молоком и натертой на крупной терке брынзой до однородной консистенции и этой смесью полить лук с рисом, слегка размешать, выровнять поверхность и снова поставить в духовку для запекания. Подавать запеканку на стол можно в теплом и холодном виде.

Зеленый лук с орехами

1 пучок зеленого лука, 10 грецких орехов, 4 ст. л. майонеза, 1 ст. л. растительного масла.

Мелко нарезанный подготовленный лук смешивают с измельченными ядрами грецких орехов, хорошо перемешивают, выкладывают в салатницу, заправляют майонезом и растительным маслом.

Пикантный салат из слив и зеленого лука

Маринованные сливы разрезают на 4 части, косточки удаляют, несколько слив оставляют для украшения. Вымытый, обсушенный и мелко нарезанный лук соединяют со сливами, чуть солят, перчат и заправляют лимонным соком с майонезом, выкладывают в салатницу, сверху украшают кусочками слив, измельченной зеленью укропа и петрушки.

На 1 пучок зеленого лука — 1 стакан слив, 1/2 стакана майонеза, 2 ст. л. лимонного сока, соль, молотый перец, зелень укропа и петрушки по вкусу.

Такой салат можно приготовить и со свежими сливами.

Лук-порей с грецкими орехами

500 г лука-порея, 1/2 стакана ядер грецких орехов, 1—2 зубчика чеснока, 0,5—1 ч. л. сухих сунели, семена кинзы, имеретинский шафран, винный уксус или гранатовый сок, стручковый перец, соль — по вкусу.

Целые стебли лука-порея зачистить, обмыть и опустить в кипящую воду (2 стакана), варить до готовности 30—40 минут. Отваренный порей выложить на дуршлаг, отжать от воды, положить на чистую деревянную доску и мелко порубить.

Ядра грецких орехов хорошо истолочь в ступке, добавить также истолченный чеснок, красный стручковый перец, соль; по грузинскому рецепту в смесь обязательно еще вводятся семена кинзы, имеретинский шафран (цветочки бархатцев — пряного растения) и молотые сухие сунели (смесь пряных растений), и все это разводится винным уксусом или гранатовым соком. Вся орехово-пряная масса хорошо вымешивается с постепенным добавлением подготовленного лука-порея, затем выкладывается на блюдо, посыпается сверху зернами граната или зеленью кинзы.

Пирожки с зеленым луком и яйцами

Для теста: 7 стаканов муки, 2 стакана молока, 2 ст. л. маргарина, 1 ст. л. сахара, 1/2 ч. л. соли, 2 яйца, 40 г дрожжей.

Для начинки: 300 г зеленого лука, 5 яиц, 50 г сливочного масла, соль и перец — по вкусу.

Подготовить тесто: дрожжи растворить в теплом молоке (в полстакане), влить остальное молоко, добавить сырые яйца, соль, сахар, растопленный маргарин, хорошо взбить до полного растворения всех компонентов, затем замесить тесто и дать ему подняться в теплом месте.

Готовое тесто разрезать на маленькие булочки, каждую раскатать, на середину лепешки положить фарш, соединить края лепешки и сформовать пирожки. Пирожки уложить на смазанный маслом лист и дать расстояться тесту 10—15 минут.

Приготовление начинки: промытый, обсушенный зеленый лук мелко нарезать и смешать с измельченными, сваренными вкрутую яйцами, смесь заправить солью и перцем. Чтобы начинка была нежней, лук предварительно измельченным протушить в сливочном масле до мягкости.

После расстойки пирожки смазать сверху взбитым яйцом или маслом и выпекать в духовке при температуре 220—230°C в течение 20—25 минут. После выпечки, чтобы корочка стала мягкой, готовые пирожки накрыть полотенцем.

Пирожки с зеленым луком жареные

400 г зеленого лука, 600 г муки, 2 яйца (то же для крутого теста), для начинки — топленого масла — 50 г, зелень укропа, петрушки, соль, перец по вкусу.

Тесто замесить круто, как для лапши, скатать в шар, накрыть полотенцем и на время отложить.

Тем временем приготовить начинку: зеленый лук, зелень петрушки, укропа промыть, обсушить на воздухе, мелко нарезать, посолить, поперчить, полить растопленным маслом и перемешать.

Из теста сформовать лепешки, положить на середину начинку, края лепешки смазать яичным белком и защипать в виде полумесяца. Чтобы пирожки выглядели красиво, края их обрезать фигурным ножом (как чебуреки). Жарить пирожки во фритюре — растительном масле, зарумянив со всех сторон.

Первые блюда с зеленым луком

В летнее время с повышением дневной температуры особенно хороши в рационе холодные супы и похлебки с обязательным использованием зеленого лука. Издавна в крестьянском быту готовились тюри, овощные похлебки, окрошки, ботвиньи, свекольники, так называемые холодники, утоляющие жажду, питательные и вкусные.

Для о к р о ш е к на 1,5 литра кваса наряду с остальными продуктами (мясом, рыбой, вареными яйцами и картофелем) обязательно нарезался мелко зеленый и репчатый лук в количестве 120—150 г, с добавкой свежих огурцов, зелени укропа и петрушки. Готовое блюдо сдабривалось сметаной, иногда для остроты с луком растиралась ложка горчицы, зубки или молодые стебли чеснока.

Б о т в и н ь и готовились из молодой витаминной ботвы свеклы с обязательной добавкой зеленого лука из расчета 100—180 г на 1 л кваса. Сами квасы могут быть не только хлебными, но и свекольными, морковными, яблочными, с набором тех же продуктов, что и для окрошек. Лучшими праздничными блюдами считалась ботвинья со свежей рыбой (семгой, форелью, осетром, судаком и другими видами рыб).

Для с в е к о л ь н и к о в использовались отвары овощей, той же свеклы, огуречные и капустные рассолы, постные свекольники готовились из свежих и сухих вареных грибов, соленых огурцов, тертого хрена, свеклы и с обязательной добавкой зеленого лука и другой зелени, также сдабривались вареными яйцами и сметаной. Для свекольника при отсутствии кваса хорошо использовать кефир или простоквашу.

Приложение

ПРИГОТОВЛЕНИЕ ЛЕКАРСТВЕННЫХ ПРЕПАРАТОВ ИЗ РАСТИТЕЛЬНОГО СЫРЬЯ

В домашних условиях лекарственные препараты готовят чаще всего в виде отваров и настоев, их лечебное действие ограничивается 1—2 сутками. Для получения более концентрированных растворов применяются экстракты и спиртовые настойки, их лечебное действие более продолжительно. Ценными лекарственными средствами являются лечебные чаи и сборы, которые готовят из высушенных трав, цветков, листьев, семян и плодов растений, их срок хранения увеличивается до 1—2 лет и более. Эффективными средствами для лечения кожных заболеваний, являются мази, кашицы, соки и выжимки из свежего растительного сырья.

Н а с т о и — наиболее простая и распространенная форма лекарственных препаратов. Их готовят из мягких частей — листьев, стеблей, цветков или травы, а также из свежих и сушеных ягод и плодов в измельченном состоянии. Обычно 1 ст. л. измельченного сырья (около 10 г) заливают 1 стаканом (200 мл) горячей кипяченой воды, крутого кипятка, накрывают посуду крышкой и нагревают в кипящей водяной бане 15 минут. Водяную баню делают в большой кастрюле, тазу и т.п., в которые ставят кастрюлю меньшего размера (объема) с лекарственным сырьем таким образом, чтобы кипящая вода была на уровне объема жидкости сосуда с лекарственным сырьем. По истечении времени нагрева кастрюлю из водяной бани вынимают, охлаждают при комнатной температуре 45 минут, процеживают и отжимают оставшееся сырье. Объем полученного настоя доводят кипяченой водой до первоначального объема (200 мл).

Можно залитую крутым кипятком посуду с лекарственным сырьем укутать полотенцем и настаивать в течение 1 часа, но в таком случае из сырья может извлекаться больше дубильных веществ и горечей, что может сказаться на изменении вкусовых качеств и лечебного действия настоя.

Обычная доза приема настоя в зависимости от вида лекарственного сырья — от 1—2 ст. л. до 1/4—1/2 стакана, для детей доза уменьшается в зависимости от возраста. Если настой раздражает слизистые оболочки желудка, то его принимают во время или после еды.

О т в а р ы готовят в основном из более грубых частей растений с целью извлечения наибольшего количества лечебных веществ. Процедура обработки сырья та же, что и для настоев. Обычно более твердые части растений — корни, корневища, кору, грубые стебли или семена измельчают на одинаковые по размеру частицы, заливают водой, доводят до кипения на медленном огне и кипятят 5—10 минут (более мягкие по действию отвары выдерживают после доведения до кипения на водяной бане), отстаивают 1—2 часа при комнатной температуре, затем процеживают, отжимают в отвар сырье и доводят до первоначального объема кипяченой водой. В таком отваре экстракция веществ в раствор будет более значительная, и, если сырье содержит много дубильных веществ, его лучше сразу процедить.

Есть варианты приготовления отвара на медленном огне кипячением в течение 30 минут; можно кастрюльку с отваром после кипячения более короткое время плотно укутать и настаивать 1—2 часа, затем процедить.

Обычно отвары принимают теплыми по 1—3 ст. л. (для детей 1—2 ч. л.) до еды 3—4 раза в день или используют для приготовления других лекарств.

В народной медицине приготовление настоев и отваров в домашних условиях упрощено: отмеренное лекарственное сырье заливают крутым кипятком, закрывают кастрюлю крышкой и настаивают от 2 до 8 часов, в зависимости от вида сырья, затем жидкость процеживают, отжимают остатки сырья и фильтруют. Хранить такие настои и отвары можно не более суток. Сахар и мед добавляют уже к готовому настою или отвару. Можно использовать и термос, но с соблюдением сроков настаивания.

Н а с т о й к и представляют собой спиртовые вытяжки из

растительного сырья. Используется 96%-ный спирт-ректификат, который экстрагирует из сырья спирторастворимые фракции; чаще всего настойки готовят на 70%-ном спирте. В домашних условиях при отсутствии этилового спирта настойки готовят на водке (40—45% алкоголя), в этом случае из сырья извлекаются преимущественно водорастворимые фракции веществ. Измельченное сырье заливают спиртовым раствором в плотно закрывающемся сосуде и настаивают при комнатной температуре в темном месте от 5—7 дней до 2—3 недель, периодически помешивая. По истечении указанного срока жидкость сливают, остаток отжимают, промывают спиртом такой же крепости и доводят количество фильтрата до нужного объема. Из большинства растений настойки готовят в соотношении сырья и спиртового раствора 1:5, из сырья, содержащего сильно действующие вещества — 1:10.

Хранят настойки в плотно закрытой стеклянной посуде при комнатной температуре в темном месте. Учитывая, что настойки содержат большое количество действующих лечебных веществ, они дозируются каплями (обычно 10—30 капель). Принимают их в рюмке теплой воды за 10—30 минут до еды. Срок хранения настоек на спирте может быть до нескольких лет.

Э к с т р а к т ы — сгущенные концентрированные вытяжки из лекарственного сырья, могут быть водными и спиртовыми. В домашних условиях экстракты получают при выпаривании в закрытой посуде настоев или отваров, чаще до половины объема первоначального раствора.

По концентрации экстракты различаются жидкие, густые и сухие. Соотношение сырья и раствора в готовых экстрактах обычно 1:1. Густые экстракты представляют собой вязкую массу, содержащую не более 25% воды, сухие — сыпучую массу. Приготовление экстрактов более сложно и производится обычно на заводах. Доза их применения еще меньше, чем настоек. Хранят экстракты более длительное время, чем настои и отвары, во флаконах из темного стекла, плотно закупоренными, в темном месте, в прохладном помещении.

М а з и готовят из порошков, настоек и свежего сока растений. В качестве жировой основы берут вазелин, ланолин, несоленое сливочное масло или топленое свиное сало, реже — говяжий и гусиный жир. Масляные экстракты лекарственных трав готовят также на растительном масле, лучшим считается оливковое и миндальное.

Стандартный рецепт мази состоит из одной части порошка (сока, настойки, экстракта) лекарственного растения и 4—5 частей жировой основы. Лечебная мазь должна готовиться путем тщательного растирания обоих ингредиентов в фарфоровой ступке фарфоровым пестиком до состояния полной однородности консистенции.

Мазь хранится в стеклянных небольшого размера баночках, плотно закупоренных, в темном, прохладном месте. Обычно баночки с мазью располагают в дверце холодильника.

К а ш и ц ы чаще всего применяют в косметических масках, готовят их почти из всех видов плодов и многих овощей. Из травянистых растений рекомендуются маски из листьев салата, богатых биологически активными веществами и обладающими нежной структурой лиственных пластинок, а также из дикорастущих и культурных цветков, листьев, травы. Травянистые растения можно пропустить через мясорубку или растереть в фарфоровой ступке так же, как при получении мазей. Готовая кашица сразу же наносится на лицо, срок выдержки маски обычно 15—20 минут, после чего кашица смывается водой или ватным тампоном, смоченным в воде, а еще лучше — в чае с применением лечебных трав (мяты, аптечной ромашки и т.п.).

Кашицы из лечебных трав применяют для лечения больных суставов при артритах, ревматизме, подагре. Пюреобразную массу наносят тонким слоем на салфетку, марлю, формируют подушечку и прикладывают ее к больному месту, выдерживают до снятия боли.

Обязательным условием использования кашицы из растительного сырья является употребление ее сразу же после приготовления.

Л о с ь о н ы — (название от латинского слова «латио» — мытье, омовение) — косметические гигиенические средства для ухода за кожей. Лосьоны получают настаиванием водно-спиртовых растворов на лечебных травах, цветках, плодах, кожуре цитрусовых и т.д. В домашних условиях обычно приготавливаются на водке, можно использовать и одеколон.

Лосьоны хранят в холодильнике в стеклянных флаконах из-под того же одеколона, обязательно с притертыми пробками.

В косметике лосьоны широко применяются для ухода за волосами, они оказывают противомикробное и противовоспалительное действие, подсушивают волосы и успокаивают зуд при жирной себорее. Успокаивает кожу и устраняет жирность волос лосьон, настоянный на зелени петрушки. Для его получения необходимо измельчить хорошо промытый пучок зелени, залить 200 мл водки (стакан), настаивать в темном месте 2 недели; втирать лосьон в кожу за 2 часа до мытья. Чтобы удалить запах, можно ополаскивать волосы водным раствором сухой горчицы или других ароматных трав. Как косметическое средство высоко ценится лосьон из отвара ромашки аптечной, полезной для сухой кожи лица и ухода за волосами.

Косметический лед — средство быстрого освежения кожи лица, шеи, рук. Для получения льда настои и отвары трав, богатые витаминами и другими биологически активными веществами для питания кожи, фильтруют, разливают в формочки для льда и помещают в морозильную камеру холодильника. Утром кубиком льда протирают кожу.

Можно приготовить лед для протирки лица, заморозив в воде измельченную петрушку или другую зелень, богатую витаминами и другими полезными для кожи веществами.

Компрессы — повязки из марли или полотняной ткани, пропитанные лечебными соками, настоями или отварами трав. Их используют при воспалениях язв, ран, угрей, для снятия усталости и болей, особенно в суставах, а также в косметических целях для ухода за кожей лица, головы, рук и ног. В свежеприготовленный настой или отвар окунают марлевую или полотняную салфетку, слегка затем отжимают от излишков влаги и накладывают в несколько слоев на поверхность лица или тела, выдерживают несколько минут в зависимости от назначения компресса. Можно между слоями марли поместить слой кашицы из лечебных трав, лечебное действие этим будет усилено. Компрессы могут быть холодные, горячие и согревающие, влажные и сухие.

Эффективно действующим компрессом является использование спиртовой настойки из щавеля и лука. Для этого нужно взять по 50 г каждого овоща, измельчить, залить 1 л водки или спирта, настаивать 10 дней в темном месте, затем процедить. Для приготовления компресса 200 мл настойки смешать с 1/3 стакана воды, смочить в смеси салфетку из хлопчатобумажной ткани, приложить ее к больным суставам, сверху утеплить, обернув полиэтиленовой пленкой и шерстяным шарфом. Оставить компресс на ночь.

Отвлекающим от боли и раздражающим свойством обладает компресс из хрена, измельченного на мелкой терке. Кашицу нанести на ткань и приложить к больному месту. Достаточно 100 г кашицы.

Превосходным смягчающим средством является компресс из листьев черной смородины, которые к тому же оказывают антисептическое очищение кожи. Рецепт прост: 100 г смородинных листьев залить 400 мл кипятка, поставить на маленький огонь на 5 минут, затем дать настояться в течение 40 минут. Для компресса можно использовать как отвар, так и распаренные листья. Листья из отвара вынуть, наложить на раздраженную потрескавшуюся кожу, а сверху накрыть марлевой салфеткой, смоченной в отваре, и закрепить целлофаном или плотной тканью.

В народной медицине старинной формой применения лекарственных растений издавна являлись так называемые п р и п а р к и . Измельченное сырье смешивалось с горячей водой до состояния кашицы, равномерно наносилось на кусок ткани, который затем прикладывался к больному месту. Сверху припарка обвязывается плотной тканью или полотенцем для сохранения тепла.

Разновидностью компресса являются п р и м о ч к и — неоднократно смоченные в лечебной жидкости отрезки ткани и прикладываемые к больным участкам кожи тела для дезинфекции и снятия боли.

В а н н о ч к и применяют для лечения рук и ног, когда от

работы на открытом воздухе кожа быстро обветривается, грубеет, от усиленной работы на огородно-садовом участке появляются заусеницы, трещины вокруг ногтей, кожный покров шелушится и роговеет.

Смягчению кожи помогут водные вытяжки из самых простых овощей и лечебных трав, например листьев капусты, петрушки, ботвы свеклы (вместе с молодыми корнеплодами), настои листьев мяты и т.п. В таких ванночках, небольших по объему, достаточно подержать несколько минут обветренные руки, усталые загрубевшие ноги (в тазике), затем смазать кожу растительным маслом или кремом.

О б е р т ы в а н и я больных ног, когда трещинки бывают довольно глубокими и болезненными, делают тканью, пропитанной отваром лечебных трав, распаренными листьями березы, бузины, даже луковая шелуха используется для отвара. Так, листья бузины, отваренные с молоком и смешанные с яичным желтком, помогут залечить трещины на пятках. После обертывания ноги надо накрыть полиэтиленовой пленкой, на ноги надеть носки (на руки перчатки). Лучше всего такие процедуры делать на ночь.

О п о л а с к и в а н и я после мытья головы настоями и отварами лечебных трав поддерживают хорошее состояние и красивый вид волос. Не только фруктово-ягодные и травяные шампуни заводского производства, но и косметические растворы домашнего приготовления весьма успешно придают волосам блеск и пышность. Например, хорошо ополаскивать летом после мытья волосы отваром листьев петрушки. Для этого 2 ст. л. измельченной зелени залить стаканом кипятка, закрыть посуду крышкой, настаивать полчаса, процедить и развести в 1,5 л воды.

Можно использовать для приготовления ополаскивателя волос листья смородины, малины, земляники, крапивы, цветки шиповника, семена укропа и даже корни репейника (лопуха), приготовив из них небольшую порцию настоя или отвара. Особую шелковистость и блеск придают волосам отвары из листьев березы.

Л е ч е б н ы е ч а и готовят из свежих и сухих съедобных дикорастущих и культурных растений, рецептура сходна с приготовлением байхового чая. Для приготовления лечебного чая в соответствии с рецептурой отмеривают столовой или чайной ложкой смесь измельченного сырья (свежие листья мяты, мелиссы и т.п. кладут целиком) и заваривают крутым кипятком в фарфоровом чайнике или другой посуде с крышкой. Настаивают такой чай несколько дольше, чем обычный — от 20 до 60 минут, в зависимости от используемого сырья. Затем чай фильтруют (можно и не фильтровать, а аккуратно слить), добавляют по желанию и вкусу сахар и пьют обычно по полстакана 3—4 раза в день.

Лечебные чаи по назначению делятся на аппетитные, грудные, желудочные, желчегонные, потогонные, мочегонные и т.п. Подбор компонентов желательно использовать строго с рекомендуемой рецептурой.

С б о р ы представляют собой сочетание нескольких видов сухого измельченного лекарственного сырья, составляемое с учетом целевого назначения. По лечебному действию подразделяются так же, как и чаи: вызывающие аппетит, витаминные, успокаивающие, сердечные, вяжущие, отхаркивающие, слабительные, кровоостанавливающие и другие.

В состав сборов могут входить растения или их отдельные части — плоды, ягоды, цветы, стебли, листья, корни, обладающие определенными лечебными свойствами.

Для приготовления сборов в домашних условиях необходимы аптечные весы, при их отсутствии можно пользоваться объемными мерами — чайными, десертными, столовыми ложками или стаканами, при этом следует строго соблюдать дозировку (ложку насыпать без верха), размерить на четверти стакан. Для измельчения лекарственного сухого сырья необходимы ступки и пестики из фарфора, кофейные мельницы; для сухих листьев, дающих при измельчении много пыли, используются тканевые мешочки.

Измельчают растительное сырье для сборов как можно мельче: листья и цветы размером частиц не более 5 мм, корневища — 3 мм, плоды и семена не более 0,5 мм.

Сборы растительного сырья обычно заготавливают впрок. Для этого измельченные части растений высыпают на чистую бумагу и тщательно перемешивают, затем ссыпают в стеклянные или жестяные банки с плотно закрывающимися крышками. Хранят в сухом прохладном месте.

Кроме внутреннего применения, сборы лекарственных растений широко используют для приготовления лечебных в а н н . Они расширяют поры, улучшают кровообращение и проникновение биологически активных веществ, которые действуют как местно, так и на весь организм в целом.

Сушеные лекарственные травы используются для приготовления порошков пищевого назначения. Порошки, растворив 1/3 ч. л. на 1/2 стакана кипятка, в зависимости от назначения, чаще принимают на ночь.

Внимание! Препаратами из лекарственных растений домашнего изготовления можно пользоваться только по рекомендации лечащего врача.

СОСТАВ И ПРИМЕНЕНИЕ ЛЕКАРСТВЕННЫХ ЧАЕВ И СБОРОВ ИЗ РАСТИТЕЛЬНОГО СЫРЬЯ

Аппетитный чай № 1

Трава полыни — 2 части.
Трава тысячелистника — 2 части.
1 ст.л. смеси — на 1 стакан кипятка, настаивать 20 минут, процедить через марлю и принимать по 1 ст. л. 3—4 раза в день перед едой.

Аппетитный чай № 2

Трава полыни — 2 части.
Трава тысячелистника — 2 части.
Корни одуванчика — 1 часть.
1 ст.л. смеси — на 1 стакан кипятка, настаивать 20 минут, процедить через марлю и принимать по 1 ст. л. 3—4 раза в день за 20 минут до еды.

Аппетитный чай № 3

Листья вахты — 1 часть.
Трава золототысячника — 1 часть.
Трава полыни — 1 часть.

1 ст.л. смеси заварить 1 стаканом кипятка, настаивать 20 минут, процедить через марлю и принимать по 1 ст. л. за 15—20 минут до еды.

Аппетитный чай № 4

Трава полыни — 1 часть.
Корневище аира — 1 часть.
Листья вахты — 1 часть.
Плоды (семена) тмина — 1 часть.

1 ст.л. смеси заварить 1 стаканом кипятка, настаивать 20 минут, процедить через марлю, принимать по 1 ст. л. за 15—20 минут до еды.

Аппетитный чай № 5

Трава полыни — 1 часть.
Листья вахты — 1 часть.

1 ст. л. смеси заварить 1 стаканом кипятка, настаивать 20 минут, процедить через марлю, принимать по 1 ст. л. за 15—20 минут до еды.

Аппетитный чай № 6

Трава полыни — 1 часть.
Трава золототысячника — 1 часть.
Листья вахты — 1 часть.
Корни одуванчика — 1 часть.

1 ст. л. смеси заварить кипятком, настаивать 20 минут, процедить через марлю, принимать по 1 ст. л. за 15—20 минут до еды.

Грудной чай № 1

Корень алтея — 2 части.
Листья мать-и-мачехи — 2 части.
Трава душицы — 1 часть.

1 ст. л. смеси заварить 2 стаканами кипятка, настаивать 20 минут, процедить через марлю, принимать в теплом виде по 1/2 стакана 3—4 раза в день.

Грудной чай № 2

Листья подорожника большого — 3 части.
Корень солодки — 3 части.
Листья мать-и-мачехи — 4 части.

1 ст. л. смеси заварить 2 стаканами кипятка, настаивать 20 минут, процедить через марлю, принимать в теплом виде по 1/2 стакана через 3 часа.

Грудной чай № 3

Корень алтея — 1 часть.
Корень солодки — 1 часть.
Плоды аниса — 1 часть.
Листья шалфея — 1 часть.
Почки сосновые — 1 часть.

1 ст. л. смеси заварить 2 стаканами кипятка, настаивать 20 минут, процедить через марлю, принимать по 1/4 стакана 3—4 раза в день.

Грудной чай № 4

Корень алтея — 2 части.
Корень солодки — 2 части.
Плоды фенхеля — 1 часть.

1 ст. л. смеси заварить 2 стаканами кипятка, настаивать 20 минут, процедить через марлю, принимать по 1/4 стакана через каждые 3 часа.

Грудной чай № 5

Цветы коровяка — 2 части.
Листья мать-и-мачехи — 4 части.
Плоды аниса — 2 части.
Корень алтея — 8 частей.
Корень солодки — 3 части.
Корневища ириса — 1 часть (фиалковый корень).

1 ст. л. смеси заварить 2 стаканами кипятка, настаивать 20 минут, процедить через марлю, принимать по 1/2 стакана 3—4 раза в день.

Грудной чай № 6

Цветы коровяка — 2 части.
Листья шалфея — 3 части.
Плоды аниса — 4 части.
Почки сосновые — 4 части.
Корень алтея — 4 части.
Корень солодки — 3 части.

1 ст. л. смеси заварить 1 стаканом кипятка, настаивать 20 минут, процедить через марлю, принимать по 1/3 стакана 3—4 раза в день после еды.

Грудной чай № 7

Листья мать-и-мачехи — 1 часть.
Плоды аниса — 1 часть.
Корень алтея — 1 часть.
Корень солодки — 1 часть.

1 ст. л. смеси заварить 1 стаканом кипятка, настаивать 20 минут, процедить через марлю, принимать по 1/2 стакана 3 раза в день после еды.

Грудной чай № 8

Корень алтея — 1 часть.
Корень солодки — 1 часть.
Корень девясила — 1 часть.

2 ч. л. смеси залить 1 стаканом кипятка, кипятить 10 минут, процедить через марлю, принимать в теплом виде по 1/4 стакана через каждые 3 часа.

Желудочный чай № 1 (вяжущий)

Плоды черемухи — 3 части.
Плоды черники — 2 части.

2 ст. л. смеси залить 2 стаканами кипятка, кипятить 20 минут, процедить через марлю, принимать по 1/4—1/2 стакана 3—4 раза в день (при поносах).

Желудочный чай № 2 (вяжущий)

Шишки ольхи — 2 части.
Корневища горца змеиного — 1 часть.

2 ч. л. смеси заварить 1 стаканом кипятка, настаивать в теплом месте 30 минут, процедить через марлю, принимать по 1/4—1/3 стакана 3—4 раза в день (при поносах).

Желудочный чай № 3 (вяжущий)

Корневище лапчатки — 1часть.
Корневище горца змеиного — 4 части.

2 ч. л. смеси заварить 1 стаканом кипятка, настаивать в теплом месте 30 минут, процедить через марлю, принимать по 1/4—1/3 стакана 3—4 раза в день (при поносах).

Желудочный чай № 4 (вяжущий)

Корневище горца змеиного — 1 часть.
Корневище кровохлебки — 1 часть.

2 ч. л. смеси заварить 1 стаканом кипящей воды, настаивать в теплом месте 30 минут, процедить через марлю, принимать по 1/4—1/3 стакана 3—4 раза в день (при поносах).

Желудочный чай № 5
(регулирующий деятельность кишечника)

Кора крушины — *3 части.*
Листья мяты — *2 части.*
Листья крапивы — *3 части.*
Корневища аира — *1 часть.*
Корень валерьяны — *1 часть.*

2 ст. л. смеси залить 2 стаканами кипятка, кипятить 10 минут, процедить через марлю, принимать по 1/2 стакана утром и вечером.

Желудочный чай № 6
(регулирующий деятельность кишечника)

Кора крушины — *2 части.*
Плоды аниса — *2 части.*
Трава тысячелистника — *1 часть.*
Семена горчицы — *2 части.*
Корень солодки — *3 части.*

2 ч. л. смеси залить 1 стаканом кипятка, кипятить 10 минут, процедить через марлю, принимать по 1/2 стакана утром и вечером.

Желудочный чай № 7
(регулирующий деятельность кишечника)

Корневище аира — *1 часть.*
Кора крушины — *3 части.*
Листья мяты — *2 части.*
Листья крапивы — *2 части.*
Корень одуванчика — *1 часть.*
Корень валерьяны — *1 часть.*

2 ст. л. смеси заварить 2 стаканами кипятка, кипятить 10 минут, процедить через марлю, принимать по 1/2 стакана утром и вечером.

Мочегонный чай № 1

Листья толокнянки — *3 части.*
Цветы василька — *1 часть.*
Корень солодки — *1 часть.*

1 ст. л. смеси заварить 1 стаканом кипятка, настаивать 30 минут, остудить, процедить через марлю, принимать 3—4 раза в день по 1 ст. л. за 15—20 минут до еды.

Мочегонный чай № 2

Листья толокнянки — 4 части.
Корень солодки — 1 часть.
Плоды можжевельника — 4 части.

1 ст. л. смеси заварить 1 стаканом кипятка, настаивать 30 минут, процедить через марлю, принимать (после консультации с врачом) 3—4 раза в день по 1 ст. л. за 15—20 минут до еды.

Мочегонный чай № 3

Плоды можжевельника — 2 части.
Трава хвоща — 2 части.
Корневище пырея — 1 часть.

1 ст. л. смеси залить 2 стаканами кипятка, настаивать 20 минут, процедить через марлю, принимать (после консультации с врачом) по 1 ст. л. 3—4 раза в день до еды.

Мочегонный чай № 4

Цветки василька — 1 часть.
Листья толокнянки — 2 части.
Плоды петрушки — 1 часть.
Почки березы — 1 часть.
Листья вахты — 4 части.
Корень девясила — 1 часть.

2 ч. л. смеси заварить 1 стаканом кипятка, кипятить 10 минут, процедить через марлю, принимать по 1/2 стакана 3 раза в день за 15—20 минут до еды.

Мочегонный чай № 5

Плоды можжевельника — 4 части.
Корень дягиля — 3 части.
Цветки василька — 3 части.

1 ст. л. смеси заварить 2 стаканами кипятка, настаивать 20 минут, процедить через марлю, принимать (после консультации с врачом) 3—4 раза в день по одной столовой ложке.

Мочегонный чай № 6

Плоды можжевельника — 1 часть.

Листья березы — 1 часть.

Корень одуванчика — 1 часть.

1 ст. л. смеси заварить 1 стаканом кипятка, настаивать до охлаждения, процедить через марлю, принимать по 1 ст. л. 3—4 раза в день до еды.

Мочегонный чай № 7

Листья березы — 1 часть.

Трава толокнянка — 1 часть.

2 ст. л. смеси заварить 2 стаканами кипятка, настаивать до охлаждения, процедить через марлю, принимать по 1/2 стакана 3—4 раза в день.

Потогонный чай № 1

Цветы липы — 1 часть.

Плоды малины — 1 часть.

2 ст. л. смеси залить 2 стаканами кипятка, кипятить 15 минут, процедить через марлю и выпить горячим на ночь.

Потогонный чай № 2

Плоды малины — 2 части.

Листья мать-и-мачехи — 2 части.

Трава душицы — 1 часть.

2 ст. л. смеси заварить 2 стаканами кипятка, настаивать 20 минут, процедить через марлю и выпить горячим на ночь.

Потогонный чай № 3

Кора ивы — 1 часть.
Плоды аниса — 1 часть.
Листья мать-и-мачехи — 1 часть.
Цветы липы — 1 часть.
Плоды малины — 1 часть.

1 ст. л. смеси заварить 2 стаканами кипятка, кипятить 5 минут, процедить через марлю и пить по 1—1,5 стакана на ночь.

Потогонный чай № 4

Кора ивы — 1 часть.
Листья мать-и-мачехи — 1 часть.
Трава душицы — 1 часть.

2 ст. л. смеси залить 2 стаканами кипятка, кипятить 5—10 минут, процедить через марлю и выпить на ночь в горячем виде 1—1,5 стакана.

Потогонный чай № 5

Цветы мяты — 1 часть.
Цветы бузины — 1 часть.
Цветы липы — 1 часть.

1 ст. л. смеси залить 2 стаканами кипятка, кипятить 10 минут, процедить через марлю и выпить горячим на ночь.

Потогонный чай № 6

Цвети липы — 1 часть.
Цветы бузины — 1 часть.

2 ст. л. смеси залить 1 стаканом кипятка, кипятить 5—10 минут, процедить через марлю и выпить горячим в один прием.

Потогонный чай № 7

Цветы липы — 1 часть.
Листья мать-и-мачехи — 1 часть.

2 ст. л. смеси залить 2 стаканами кипятка, кипятить 10 минут, процедить через марлю, принимать по 1/2 стакана 3—4 раза в день.

КАЛЕНДАРЬ СБОРА ДИКОРАСТУЩИХ СЪЕДОБНЫХ И ЛЕКАРСТВЕННЫХ РАСТЕНИЙ

Вид растений	Заготовляемые части растений	Сроки сбора
1. Аир обыкновенный	Листья, корневища	С весны до осени
2. Береза пониклая	Листья Почки	Май Март, апрель
3. Борщевик	Молодые стебли Молодые листья и стебли	Весна, начало лета С весны до середины лета
4. Девясил	Корни и корневища	С ранней весны до поздней осени
5. Донник лекарственный	Молодые листья, соцветия	С весны до середины лета
6. Дудник лесной	Молодые стебли Черешки листьев, побеги	Весна, начало лета Те же
7. Душица обыкновенная	Листья, стебли Побеги, цветки	Июнь — август Те же
8. Дягиль (дудник лекарственный)	Молодые стебли Корни Семена	Весна, лето Осень, весна Осень
9. Зверобой продырявленный	Молодые побеги	Июль — август
10. Иван-чай	Листья Молодые побеги Цветки	Июнь — июль Те же Те же
11. Кислица обыкновенная	Листья Молодые побеги	Весна, лето Те же
12. Клевер луговой	Молодые листья и стебли	Весна, лето

Вид растений	Заготовляемые части растений	Сроки сбора
13. Крапива двудомная	Молодые побеги и листья	Апрель, май, июнь
14. Кровохлебка	Листья Корни	Лето Осень
15. Лабазник вязолистный	Молодые побеги и корни Листья и цветки	Весна Весна, лето
16. Лопух войлочный	Молодые стебли и листья Листья и цветки Корни	Весна Весна, лето Осень
17. Манжетка обыкновенная	Листья и побеги	Весна, лето
18. Медуница неясная	Молодые листья и побеги	Весна
19. Мята полевая	Наземная часть растений	Июнь — сентябрь
20. Настурция большая	Зеленая масса растения, цветочные почки	Июнь — сентябрь
21. Огуречная трава	Листья, молодые растения	Весна, начало лета
22. Одуванчик лекарственный	Листья и соцветия Корни	Весна, лето Осень, ранняя весна
23. Пастушья сумка	Розетки листьев Листья Цветущие побеги	Ранняя весна Лето Август — сентябрь
24. Пижма обыкновенная	Молодые листья Цветы	Июнь Июль, август
25. Подорожник большой	Молодые листья Семена	Весна, лето Конец лета, осень
26. Полынь обыкновенная (чернобыльник)	Молодые листья и побеги	Лето

Зеленые растения — наши лекари

Вид растений	Заготовляемые части растений	Сроки сбора
27. Свербига восточная	Листья	Весна, лето
28. Сныть обыкновенная	Нераспустившиеся листья и черешки Черешки листьев, листья	Весна Весна, лето
29. Тмин обыкновенный	Молодые листья и стебли Семена	Весна, начало лета Август — сентябрь
30. Тысячелистник обыкновенный	Листья и молодые побеги Цветы	Июнь — июль Июнь — сентябрь
31. Хвощ полевой	Молодые спороносные стебли	Весна
32. Хмель обыкновенный	Верхушки побегов и отпрыски, молодые листья Женские шишки	Весна, лето Июнь — июль
33. Хрен обыкновенный	Корневища Листья	С весны до осени Весна, лето
34. Цикорий обыкновенный	Корни Молодые прикорневые листья	Осень Весна, лето
35. Щавель обыкновенный	Листья и молодые стебли	Весна, начало лета
36. Чабрец (тимьян ползучий)	Молодые побеги, листья	Июль — август

Список литературы

Ахмедов Р.Б. Слово о реках, озерах и травах. Уфа, Башкирское книжное изд-во, 1988.

Богоявленский В.Ф., Николаев М.А. и др. Растения и здоровье. Казань, Дом печати, 1998.

Борисова Р.Л., Борисов В.Я. и др. Малораспространенные овощные культуры. Симферополь: Таврия, 1979.

Гринь В.А., Новиков В.К. Ценные малораспространенные овощные культуры. Киев: Урожай, 1984.

Губа В.И. Овощи и фрукты на вашем столе. Киев: Урожай, 1984.

Гусев А.М. Целебные овощные растения. М.: МСХА, 1991.

Джафаров А.Ф. Товароведение плодов и овощей. М.: Экономика, 1985.

Доценко В.А. Овощи и плоды в питании и лечении. СПб.: Атон, 1998.

Дубровин И.И. Натуральная косметика на вашей даче. М.: Эксмо-пресс, 2001.

Жоголев Д.Т., Галин Л.Л. Дикорастущие растения и грибы в медицине и кулинарии. М.: Воениздат, 1994.

Замятина Н.Г. Лекарственные растения. М.: АБГ, 1997.

Иванова Р.Г. Дикорастущие растения Татарии. Казань: Татарское книжное изд-во, 1988.

Иванова Т.Н., Путинцева Л.Ф. Золотая книга домашних заготовок. М.: Вече, 2004.

Иванова Т.Н., Путинцева Л.Ф. Лесная кладовая. Тула: Приокское книжное издательство, 1993.

Кощеев А.К. Дикорастущие съедобные растения в нашем питании. М.: Пищевая промышленность, 1980.

Крылов Г.В., Степанов Э.В. Зеленая аптека Кузбасса. Кемерово: Кемеровское книжное издательство, 1979.

Лебедева А.Т., Туленкова А.Г. Овощи круглый год. М.: ЗАО «Фитон», 2000.

Липкан Г.А. Применение плодово-ягодных растений в медицине. Киев: Здоровье, 1988.

Литвина И.И. Кулинария здоровья: от принципов к рецептам. СПб.: Комплект, 1994.

Менеджан Г.З. Сборник по народной медицине и нетрадиционным способам лечения. Самара: Самарский дом печати, 1993.

Метлицкий Л.В. Основы биохимии плодов и овощей. М.: Экономика, 1976.

Молодежникова Л.М., Рождественская О.С. и др. Лесная косметика. М.: Экология, 1992.

Муханова Ю.И., Требухина К.А. и др. Зеленые и пряные овощные культуры. М.: Россельхозиздат, 1985.

Нестеровская А.Ю., Реднюк Т.Д. и др. Растения-целители вашей звезды. М.: Армада, 1998.

Орлова Ж.И. Все об овощах. М.: Агропромиздат, 1987.

Пашина Г.В. Растения и косметика. Минск: Урожай, 1993.

Путинцева Л.Ф. Энциклопедия здоровья: овощи, фрукты, ягоды. М.: Центрполиграф, 2006.

Путинцева Л.Ф., Иванова Т.Н. Домашнее консервирование фруктов, ягод и овощей. М.: Экономика, 1991.

Путинцева Л.Ф., Иванова Т.Н. Домашние заготовки. М.: Евроазийский регион, 1995.

Путинцева Л.Ф., Иванова Т.Н. Заготовки впрок. М.: Эксмо-пресс, 2000.

Синяков А.Ф. Правильное питание — залог здоровья. М.: Эксмо-пресс, 2000.

Соколов С.Я., Замотаев И.П. Справочник по лекарственным растениям. М.: Медицина, 1988.

Справочник товароведа продовольственных товаров. Том 1. М.: Экономика, 1987.

Химический состав пищевых продуктов. Справочные таблицы. М.: Пищевая промышленность, 1978.

Ходьков А.Л., Билевич В.В. и др. Домашний справочник. Минск: Парадокс, 2000.

Шаталова Г.С. Целебное питание. М.: Культура и традиции. 1995.

Содержание

Введение 5

ТРАВЫ НАС КОРМЯТ, ТРАВЫ НАС ЛЕЧАТ
(Вместо предисловия) 7

**БОТАНИЧЕСКИЕ ОСОБЕННОСТИ.
ПРАВИЛА СБОРА ТРАВ** 11

ПЕРЕРАБОТКА РАСТИТЕЛЬНОГО СЫРЬЯ 18

**ТРАВЫ ДЛЯ ЗДОРОВЬЯ
(ПИЩЕВАЯ И ЛЕЧЕБНАЯ ЦЕННОСТЬ
ТРАВЯНИСТЫХ РАСТЕНИЙ)** 20

Часть первая. РАЗНОТРАВЬЕ ЛУГОВ И ЛЕСОВ 42
Аир 42
Борщевик 48
Девясил 53
Донник 58
Дудник 63
Душица 67
Зверобой 70
Иван-чай 73
Кислица 76
Клевер 78
Крапива 81
Кровохлебка 90
Лабазник (таволга) 94
Лебеда 97
Лопух 99
Манжетка 104
Медуница 107
Мята 111

Настурция	114
Огуречная трава	118
Одуванчик	121
Пастушья сумка	126
Пижма	129
Подорожник	133
Полынь	136
Свербига	141
Сныть	146
Тмин	148
Тысячелистник	155
Хвощ	159
Хмель	164
Хрен	168
Цикорий	175
Чабрец	179
Щавель	183

ЦЕЛЕБНЫЕ ЛИСТЬЯ ПЛОДОВО-ЯГОДНЫХ КУСТАРНИКОВ И ДЕРЕВЬЕВ ... 190

Листья березы	191
Листья брусники	195
Листья ежевики	198
Листья земляники	201
Листья клена	205
Листья малины	207
Листья ольхи	209
Листья осины	210
Листья тополя	212
Листья черники	213
Листья черной смородины	217
Листья хвойных деревьев	220

Часть вторая. ПРЯНО-ВКУСОВЫЕ ЗЕЛЕННЫЕ КУЛЬТУРЫ ... 232

Анис	233
Базилик	236
Иссоп	239
Календула	241
Кервель	248
Кориандр	250
Майоран	253
Мелисса	255
Пастернак	259

Петрушка	263
Сельдерей	271
Тимьян	277
Укроп	280
Фенхель	285
Чабер	288
Эстрагон	291

МАЛОРАСПРОСТРАНЕННЫЕ ПРЯНО-ВКУСОВЫЕ ОВОЩНЫЕ РАСТЕНИЯ ... 293

Гравилат	294
Змееголовник	295
Котовник	296
Любисток	298
Пажитник	300
Розмарин	302
Рута садовая	304
Цефалофора	306
Чернушка	307
Шалфей	308

ЛИСТВЕННЫЕ ОВОЩИ ... 313

САЛАТНО-ШПИНАТНАЯ ЗЕЛЕНЬ ... 313

Салат	313
Водный кресс	318
Шпинат	319
Горчица листовая	322
Мангольд	323
Портулак	324

КУЛИНАРНЫЕ БЛЮДА С ИСПОЛЬЗОВАНИЕМ САЛАТНО-ШПИНАТНОЙ ЗЕЛЕНИ ... 325

ЛУКОВАЯ ЗЕЛЕНЬ ... 335

Лук-батун	335
Лук душистый	337
Зеленый лук	338
Многоярусный лук	340
Лук-порей	341
Лук-слизун	343
Лук-шалот	344
Лук-шнитт	345
Черемша	347

КУЛИНАРНЫЕ БЛЮДА С ИСПОЛЬЗОВАНИЕМ ЛУКОВОЙ ЗЕЛЕНИ 349

ПРИЛОЖЕНИЕ 357

Приготовление лекарственных препаратов из растительного сырья 357

Состав и применение лекарственных чаев и сборов из растительного сырья 365

Календарь сбора дикорастущих съедобных и лекарственных растений 374

Список литературы 377

Оптовая торговля книгами «Эксмо»:
ООО «ТД «Эксмо». 142700, Московская обл., Ленинский р-н, г. Видное,
Белокаменное ш., д. 1, многоканальный тел. 411-50-74.
E-mail: **reception@eksmo-sale.ru**

***По вопросам приобретения книг «Эксмо»
зарубежными оптовыми покупателями*** обращаться в ООО «Дип покет»
E-mail: **foreignseller@eksmo-sale.ru**

International Sales:
International wholesale customers should contact «Deep Pocket» Pvt. Ltd. for their orders.
foreignseller@eksmo-sale.ru

***По вопросам заказа книг корпоративным клиентам,
в том числе в специальном оформлении,***
обращаться по тел. 411-68-59 доб. 2115, 2117, 2118.
E-mail: **vipzakaz@eksmo.ru**

***Оптовая торговля бумажно-беловыми
и канцелярскими товарами для школы и офиса «Канц-Эксмо»:***
Компания «Канц-Эксмо»: 142702, Московская обл., Ленинский р-н, г. Видное-2,
Белокаменное ш., д. 1, а/я 5. Тел./факс +7 (495) 745-28-87 (многоканальный).
e-mail: **kanc@eksmo-sale.ru**, сайт: **www.kanc-eksmo.ru**

Полный ассортимент книг издательства «Эксмо» для оптовых покупателей:
В Санкт-Петербурге: ООО СЗКО, пр-т Обуховской Обороны, д. 84Е.
Тел. (812) 365-46-03/04.
В Нижнем Новгороде: ООО ТД «Эксмо НН», ул. Маршала Воронова, д. 3.
Тел. (8312) 72-36-70.
В Казани: ООО «НКП Казань», ул. Фрезерная, д. 5. Тел. (843) 570-40-45/46.
В Ростове-на-Дону: ООО «РДЦ-Ростов», пр. Стачки, 243А.
Тел. (863) 220-19-34.
В Самаре: ООО «РДЦ-Самара», пр-т Кирова, д. 75/1, литера «Е».
Тел. (846) 269-66-70.
В Екатеринбурге: ООО «РДЦ-Екатеринбург», ул. Прибалтийская, д. 24а.
Тел. (343) 378-49-45.
В Киеве: ООО «РДЦ Эксмо-Украина», ул. Луговая, д. 9.
Тел./факс: (044) 501-91-19.
Во Львове: ТП ООО «Эксмо-Запад», ул. Бузкова, д. 2.
Тел./факс (032) 245-00-19.
В Симферополе: ООО «Эксмо-Крым», ул. Киевская, д. 153.
Тел./факс (0652) 22-90-03, 54-32-99.
В Казахстане: ТОО «РДЦ-Алматы», ул. Домбровского, д. 3а.
Тел./факс (727) 251-59-90/91. gm.eksmo_almaty@arna.kz

Полный ассортимент продукции издательства «Эксмо»:
В Москве в сети магазинов «Новый книжный»:
Центральный магазин — Москва, Сухаревская пл., 12. Тел. 937-85-81.
Волгоградский пр-т, д. 78, тел. 177-22-11; ул. Братиславская, д. 12. Тел. 346-99-95.
Информация о магазинах «Новый книжный» по тел. 780-58-81.
В Санкт-Петербурге в сети магазинов «Буквоед»:
«Магазин на Невском», д. 13. Тел. (812) 310-22-44.

***По вопросам размещения рекламы в книгах издательства «Эксмо»
обращаться в рекламный отдел. Тел. 411-68-74.***

Л. Ф. Путинцева

ЗЕЛЕНЫЕ РАСТЕНИЯ — НАШИ ЛЕКАРИ

Ответственный редактор *Т. Решетник*
Художественный редактор *Н. Никонова*
Технический редактор *Н. Носова*
Компьютерная верстка *Г. Клочкова*
Корректор *Н. Струэнзе*

ООО «Издательство «Эксмо»
127299, Москва, ул. Клары Цеткин, д. 18/5. Тел. 411-68-86, 956-39-21.
Home page: **www.eksmo.ru** E-mail: **info@eksmo.ru**

Подписано в печать 10.02.2009.
Формат 84x108 $^1/_{32}$. Гарнитура «Ньютон».
Печать офсетная. Бумага тип. Усл. печ. л. 20,16.
Тираж 3000 экз. Заказ № 4902126

Отпечатано на ОАО «Нижполиграф»
603006 Нижний Новгород, ул. Варварская, 32.